# 新时代金融服务实体经济的徐州实践

主　编　唐志新

中国矿业大学出版社

## 内容提要

本书介绍了徐州市经济金融基本情况及区域金融服务中心发展思路，介绍了各家银行业金融机构服务实体经济发展的重点方向，便利读者结合自身特点寻找合作银行。对金融机构最有代表性的创新、特色金融产品，分别从适用对象、基本条件、典型应用等方面进行直观、全面介绍，相信会对广大读者了解金融产品、享受金融服务有所帮助。


**图书在版编目(CIP)数据**

新时代金融服务实体经济的徐州实践/唐志新. —徐州：中国矿业大学出版社，2018.5

ISBN 978-7-5646-3962-4

Ⅰ. ①新… Ⅱ. ①唐… Ⅲ. ①金融支持—影响—区域经济发展—研究—徐州 Ⅳ. ①F127.533

中国版本图书馆 CIP 数据核字(2018)第 094654 号

**书　　名**　新时代金融服务实体经济的徐州实践
**主　　编**　唐志新
**责任编辑**　齐　畅
**出版发行**　中国矿业大学出版社有限责任公司
（江苏省徐州市解放南路　邮编 221008）
**营销热线**　(0516)83885307　83884995
**出版服务**　(0516)83885309　83884920
**网　　址**　http://www.cumtp.com　**E-mail**:cumtpvip@cumtp.com
**印　　刷**　徐州市今日彩色印刷有限公司
**开　　本**　880×1230　1/32　**印张** 9.5　**字数** 247 千字
**版次印次**　2018 年 5 月第 1 版　2018 年 5 月第 1 次印刷
**定　　价**　48.00 元

# 《新时代金融服务实体经济的徐州实践》编委会

# 前 言

实体经济是经济的立身之本，是金融的根基；金融是实体经济运行的血液，是国之重器。迈入新时代，我国经济由高速增长转为高质量发展，前期爆发式增长累积的问题引起中央高度重视，金融和实体经济的良性循环及协调发展被提到国家战略层面。2017年第五次全国金融工作会议上，习近平总书记明确指出："金融要把为实体经济服务作为出发点和落脚点"。党的十九大报告再次指出："深化金融体制改革，增强金融服务实体经济能力。"2017年12月12日，习近平总书记在党的十九大后首次地方考察就到江苏徐州调研实体经济发展情况，充分体现了党中央对实体经济的重视。

近年来，徐州市金融机构认真贯彻落实党中央、国务院关于金融服务实体经济的决策部署，通过产品创新、服务创新、渠道创新，促进更多的金融活水流向实体经济，持续加大金融对实体经济的服务力度，实现了金融与实体经济的良性循环。为进一步提升服务质量，为企业和居民提供更加丰富的金融知识和融资便利，我们组织编写了《新时代金融服务实体经济的徐州实践》一书。本书是在我国发展进入新时代背景下，通过向各类经济主体介绍特色金融产品，弥合实体经济和金融服务之间信息不对称所做的探索和尝试。

本书概述了2017年徐州市经济、金融发展情况，目的是使读者从整体上了解徐州市经济发展环境、金融服务水平和发展方向。我们以银行业金融机构为经线，介绍了各家银行业机构服务实体经济的特点，精选出其特色金融产品，从产品概念、适用对象、主要特点等方面进行“框架式”展示，力求使读者花费较少时间即可获取符合自身需要的金融服务。我们对每款产品整理了特色典型案例，如果有兴趣，读者可以结合案例进一步深入了解，还可以参照案例，灵活运用，解决自己遇到的实际问题。为方便读者与银行业机构直接沟通联系，我们对每一款产品都提供了相关银行业机构的业务咨询电话。为便于读者了解政策、熟悉政策、运用政策，我们还选取了徐州市出台的一些金融服务实体经济政策，与读者共享。

随着金融服务实体经济的力度进一步加大、金融科技发展的日新月异，金融产品创新速度也越来越快，本书所选取的金融产品适用对象、利率、期限等方面也会动态发生变化；此外，由于篇幅所限，本书介绍的特色金融产品也远远未能涵盖所有的金融创新产品。有兴趣的读者可以进一步加强与金融机构联系，获取更多、更新、更全面的金融服务产品信息。

**编　者**

# 目　录

## 第四篇　股份制商业银行



## 第五篇　城市商业银行



## 第六篇　农村商业银行

## 第七篇 村镇银行



## 第八篇 财务公司和金融租赁公司

## 第九篇　徐州市金融服务实体经济主要政策

# 第一篇

# 金融服务实体经济的总体情况

# 徐州市 2017 年经济总量增加质量提升

2017 年，徐州市以供给侧结构性改革为主线，以建设淮海经济区中心城市为重点，坚定不移走产业强市之路，积极培育经济发展新动能，全市经济运行呈现“总体平稳、稳中有进、稳中向好”的基本态势。主要经济指标增长继续好于全国、全省平均水平，不断向高质量发展迈进。

2017 年，徐州市实现地区生产总值 6605.95 亿元，按可比价计算，增长 7.7%，增速分别快于全国、全省 0.8 和 0.5 个百分点。其中，第一产业增加值增长 2.5%，第二产业增加值增长 7.7%，第三产业增加值增长 8.6%。人均 GDP 按年平均汇率折算达到 1.12 万美元，增长 7.2%。

## 一、经济发展态势总体平稳

### （一）工业经济平稳增长

2017 年，全市规模以上工业增加值增长 9.0%，增速快于全省 1.5 个百分点，居全省第 2 位。六大传统优势产业产值增长 17.2%，增速较上年回升 2.1 个百分点，占规模以上工业产值比重 91.6%；37 个工业行业大类中有 32 个行业正增长，行业增长面 86.5%。

### （二）服务业发展态势向好

2017 年，全市服务业增加值增长 8.6%，增速快于 GDP 0.9 个百分点，增长贡献率达 52.4%，较上年提高 1.4 个百分点；服务业增加值占 GDP 的 47.3%，较上年提高 0.1 个百分点。服务业相关指标明显向好，第三产业用电量增长 13.9%，快于整体 13.3 个百分点。

### （三）农业生产形势良好

实现农林牧渔业总产值 1150.01 亿元，增长 9.9%。粮食生产继续丰收，全年粮食总产 482.70 万吨，增长 2.9%，实现“十四连丰”。

（四）固定资产投资缓中趋稳

2017 年，全市固定资产投资完成 5277.03 亿元，增长 10.0%，增速快于全省 2.5 个百分点。服务业项目投资支撑有力，全市服务业项目投资增长 17.1%，对全部投资的贡献率达 54.8%，直接拉动投资增长 5.5 个百分点；民间投资意愿有所回升，全市完成民间投资 3803.00 亿元，增长 14.0%，增速快于全部投资 4 个百分点，较上年回升 1 个百分点；项目建设扎实推进，全市在建项目 6995 个，较上年增加 2086 个，完成投资增长 11.5%，拉动全部项目投资增长 10.2 个百分点。

（五）双向开放步伐明显加快

2017 年，按人民币计价，全市实现进出口总额 527.15 亿元，增长 27.4%，增速高于全省 8.3 个百分点。其中，出口总额 428.14 亿元，增长 23.0%。全年新引进 3000 万美元以上外资项目 97 个，增长 76.4%。

## 二、产业转型升级步伐加快

（一）产业结构不断优化

工业结构调新调优，2017 年，全市高新技术产业实现产值 5305.98 亿元，增长 15.0%，占规模以上工业产值的 36.5%。战略性新兴产业实现产值 4879.29 亿元，增长 28.9%，增速快于规模以上工业 11.6 个百分点，对全市工业增长贡献率为 50.9%。现代服务业不断壮大，规模以上服务业企业中，互联网和相关服务业、商务服务业、专业技术服务业等新兴行业营业收入保持较快增长，增速分别为 23.0%、30.5%和 18.7%，分别快于规模以上服务业 18.7、26.2 和 14.4 个百分点。现代农业规模持续提升，全市新增设施农业面积 11.2 万亩，改造提升 10.8 万亩，总量、占比继续居全省首位。

（二）投资结构继续改善

工业技改投资占比快速提升，全市完成工业技改投资 1273.78 亿元，增长 74.9%，增速快于工业投资 67.7 个百分点。先进制造业投入力度加大，通用设备、仪器仪表、电子及通信设备制造等行业投资分别增长 24.8%、38.5%和 101.2%，增速分别快于制造业投资 16.1、29.8 和 92.5 个百分点。

（三）新动能不断孕育壮大

创新动能持续增强，发明专利授权量 1792 件，增长 34.7%，增速居全省第 3 位；新增国家高新技术企业 140 家、国家级科技孵化器 2 家、省级以上研发机构 33 家。

## 三、经济运行质量稳中向好

（一）供给侧结构性改革成效明显

过剩产能加快化解，原煤、粗钢、生铁、水泥产量持续处于下降区间，分别下降 4.8%、6.1%、18.3%和 5.7%。房地产去库存步伐提速，商品房去化周期由上年末 15.32 个月降至 7.36 个月。去杠杆力度加大，12 月末，全市规模以上工业企业资产负债率为 45.2%，较去年同期降低 0.9 个百分点。降成本效果初显，规模以上工业每百元销售收入中的成本为 84.16 元，较去年同期降低 0.27 元。补短板精准发力，全市补短板专项工程全年完成投资 370 亿元。

（二）实体经济活力明显增强

随着宏观调控政策效应持续显现，市场需求稳步改善。2017 年，工业一般纳税人销售收入增速快于全省 6.7 个百分点，居全省第 2 位。企业库存周转加快，规模以上工业企业产成品存货周转天数 7.18 天，较去年同期加快 0.5 天。

（三）收入稳定增长

财政收入增速稳步回升，2017 年，全市实现一般公共预算收入 501.64 亿元，同口径增长 5.0%，增速较一季度、上半年、前三季度分别回升 13.2、9.3 和 1.6 个百分点。企业效益继续改善，2017 年 1～12 月，全市规模以上工业实现利润总额 1049.3 亿元，增长12.8%。规模以上服务业企业实现营业利润 80.77 亿元，增长 34.4%，增速快于全省 19.7 个百分点，居全省第 2 位。居民收入较快增长，全市居民人均可支配收入达 24535 元，增长 9.8%，增幅列全省第 1 位。

# 徐州市 2017 年金融运行平稳

2017 年，全市金融系统围绕中央经济工作会议和全国金融工作会议精神，认真落实市委、市政府决策部署，积极支持实体经济发展，努力建设区域金融服务中心，全市融资总量平稳增长，为加快徐州市社会经济发展提供了融资支撑。

## 一、信贷总量平稳增长，直接债务融资规模持续增加

2017 年末，全市人民币贷款余额 4173.2 亿元，比年初增加 553 亿元，同比多增 2.9 亿元；同比增长 15.3%，居全省第 4 位，增速高于全省平均增速 3.2 个百分点(见图 1-1)。

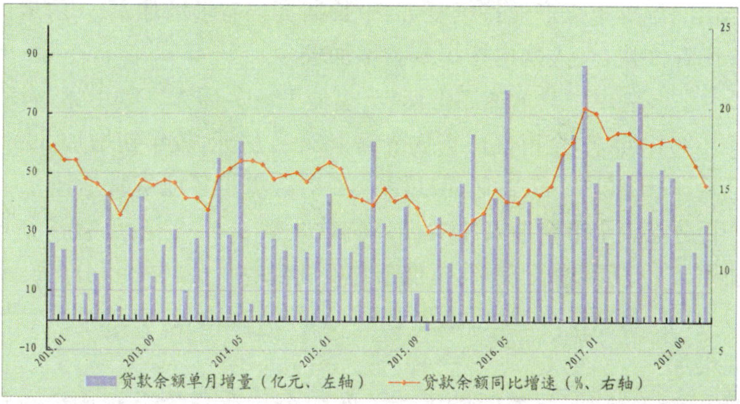


图 1-1　2013～2017 年人民币贷款月增量及余额同比增速变化

2017 年，徐州市共发行各类银行间债务融资工具 280.5 亿元，同比增加 56 亿元，发行额占全省债务融资比例为 6.03%，同比上升 0.8 个百分点；加权平均利率 5.21%，比全市企业贷款加权利率低 59 个基点。苏北首单绿色债券落户徐州(金额 5 亿元)。债券融资成本低、融资量大，已逐步成为部分企业重要融资渠道之一。

2017 年，全市新引进各类金融机构 98 家，华信新材料在深交所上市，新增"新三板"上市企业 4 家，新增企业债 66.9 亿元、股权融资 35 亿元，苏北首家离岸金融业务中心开业运营。

## 二、中长期贷款大幅增长，短期类贷款减少

2017 年末，全市金融机构人民币中长期贷款余额 2437.2 亿元，较年初增加 573.9 亿元，同比多增 91 亿元；增长 30.8%，高于各项贷款增速 15.6 个百分点。全市金融机构人民币短期类贷款(含票据融资)余额 1674.2 亿元，较年初减少 43.6 亿元，同比下降 16.5%。其中，全市票据融资余额 278.8 亿元，比年初减少 68.6 亿元。中长期贷款增长持续加快，主要有三方面原因：① 淮海经济区中心城市建设过程中基建项目建设不断增加。② 工程机械、光伏能源等重点产业持续复苏，中长期贷款需求增加。③ 房地产去库存加快，个人购房按揭贷款增加较多。

## 三、住户贷款增速高位运行，企业及机关团体贷款小幅增长

2017 年末，全市住户贷款余额 1631.3 亿元，较年初增加 399.9 亿元，同比多增 147.4 亿元；增长 32.5%，高于各项贷款增速 17.2 个百分点。全市企业及机关团体贷款余额 2541.8 亿元，较年初增加 153.1 亿元，增长 6.41%，低于各项贷款增速 8.86 个百分点。

## 四、基础设施建设、小微、涉农贷款快速增长，房地产贷款大幅增加

2017 年末，与基础设施相关的四个行业贷款余额 848.9 亿元，增长 36.3%，高于全市单位贷款增速 25.8 个百分点。小微企业贷款余额[①] 1234.9 亿元，比年初增加 159.4 亿元，占全市企业贷款增量的 64.6%，增长 14.8%，高于全市企业贷款增速 3 个百分点。涉农贷款余额 1562.3 亿元，比年初增加 274.5 亿元，增长 21.3%，增速较上年提高 6.5 个百分点，高于全市贷款增速 6 个百

① 含个人经营性贷款，含贴现。

分点。全市房地产贷款余额 1391.04 亿元，增长 30.63%，比年初增加 326.15 亿元。其中，个人购房贷款余额 1153.79 亿元，增长 33.57%，比年初增加 289.95 亿元。

## 五、人民币存款快速增长，住户存款同比少增，单位存款年度增量创新高

2017 年末，全市人民币存款余额 6393 亿元，较年初增加 900.9 亿元，同比多增 153.5 亿元，同比增长 16.4%，较上年同期高 0.64 个百分点，增速居全省第 2 位（见图 1-2）。

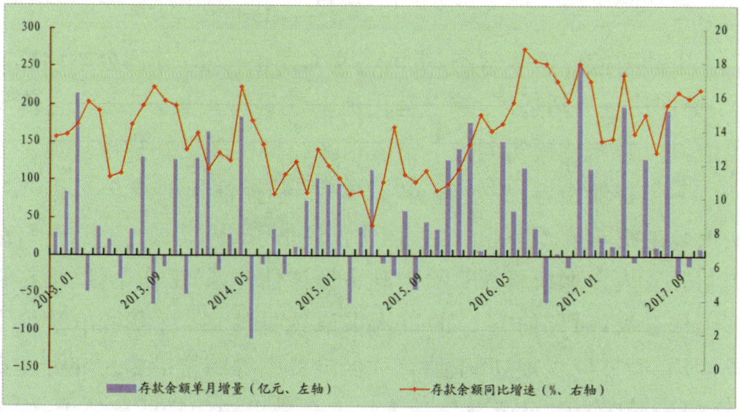


图 1-2　2013～2017 年人民币存款月增量及同比增速变化

2017 年末，全市金融机构人民币住户存款余额 3349.5 亿元，较年初增加 259.1 亿元，同比少增 50.5 亿元。存款理财化加剧导致住户存款少增。全市金融机构单位存款余额 3043.6 亿元，较年初增加 641.7 亿元，同比多增 203.9 亿元。

# 徐州市 2017 年金融调控政策落实情况良好

2017 年，面对错综复杂的经济金融形势，人民银行徐州市中心支行坚持“稳”字当先，“进”字引领，以服务供给侧结构性改革为己任，着力优化金融资源配置，坚持改革创新，坚持风险防控，深化惠民金融服务，努力为地方经济结构调整和转型升级创造良好的金融环境。

## 一、善谋划、重引领，贯彻金融宏观调控的导向进一步强化

主动适应经济新常态，贯彻落实人民银行总、分行金融调控要求，更加注重灵活适度，综合运用流动性管理工具，疏通资金传导渠道，抑制资金“脱实向虚”，营造辖区经济发展良好货币环境。

一是督促指导，有效落实“双支柱”调控框架要求。组织开展法人金融机构宏观审慎评估，强化预评估引导。加强约束管理，组织召开法人金融机构 MPA（宏观审慎评估体系）工作会议、信贷管理工作会议；对评估为 C 的机构采取约见谈话、暂停货币政策工具使用、调整信贷规划、上调存款保险费率等综合措施。充分发挥“窗口指导”作用，认真落实地方法人金融机构信贷调控要求，引导金融机构积极调整信贷结构。

二是政策引导，完善货币政策工具管理及使用。贯彻定向降准政策，下调 7 家法人金融机构准备金率 1～2 个百分点，累计释放可用资金 12 亿元。积极拓展多元化融资渠道，组织实施“两项存单扩面计划”，推动 7 家机构发行同业存单，5 家机构发行大额存单，备案金额分别为 126 亿和 30 亿元。规范货币政策工具使用管理，修订《徐州市支农（扶贫）再贷款操作规程》、《徐州市支小再贷款操作规程》。根据辖区金融机构需求开办电票再贴现业务，制定《徐州市电子商业汇票再贴现操作规程》。2017 年，共发放扶贫再贷款 0.73 亿元，支小再贷款 1 亿元，满足地方法人金融机构扶

贫、支小的合理资金需求。2017 年，累计办理再贴现 44.04 亿元，同比增加 22.88 亿元；其中小微企业票据、商业承兑汇票占比分别为78.46%、26.64%，分别比上年提高 7.5 个和 4.38 个百分点，支持小微企业发展的政策效应显现。

三是防促并举，引导房地产金融平稳健康发展。严格落实差别化住房信贷政策，对辖区 2 家金融机构政策执行情况开展现场核查，配合地方政府落实好房地产调控。加强辖区房地产市场监测，及时采集房地产市场成交及价格情况、保障房建设、土地市场交易情况等相关数据，引导房地产金融供给与需求相匹配。

四是协调推动，促进辖区直接债务融资快速增长。通过政策座谈会、直接债务融资政策宣传解读活动等形式，提高经济主体对非信贷直接债务融资的认知水平，注重发挥直接债务融资工具在支持重点制造业企业发展、缓解地方政府债务风险的作用。高效完成交易商协会安排的工作事项，提升直接债务融资工具发行效率。

## 二、稳增长、调结构，服务实体经济的能力进一步提升

紧跟中央和总分行总体部署，配合市政府牵头制定了《徐州市金融支持实体经济发展实施意见》，统筹财政、税收、司法等 18 个部门的政策资源，集中推出五大类 17 项具体举措，加大金融资源与实体经济的对接力度。

一是更加注重支持供给侧结构性改革。落实差别化信贷政策，推出“三去一降一补”负面清单，督促金融机构稳妥处置落后产能领域银行债权。2017 年，全市钢铁、煤炭表内融资余额比年初分别减少 11 亿元和 10.9 亿元。强化政策引导与利率定价自律机制的相互配合，推动辖区融资成本进一步降低。2017 年 12 月，全市人民币贷款加权平均利率 5.80%，较上年同期下降 19 个基点。促进投贷联动业务发展，支持“低比例股权＋贷款”、“贷款＋认股期权”在徐州先行先试，推动银行为多家企业提供投贷联动资金支

持，授信金额达6000万元。推动金融机构加强与产业基金对接，以银行自有资金或发行理财产品参与光电产业基金、老工业基地基金等多笔基金投资。紧贴重点行业和重点项目发展需求，搭建银政企合作平台，积极引导金融机构加大对交通基础设施、城市建设项目的支持，疏通资金供求渠道。

二是更加注重助推制造业转型升级。落实人民银行等五部委《关于金融支持制造强国建设的指导意见》，紧扣"一中心一基地一高地"的徐州产业转型升级战略，组织实施"金融助推制造业优化升级"行动计划，加强与政府部门合作，组织专题融资协调会，指导金融机构支持传统制造企业探索转型发展之路，推动投融资、结算理财等一揽子金融产品创新，为装备制造等支柱产业壮大提供稳定资金。

三是更加注重建设普惠金融体系。探索"金融扶贫＋农村电商"双轮驱动模式，会同市人社局、财政局出台《徐州市创业担保贷款实施办法（试行）》，加大金融扶贫力度，引导信贷资金流向"三农"领域。发挥信贷与财政、产业政策引导机制的协同效能，推动政府建立小微企业增信基金。顺利推进"中小微企业信用信息系统"扩容计划，目前，全市接入政府部门信息达55家，居全省第1位。积极推进信用增进服务，遴选3000多家无贷企业，组织金融机构开展融资服务。牵头实施"徐州市绿色金融行动计划"，确定徐州绿色金融改革重点，出台《徐州市推动绿色金融发展指导意见》，推动金融机构绿色金融业务模式、组织模式和营销模式创新。助推辖区绿色金融转型实现三项突破：融资渠道实现新突破，苏北首单5亿元绿色债券落户徐州；绿色金融专属产品不断破冰，"光伏贷"、"节能融易贷"等十余项绿色金融产品在徐州市场推出；绿色金融信贷总量快速增长，新能源、节能环保装备、节能型和新能源汽车等与绿色发展相关战略性新兴产业贷款余额同比增长80%。

四是更加注重支持贸易投融资便利化。深耕外向型产业价值链，围绕企业资金需求，大力发展离岸金融、跨境人民币、跨境电子商务、跨国公司总部结算等业务。在前期“两个率先”基础上（一是率先在苏北开展跨国公司本外币资金集中运营管理试点，二是率先在全省实现财务公司自主经营外汇业务突破），2017 年又积极促成苏北首家离岸金融业务分中心——交通银行离岸金融业务中心落户徐州，成功实现“三个率先”，填补了我市离岸金融服务功能的空白。截至 2017 年末，已累计为 100 余户企业提供离岸金融服务，结算量约 3 亿美元。积极配合市政府推进徐州综合保税区创建工作。协助配合徐州外贸港建设，为打造徐州外向型经济平台提供支持。深入推动跨国公司业务发展，推动徐工机械跨国公司获得省内首家银行间外汇市场交易会员资格和省内首家银行间外币拆借会员资格。积极推进全口径跨境融资政策，为辖区外向型经济发展增添新动力。2017 年，全市共有 8 家企业通过全口径跨境融资模式签约外债 8.19 亿元，为 2016 年全年总额的 3.88 倍。

## 三、增能级、促创新，深化金融改革的力度进一步加大

一是深入推进区域金融改革试点。结合徐州高校集中、煤炭生产安全科研技术全国领先的特点，发挥国家高新区资源优势，主动与徐州高新区管委会对接，启动产学研融协同创新试验区建设。以破解区内企业金融服务瓶颈为重点，探索产学研融一体化发展模式，确立“3＋4”总体框架，组织制订实施方案，围绕建设“产学研融协同创新服务中心、企业信用信息查询系统、科技融资服务平台”，努力打造成“科技成果转化高地、金融产品服务创新高地、企业信用培育高地、金融风险防控高地”，有步骤地推进试验区建设。根据国家服务业综合改革的政策定位，突出“小而专”的地方特色，积极组织申报金融支持服务业综合改革试验区，牵头制订了建设方案，从五方面提出 15 条政策措施，受到市委、市政府领导的高度认可，获全市深化改革领导小组会议一次性通过和省政府领导

批示。

二是积极推进"两权"抵押贷款试点。指导沛县开展农地经营权抵押贷款试点工作，加强部门协作，建立完善三个"农"字头平台，通过"互联网平台＋新农体＋金融机构＋土地流转公司"的新型模式，推动风险补偿基金全额到位，完善风险补偿、缓释和处置机制运作。引导金融机构优化"富农贷""润农金"等农地经营权抵押融资产品，增强"三农"主体获贷便利性。12 月末，沛县农地经营权抵押融资余额 1.73 亿元，是上年同期的 1.6 倍。

四、全布局、守底线，防控金融风险的举措进一步完善

一是持续加强区域金融风险监测、评估、防控。推动完善大金融范畴风险监测机制，提高监测频率，扩展监测内容，做到风险状况早发现、早防范。充分利用金融风险监测系统，强化金融风险分析，努力提升风险评估手段的科学性与前瞻性，把压力测试与非现场监测、现场评估有效结合，把风险评估结果与加强风险提示、完善应急预案有效结合。建立影子银行等地方金融业态的数据监测平台，推动风险信息有序传递。加强地方政府性债务、产能过剩行业、房地产等重点领域的风险监测。

二是妥善化解和处置各类金融风险。关注各县(区)金融风险情况。针对各县(市)金融风险状况，分地区下发风险提示函，加大对地方法人金融机构的督导和扶持力度。深化支付监管合作。搭建联动平台，联合市公安等部门开展整治非法买卖银行卡信息、打击非法集资等专项行动，组建徐州市反通讯网络诈骗中心。2017 年以来，协助公安机关查询涉案银行账户数 1013 个，查扣涉案银行卡 2239 张，收缴 1502 万元，有力提升打击通讯网络诈骗案件水平。加强业务监管，强化对辖区无证支付机构的监测、整治和查处，开展对 3 家第三方支付机构银行卡收单业务情况的核查，组织对辖区 15 家集中代收付业务委托单位进行全面梳理核查。加强征信市场管理，打击以征信信息为主体的犯罪，协助警方查办徐州

侵犯公民个人信息案。优化反洗钱监管机制。完善监管信息通报制度，在全省首推评级结果函告制，有力推动了义务机构履行反洗钱义务的自觉性和有效性。强化反洗钱执法检查，组织完成对1家银行机构、2家保险机构、1家证券机构现场执法检查。组织开展包括利润汇出异常企业专项检查、个人外汇业务专项核查、打击“逃骗汇、非法套汇”专项行动等专项核查和检查。

三是切实深化存款保险制度实施。坚持以存款保险推广为切入点，抓好存款保险工作。加强对辖区投保机构运行情况的监测分析，建立关注类机构清单，实行动态名单制管理，增加监测与报告频次，有效发挥了存保制度的风险提示和早期纠正作用。

四是稳步推进金融生态环境改善。改进“两管理两综合”工作，进一步修订完善徐州市银行业金融机构执行人民银行政策情况评价实施办法、评价项目和标准。加强对金融机构执行重大事项报告制度情况的管理和考核，实现了人民银行和各金融机构之间信息有效沟通。持续开展金融生态县创建，加强培育竞争性金融市场主体，组织开展平安银行徐州分行、恒丰银行徐州分行加入人民银行金融管理与服务体系工作。截至2017年末，全市银行业金融机构达43家，村镇银行和苏南农村商业银行分支机构已实现县域全覆盖；财务公司、金融租赁公司等新型金融组织从无到有，快速发展；证券业（期货）机构增至32家，保险公司主体达63家。

### 五、优功能、惠民生，推进金融服务的水平进一步提升

一是金融消费权益保护工作有序推进。开展“3·15金融消费者权益日”、“6·14信用记录关爱日”、“国债知识宣传年”、“网络安全宣传周”等宣传活动，引导和支持公民、法人和其他组织依法、合理表达诉求和维护权益。组织开展金融知识进机关、军营、学校、社区、村镇活动，广泛发放《金融知识普及读本》，进一步提升了社会各界金融消费知识水平和风险防范意识。联合市金融办、银监局、广电集团组织开展“大学生金融知识电视大赛”活动，编写

近 1000 道金融知识试题库供大赛选用，驻徐 8 所高校参赛，产生了良好的社会效果。

二是普惠支付服务呈新亮点。配合市政府完成“3550”工程账户核准工作，依托“三个优化”（开户审核流程、账户核准服务、账户核准模式），提升账户核准效率，账户核准由 2 个工作日缩短到 0.5 个工作日。创新开办业务，成功开办电子商业汇票再贴现业务。截至 2017 年末，累计发放 44.24 亿元；成功开办联网取现业务，首笔联网取现业务已由建设银行徐州分行通过支付系统发起。改善农村支付环境，辖区 468 个金融服务站点开通跨行取现和转账业务，推动农村地区非现金结算业务大幅增长。

三是金融信息化建设逐渐深入。深化金融 IC 卡受理环境建设，协调推动金融 IC 卡在公共交通领域、“智慧菜场”项目应用。组织金融机构加大金融 IC 卡发行和系统改造力度，截至 2017 年末，辖区发行金融 IC 卡 2334 万张，占银行卡存量的 57.91%。组织开展“网络安全宣传周”活动，向市民普及安全使用金融 IC 卡、手机银行和网上银行以及有效防范网络金融诈骗等金融网络安全常识，提升防范风险意识。

四是人民币流通满意工程取得新进展。推行小面额货币首兑责任制，引导金融机构适时、适量、适度投放小面额人民币。开展硬币自循环试点工作，试点面向农贸市场、大型超市逐渐扩展。推进二代货发系统试点工作，坚持存取款预约制度，采取延时工作法，确保金融机构准时到、及时走，有效缩短缴款时间，缓解了库存压力。指导沛县农村商业银行建立区域性集中清分中心，推动现金清分的社会化运作。实施冠字号码“双流同步”试点工作，在 12 家开户银行业金融机构中开展发行库交取款和相互取现业务“双流同步”试点工作。

五是征信体系建设取得新成效。有序推进公积金贷款试点接入工作，基本完成接口程序的开发和内部测试工作。实施个人信用报告代理查询标准化工程，完善代理查询制度；合理增设查询点，新增徐州市公积金管理中心等 9 家查询点，目前市区已有 15 家信用报告查询网点，数量居全省前列；引入科技手段实现信用报告查询网点自动导航，推出在线导引服务。依托沛县“金融服务农信融资平台”化解农村融资难题，充实 639 家农民合作社等新型农业经营主体数据库信息，完成融资对接 151941.19 万元。推动徐工集团采取直联的方式接入应收账款融资服务平台，缓解供应链企业融资难题。举办辖区征信文化系列宣传活动，进一步扩大征信文化宣传的覆盖度和受众面。

# 徐州市金融服务中心建设构思与展望

2017年,党的十九大报告和第五次全国金融工作会议赋予金融服务实体经济“国之重器,国民经济之血脉”的战略地位。纵观世界经济史,无论是工业革命时期英国崛起,还是近现代日本、中国香港繁荣,都少不了同时期金融发展兴盛的身影,更离不开金融系统的资金推动。金融体系与实体经济是血脉相容、不可分割的有机整体,两者共生共荣、相得益彰。

徐州市作为国务院批复的“淮海经济区中心城市”,为金融发展提供了广阔的市场和平台。江苏省委、省政府出台的《关于支持徐州建设淮海经济区中心城市建设的意见》(苏发〔2017〕20号)强调,支持徐州加快推进包括“金融服务中心”在内的淮海经济区中心城市建设。人民银行徐州市中心支行以打造区域金融服务中心为目标,提出“开展三大建设,具备三大功能”战略工程,徐州市政府部门和金融系统凝聚共识、发挥合力、创新思路,以金融服务实体经济为宗旨,在建设区域性金融服务中心方面进行了有益探索,即建设现代金融体系、建设金融服务平台、建设金融生态环境,具备金融集聚功能、金融辐射功能和金融发展保障功能。

## 一、区域金融服务中心建设实践

### (一)建设现代金融体系,发挥金融集聚功能

一是建设金融集聚区,实现机构集聚。2017年初,徐州市委、市政府成立了“徐州市金融集聚区建设指挥部”,邀请智库与专家团队编制建设规划,着手建设金融集聚区。在区域级、市级金融机构空间集聚模式的基础上,积极争取全国性银行、证券、保险等各类金融机构在金融集聚区设立区域服务总部、后台服务中心,并组建和培育新金融业态和各类金融中介机构,降低投资者和融资者的鞋底成本。当前首批意向入驻机构100余家。

二是鼓励多元化金融创新，实现创新集聚。鼓励机构联合创新，开发交叉性金融产品。如浦发银行徐州分行通过资产证券化、信贷资产转让盘活存量信贷资源，增加对企业信贷支持；邮储银行徐州分行与人保财险徐州市支公司联合开办企业小额贷款履约保证保险贷款业务，支持中小微企业；广发银行徐州分行探索投贷联动业务模式，出资5000万元参与设立徐州华擎光电产业基金，为徐州博康信息化学品有限公司进行股权投资，实现“产业基金投贷联动模式”首笔突破和落地。

三是建立科学化激励机制，实现政策集聚。争取金融改革政策先行先试，针对《徐州市申报金融支持服务业综合改革试验区总体方案》不需要国家审批、地方可以自行开展的金融改革举措，市政府下发《市政府关于金融支持实体经济发展的实施意见》，通过政府力量，推动相关部门加快区域金融改革，形成主动改革、主动创新氛围。制定鼓励金融创新和区域总部集聚的财税政策，对满足要求的金融机构给予财税支持。

（二）深化金融服务平台建设，扩大金融辐射功能

徐州市加快四类金融服务平台建设，以金融功能载体建设促进金融资源集聚、资源配置优化、金融服务优化。

一是加快建立金融综合服务平台，解决信息不对称问题。实现线上金融政策咨询、金融产品查询、融资项目推介、金融顾问包挂对接等功能。

二是打造多元化综合性直接融资平台，解决直接融资短板问题。健全和完善企业上市挂牌后备资源库，建立企业债券发行培育库，有序推动企业通过资本市场融资。

三是完善外汇管理服务平台，解决利用境外资源不充分问题。充分发挥离岸金融业务分中心作用，为企业提供贸易融资、海外借债、资金集中运营等综合化金融服务。

四是建立完善信用信息共享平台，解决信用信息分散、难以形

成监管合力问题。目前,人民银行徐州市中心支行自主开发的“中小企业信用信息辅助管理系统”,实现对32个政府综合部门的社会信用信息数据进行深度整合,并逐步探索信息展示、评级、预警、企业培育等功能,应用于金融机构全流程管理。

(三)联动打造金融生态环境,拓展金融发展空间

一是建设诚信社会信用体系。立足政府公共信用信息平台,建立投融资领域市场主体信用档案,实行“黑红名单”制度。开展企业逃废债专项治理,对失信主体依法依规采取行政性约束、联合惩戒、司法处置等措施,全力打造“诚信徐州”。

二是切实压降不良资产。引导金融机构通过引进战略投资者、资产证券化、债转股等方式盘活不良资产,并综合运用主动催收、贷款核销、资产转让、司法清收等方式,加快不良资产处置进度。

## 二、取得成效

(一)金融体系日益丰富

金融组织体系决定了金融市场规模和流动性,反映一个国家或地区的金融深化程度和金融市场体系的完善程度。

截至目前,徐州市已基本形成以银行、证券、保险为主体,财务公司、金融租赁、小贷公司、融资担保、基金、典当等为补充的多层次金融体系。现有银行业金融机构43家(13家全国性股份制银行已全部进驻)、证券机构32家、保险公司63家、财务公司1家、金融租赁公司1家、小贷公司37家、融资担保公司7家、融资租赁公司3家、典当公司26家、股权基金62家、产业基金20支。

(二)金融资产总量领先

近年来,徐州市金融业快速发展,银行、证券、保险各项统计指标均在淮海经济区处于领先地位。2017年末,全市人民币贷款余额为4173.20亿元,比年初增加552.98亿元,同比多增2.91亿元;全市人民币存款余额为6393.00亿元,较年初增加900.88亿

元，同比多增 153.46 亿元，余额同比增长 16.4%，增速居全省第 2 位（见图 1-3）。

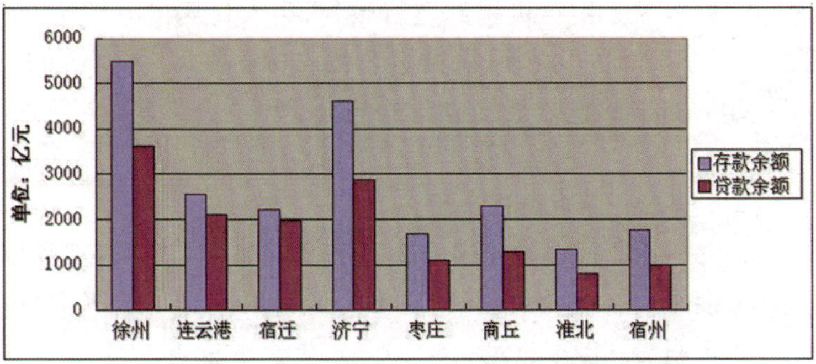


图 1-3　淮海经济区核心城市存贷款情况

2017 年末，全市本外币贷款余额 4177.26 亿元，比邻市济宁整体高出 1000 亿元，贷款规模同样位居淮海经济区核心区城市首位。

资本市场作用凸显。2017 年末，全市境内上市公司 11 家，上市公司在证券交易所累计募集资金 813.77 亿元，比上年增长 20.4%。新增"新三板"挂牌企业 3 家，累计达 23 家。

保险市场的风险保障作用更加突出。2017 年实现保费收入 209.3 亿元，比上年增长 25.8%。全年保险赔款和给付支出 103.2 亿元，比上年增长 95.9%。

（三）金融基础设施完备

徐州市支付系统覆盖率进一步提高，大额、小额支付系统业务稳步增长。截至 2017 年末，共有 806 个银行网点加入支付系统。2017 年上半年，徐州市大额支付系统处理业务 359.61 万笔，金额 34474.69 亿元，占苏北五市大额支付交易金额的 35.84%。小额支付系统处理业务 738.98 万笔，金额 1000.02 亿元，同比分别增长 38.71%和 22.73%，占苏北五市交易金额的 39.19%。

完善金融基础设施最后一公里，农村金融综合服务站成为普惠金融发展的基石。至2017年末，徐州市五县二区共建设2097个服务站，覆盖无银行机构网点行政村，为农村居民办理小额取现、转账、小面额货币兑换、公共事业代收费业务等。仅小额取现一项，2017年，服务站累计办理小额取现50余万笔，金额近2亿元。

（四）金融产品创新能力增强

近年来，徐州市金融系统围绕经济发展和企业个人经营消费需求，开展了卓有成效的创新，在淮海经济区起到了示范带动效应，多个创新受到国家肯定。

一是突出渠道创新，为城市发展提供充足的资金支持。近十年来，金融系统积极对接市“三重一大”项目，累计提供千亿元资金支持，创新方式，破解重大建设项目融资梗阻，为城市发展保驾护航。二是突出机制创新，提高企业融资满足率。创新银行利率定价机制，通过建立徐州市市场利率定价自律机制，缓解企业融资贵难题。创新企业帮扶机制，建立“金融顾问”团队，建立市级应急周转资金池，解决企业资金周转难题。创新风险管理机制，降低小微企业融资门槛。如邳州农村商业银行通过引进台湾融辅小贷技术，应用风险管理“大数原则”，通过客户经理现场盘货和制造报表的方式，有效降低了小贷风险控制难题。三是立足合作模式创新，促进民生幸福水平提升。民生领域量广面大，仅靠银行业机构难以获得有效支持。鼓励金融机构加大与相关部门合作，发挥合力，共同促进金融水平提升。通过银政保合作创新，开办保证保险家庭农场小额贷款，支持新型农业经营主体，该项创新被邮储银行总行全国推广。通过银政合作，支持农地经营权抵押贷款工作。农发行与农土公司合作，以农土公司作为不良资产抵押物处置和代持机构，有效解决了土地资产处置难题。该做法被国家“两权”领导小组宣传推广，并呈报时任副总理马凯。

### (五) 跨区域金融服务能力逐渐增强

近年来,徐州市金融业蓬勃发展,对淮海经济区辐射能力逐步增强。一是金融业务辐射区域有所拓展。2017 年 12 月末,徐州市异地贷款余额 94 亿元,占苏北五市异地贷款余额 36%。辖区金融机构对淮海经济区多市发放贷款,支持当地经济发展。二是建立跨区域金融监管信息交流机制。早在 2004 年,徐州市建立了苏鲁豫皖毗邻城市金融稳定协调机制,建立突发金融事件、重大金融风险通报机制,提高金融监管工作的前瞻性。三是金融影响力不断增强。2017 年 6 月,淮海经济区首届银行业职工技能大赛在徐州举办,来自江苏、安徽、山东、河南 4 省的 52 名选手参加了大赛。徐州代表队独揽个人、团体冠军奖项。

### (六) 金融外向发展开始起步

2017 年 8 月,离岸金融业务中心落户徐州,填补了淮海经济区空白,为徐州市及周边城市的进出口企业提供了便捷、高效的在岸与境外金融服务,将对完善金融服务功能、支持企业“走出去、引进来”、继续保持外向型经济强劲发展势头起到重要推动作用。

## 三、深化区域金融中心建设的思路

对照金融服务中心功能特征,徐州还存在不少短板和差距,主要体现在金融总量还不够大,多层次资本市场发展不充分,金融产业集聚度不够高等。下一步应以问题为导向,以服务实体经济为核心,推进改革创新,优化环境,形成金融机构众多、金融规模扩张、服务功能齐全、融资结构优化、市场体系完善、金融开放程度高的金融发展格局。

### (一) 持续推进“一中心一基地一高地”建设,稳固淮海经济区中心城市战略地位

实体经济是金融发展的根基,“一中心一基地一高地”建设是徐州建设区域性中心城市的重要动力,也是建设区域金融服务中心的核心竞争力。围绕“打造区域性产业科技创新中心”要求,努

力实现全社会 R&D 达 2.2%，科技进步贡献率达 60%，建成淮海经济区重要创新城市。围绕“建设区域性先进制造业基地”要求，构建以装备制造业、食品加工业、能源产业、商贸物流旅游业四大优势主导产业为支撑，战略新兴产业为引导，生产性服务业为引擎的先进制造业新体系。围绕“区域性现代服务业高地”要求，建成现代物流、科技服务两大生产性服务业高地，现代商贸、文化旅游两大生活性服务业高地，以及健康养老、平台经济两大新兴服务业。

（二）推动金融体系“四项发展”，完善金融综合服务功能

一是加快发展多层次资本市场。助推企业上市挂牌，支持上市公司再融资及开展并购重组、“新三板”挂牌企业定向增发、股权质押融资，推动更多企业在资本市场募集资金。拓展利用债券市场资源，利用可交换债券、可转换债券市场，发展绿色债券、高收益债券、专项债券、项目收益债券、双创债券等工具。扩大资产证券化业务，探索发行资产证券化、资产支持票据等产品。拓展基金等多元化融资渠道，发挥产业基金作用，加快基金招引和投资运作。

二是丰富发展新型金融组织机构。吸引银政保等机构设立分支机构、业务总部或区域性后台服务中心。适时推进农村商业银行改革重组，做大地方法人机构。加快发展非银金融机构，培育消费金融、汽车金融、融资租赁等体量大、带动强的法人机构，规范发展小贷、担保公司、村镇银行等小型机构。丰富新型金融业态，持续招引金融控股、基金、创投、风投等新型金融业态。

三是探索发展区域性要素市场。打造和完善区域性要素市场平台，建立金融要素、资产区域内可流转，区域外可联通渠道，咨询、定价估值、交易结算等服务为一体的融资服务和股权交易服务平台。

四是实现传统金融转型发展。推动银行利用互联网、物联网、大数据等技术，在业务拓展、风险控制等方面培育新增长点。全面

推动保险业转型升级，争取更多险资直投。推动证券期货机构业务创新，加快发展综合理财和财富管理服务，提高投行等核心业务创收能力和品牌影响力。

（三）大力发展“四大金融”产业，增强金融服务实体经济效能

一是规范发展互联网金融。鼓励金融机构开展互联网金融业务，包括民间互联网金融业务规范发展。二是全面发展普惠金融。改善普惠金融服务体系，提升金融服务便利化水平，加强对小微企业、民生工程支持力度。三是大力发展科技金融。鼓励金融机构提供科技金融服务，设立科技产业基金和天使投资基金，建设科技金融中介服务体系，形成多功能科技金融服务中心。四是发展绿色金融。建立一体化绿色金融服务体系，拓展绿色产业发展的投融资渠道；探索发展碳交易试点、碳金融市场体系。

（四）实施开放式人才战略，培育金融发展“软实力”

通过人才引进、人才培养、人才共享等模式建立金融人才储备机制。鼓励金融机构与高校进行金融专业型人才联合培养，大力发展金融人力资源外包服务，把徐州建成淮海经济区的金融人才高地、金融机构会议和培训服务中心。

（五）健全现代金融基础设施，完善金融服务功能

一是继续推进金融集聚区建设，引导各类金融机构入驻，通过金融服务、金融功能聚集，达到一定市场容量和市场密度，相互作用产生“技术溢出效应”和“稠密市场效应”。二是加强金融会计基础设施建设，促进金融市场各参与方严格执行信息披露制度，鼓励各类中介机构的设立与规范发展。三是推进金融监管基础设施建设，逐步形成“政府协调、职能部门监管、执法部门维护、金融机构内控、从业人员自律、全社会共同参与”的金融安全体系。四是发展先进的支付、存管和结算系统，逐步建成区域性、综合性的支付清算服务系统。五是加快金融电子化、网络化步伐，逐步建成区域性后台服务中心和应急响应中心。

（六）强化社会联动，打造良好金融生态环境

提升徐州地方企业征信系统专业化能力和信息数据库覆盖面，培育国际化、专业化金融中介服务机构。完善金融风险防控机制，利用互联网、大数据，动态监测行业风险和区域性金融风险，及时预警处置。联合金融监管及公检法等部门开展金融执法，不断加大金融债权案件执行力度。提高金融案件执结率和标的额兑现率，争取金融案件执结率达到 80%，金融案件标的额兑现率提升至 70%。

# 第二篇

# 政策性银行及邮政储蓄银行

中国农业发展银行
AGRICULTURAL DEVELOPMENT BANK OF CHINA

## 农业发展银行徐州市分行积极发挥政策支农作用

中国农业发展银行徐州市分行(以下简称农发行徐州市分行)成立于1996年,下辖8个分支机构,现有干部职工193人。至2017年末,该行贷款余额241.36亿元,存款余额106.35亿元,贷款规模在全省农发行系统排名第2。近年来,农发行徐州市分行在保证农副产品收购资金供应的同时,坚持深耕"三农",服务实体经济,为"三农"经济发展和农业供给侧结构性改革提供了有效信贷支持。

### 保证收购资金供应

粮棉油收储事关国家粮食安全,支持粮棉油收储是农发行的立行之本、发展之基。农发行徐州市分行始终高度重视粮棉油收储工作,确保收储资金供应,确保收储资金封闭运行。近年来,农发行徐州市分行每年投放收储资金不低于30亿元,收购资金供应与管理工作得到了上级行的充分肯定,被评为总行的粮油信贷管理示范行。特别是2017年以来,面对夏粮丰产,资金需求大,收储体制改革加快,政策把握难度大的局面,全行上下把支持夏收作为重大政治任务,高度重视,精心服务,投放托市贷款36.5亿元,同比多放11.4亿元,支持收购托市粮28.2亿斤,同比多收8.9亿斤。央视《新闻联播》、《人民日报》以及徐州市电视台对农发行徐州市分行支持夏收情况先后予以报道。

### 积极发挥农发重点基金撬动作用

农发重点建设基金是支持"看得准、有回报、不新增过剩产能、不形成重复建设、不产生挤出效应"等重点领域项目建设而设立的基金。农发行徐州市分行充分发挥农发重点建设基金对社会资金的引导作用，如基金重点支持潘安湖湿地项目，累计投入基金和信贷资金 8 亿多元。曾是“一城煤灰半城土”的采煤塌陷区，经过生态修复后变成“一城青山半城湖”的国家湿地公园。如今潘安湖国家湿地公园已经成为全国资源枯竭城市生态环境再造的典范。

### 首推服务“三农”的“沛县模式”

为解决农村土地流转和规模经营“融资难、融资贵”难题，农发行徐州市分行与沛县政府合作，将农发行资金优势、政府组织优势和地方财政优势有机结合。地方政府设立农土公司作为农村承包土地经营权抵押贷款风险资产处置终端，在形成市场化风险资产处置模式过程中，农发行通过发放贷款，满足农土公司在处置银行风险资产、土地整理、为土地承包户提供农资等配套服务方面的资金需求，调动社会各方参与“两权”抵押贷款业务的积极性，形成了独具特色的“沛县模式”。该模式得到时任副总理汪洋、农业部部长韩长赋、江苏省委书记罗志军和省政府以及省金融办、人民银行、银监局等部门充分肯定，获得 2015 年江苏省“农村综合改革优秀奖”，并被评为 2015 年度江苏省银行业“创新服务”十件有影响大事之首。

### 创新产业扶贫新模式

农发行徐州市分行积极探索产业扶贫新思路。一是推出了以新农村建设、土地增减挂钩、高标准农田建设、土地规模经营、扶贫“五位一体”的睢宁县姚集扶贫模式。二是推出“维维核桃”精准产业扶贫模式。通过投放维维食品饮料有限公司中长期项目贷款 8000 万元，支持该公司在陕西省洛南县建设年产 1000 吨核桃饮料生产线，促进洛南县建档立卡贫困人口脱贫。

### 积极开拓新的服务领域

农发行徐州市分行一直探索信贷支持新模式、新领域，2015 年度投入沙集电商物流园中长期农村流通体系建设项目贷款 2.5 亿元，建设物流园交易中心，促进沙集电商物流园飞速发展；结合新沂市交通区位优势，投入贷款 2 亿元，先后建成窑湾港口物流园、新沂公路物流园；投入5亿元对市轨道交通二号线部分地面附着物进行信贷支持，为农发行支持经济实体拓展了空间。

## ××××××特色产品、实例及联系电话××××××

| | |
|---|---|
| 特色产品名称 | 农村土地规模经营贷款 |
| 特色产品概述 | 主要用于解决借款人利用农村土地发展规模化生产经营或为规模化生产经营提供专业化服务方面的融资需求，贷款用途主要包括购置种子、种苗、农药、化肥等生产资料、购置农业机械设备、支付人工费用、培育养护费用和其他与生产经营等相关的资金需求 |
| 适用对象(行业) | 农林牧渔业 |
| 产品特点和优势 | 农发行向政府部门成立的贷款中介公司发放基准利率贷款，并由贷款中介公司向符合条件的贷款户发放农村土地规模经营贷款，将低成本资金引入农村实体经济中，有效降低贷款户的财务负担 |
| 期限 | 1～2年 |
| 额度 | 1亿～2亿元 |
| 利率 | 人民银行同期同档次基准利率 |

### 产品实例

为盘活农村有效资产，拓宽新型农业经营主体融资渠道，更好促进“三农”发展和农民增收，沛县2014年开始启动农村土地经营权抵押贷款试点工作。该县投入300多万元，在江苏省较早成立农村综合产权流转交易中心，通过出台土地流转交易管理办法和土地承包经营权流转交易细则等措施，推动确权土地依法流转。

2015年7月，农发行江苏省分行通过徐州市分行、沛县支行与沛县政府合作，由沛县国有资产经营公司等出资2亿元，成立沛县汉润农村土地流转经营有限公司。该公司负责对接农发行贷款资金供给和单个家庭农场主的信贷需求，业务职能定位于土地经营管理与中介服务，托底接受管理运转不良土地的再次流转和经营以及家庭农场的融资服务等。

在此基础上，农发行与汉润公司联合开发“润农金”借款产品，同时由沛县财政每期出资1000万元作为“润农金”财政专属风险补偿基金。农发行对润农金客户群体授信总额度为每期财政出资额的20倍，以基准利率贷款给汉润公司；汉润公司按“新型经营主体申请—村服务站认可—分公司初审—总公司受理—现场调查—审批放款”流程，将资金分散支付给符合借款条件的家庭农场、专业合作社等新型农村经营主体使用。

“润农金”采取统贷统还方式，汉润公司全权负责借款资金的管理，并负责贷款本息的及时足额偿还；农发行对贷后资金随时监督，确保专款专用，单户融资额度原则上不超过200万元。农村新型经营主体购买政府补贴的农业保险，作为借款的先决条件，再将经过确权、鉴证、估值的《农村土地承包经营权证》抵押给汉润公司。

在资产应抵尽抵的前提下，汉润公司在农发行的贷款由沛县国资公司提供担保。汉润公司作为风险资产处置终端，一旦借款人无法还款则由其先行足额代偿，同时代持相关农地经营权，通过委托农村产权综合交易中心二次流转或自营等方式处置，避免土地流转不及时导致撂荒贬值，确保农地经营权抵押贷款业务有序开展。客户借款逾期30天后未归还、汉润公司处置形成损失的，由风险补偿基金代为偿还。

截至2017年末，三期“润农金”产品已累计发放500余笔，贷款余额6000余万元，其中最大金额200万元，最小金额10万元，近2万农民直接受益。目前，农发行江苏省分行已在宿迁、淮安、苏州等地试点“沛县模式”，累计发放贷款3.2亿元。

### 产品联系电话

0516—85797909。

| 特色产品名称 | 东西部协作扶贫贷款 |
| --- | --- |
| 特色产品概述 | 根据党中央、国务院精准扶贫战略规划，中国农业发展银行积极履行政策性银行职能，全面强化扶贫工作力度，与地方大型优质涉农企业沟通，调查了解东西部协作扶贫意向，积极充实项目储备库并优先支持相关项目。扶贫贷款符合国家政策导向，符合供给侧结构性改革要求，作为“补短板”的重要举措，是中央既定战略，是政策性银行履职重点 |
| 适用对象（行业） | 涉农实体企业 |
| 产品特点和优势 | 此类贷款将给徐州地方优质企业在贫困地区投资建厂开辟一条政策性金融中长期项目低息贷款支持的新通道，减轻企业投资资金成本，提高公司收益 |
| 期限 | 按照项目实际情况确定 |
| 额度 | 按照项目实际情况确定 |
| 利率 | 一般执行人民银行同期同档次基准利率 |

### 产品实例

维维食品饮料有限公司于 2016 年 11 月 25 日在陕西省洛南县成立了维维华山核桃产业有限公司，注册资本 5000 万元，拟于 2017 年 5 月开始项目建设。

该项目建设地点位于陕西省洛南县，为国定贫困县。该项目的实施，可解决建档立卡贫困人口约 1000 余人（原料采购涉及约 1000 户，进工厂工作 120 人，其中 30%为建档立卡贫困人口，年均提高农民收入 4.2 万元），满足精准扶贫要求，符合农发行扶贫贷款政策准入条件。维维食品饮料有限公司为上市企业，是国家级龙头企业，符合农发行客户准入标准。在了解企业的实际需求后，农发行徐州市分行向其投入信贷资金 8000 万元。

该项目的实施一是创新了金融机构支持属地企业，将资金用于异地国定贫困县项目建设的新模式。属地企业借款，异地项目公司用款，在资金支付、贷后管理等方面都需要进行探索和创新。二是给徐州地方企业在贫困地区投资建厂开辟一条政策性金融中长期项目低息贷款支持的新通道，可成功复制，减轻企业投资资金成本，提高公司收益。三是可有效推动国定贫困县建档立卡人口成功脱贫。产业扶贫是助推贫困人口脱贫的最有效模式，洛南县政府高度重视，给予了维维公司一系列优惠条件，并积极向江苏省政府和扶贫办汇报，有利于提升维维集团的社会形象，提升徐州市委、市政府支持东西部协作的社会效应，同时省财政厅有专项资金用于此类项目补贴，扶贫效益、社会效益、企业效益将实现最大化。

产品联系电话

0516－85797909。

中国邮政储蓄银行
POSTAL SAVINGS BANK OF CHINA

# 中国邮政储蓄银行徐州市分行
# 依托城乡开展普惠金融

邮政储蓄银行徐州市分行成立于2008年3月，依托覆盖城乡的网络优势，坚持普惠金融服务定位；通过强根基、立实业、重创新、促转型，实现地方经济发展与银行改革转型同频共振。通过强化内部管理、提升外部服务，实现金融支农工作社会效益与经济效益的有效统一。至2017年末，共有员工903人、网点236个（银行自营网点44个、邮政代理网点192个）；资产总额637.70亿元，其中贷款余额204.96亿元；负债总额633.14亿元，其中存款余额602.07亿元。

## 做精“大零售”业务，提升核心竞争力

坚持以专项活动为抓手，积极落实综合营销策略，提高营销效率，努力将“大零售”打造成核心竞争力，持续提升市场波动应对能力。

## 做强“大公司”业务，服务中心城市建设

以“大项目”为抓手，找准服务实体经济的重点领域，深耕“大城建”、“大交通”、“大电力”、“大医药”等贷款项目，持续支持“中国制造名城”的提档升级，为徐州提供更全面、更优化、更深层次的金融服务支撑。

## 做深“三农”业务，持续助力农业供给侧改革

积极响应支持农业供给侧改革号召，将“三农金融”打造成特色业务，积极调研、开发“助农、支农、富农”等创新产品，助力农业供给侧改革。

### 做细创新业务，不断增强对实体的服务力度

加快对各县、区特色小镇的调研支撑，构建小微金融服务平台，推广小微信贷移动展业作业模式。创新青年电商贷产品，继续加快电子银行、POS流水贷和税贷通等电商贷产品在线信贷服务推广。

由于服务“三农”、服务“新农保”业绩突出，被国务院评为“全国新型农村和城镇居民社会养老保险工作先进单位”，荣获“徐州市三服务三满意”一等奖等荣誉；“好借好还小额贷款”成功创建为江苏省第三批优质服务品牌；支持大学生村干部创业富民事迹，受中组部、人保部等国家六部委领导的充分肯定。

### ※※※※※※特色产品、实例及联系电话※※※※※※

| 特色产品名称 | 营运车保证保险贷款 |
|---|---|
| 特色产品概述 | 一款基于银保合作平台创新的“贷款＋保险”模式的贷款产品。该款产品融合贷款和保险服务，对购买营运货车的借款人提供包括贷款、车险、人身险在内的综合金融服务<br>该产品由汽车经销商推荐购买营运车的借款人，银行开展贷款授信工作，保险公司对于符合条件的借款人提供车险、人身险和保证保险等服务，免除借款人的担保要求。形成邮储银行、保险公司和汽车经销商三方合作框架 |
| 适用对象 | 在徐州地区从事货运经营的自然人，贷款用途限于购买牵引车、冷藏车等营运车辆 |
| 产品特点和优势 | · 提供综合金融服务：在为借款人提供贷款的同时，满足借款人在购买车辆过程中的车辆责任险、商业险和人身意外险、电子银行、转账结算等金融服务需求<br>· 担保方式优化：该款产品可免除借款人提供担保，只需要购买保险公司的车辆保险和履约险即可<br>· 利率低于同业同类贷款：由于该产品是一种综合性金融服务，在利率设计上比同期限贷款利率低7%以上 |

续表

| | |
|---|---|
| 期限 | 最长 24 个月 |
| 额度 | 最高 50 万元 |
| 利率 | 基准利率上浮 50% |

### 产品实例

客户苗先生，家住新沂市某村，一家四口，两个孩子在上学，家属在家从事生猪养殖。苗先生经营运输车辆，平时以运输饲料为主。经营路线主要为短途，基本上是安徽、山东、新沂、淮安等地，除去天气原因，客户平均每月往返 10 趟左右，运费约 5000～6500 元，每趟支出主要包括油费、过路费、伙食费等。运费及各项支出主要以现金结算为主，因客户基本不走高速，所以支出成本相对较少。苗先生准备在新沂市众志汽车贸易有限公司购买新车，车辆价值 34.5 万元，已付首付款 10.4 万元，资金缺口 70%，但无法提供符合要求的担保人和规范的抵押物。

了解客户需求后，认为此类情况在营运货车行业并非个例。于是积极开展扎实、深入的产品创新调研，成功创新了一款定制化的贷款产品。该产品解决了客户无法提供担保问题，恰恰能满足苗先生这种情况的需要，解决了他的购车资金需求。

### 产品联系电话

0516－85581291。

| 特色产品名称 | 小企业税贷通 |
|---|---|
| 特色产品概述 | 面向连续正常纳税的中小微企业法人客户，依据其近两年平均纳税总额发放的短期流动资金贷款。纳税总额达到 10 万元及以上的中小微企业客户，提交近一年的银行账户流水、近两年的完税凭证及纳税证明，落实有效的审查审批条件后即可放款 |

续表

| | |
|---|---|
| 适用对象 | 具备授信资格的各类企业和经营实体，且符合《中小企业划型标准规定》(工信部联企业〔2011〕300号)的中型、小型、微型企业 |
| 产品特点和优势 | · 以税授信：根据企业纳税情况核定授信额度，企业上一年度纳税总额超过10万元(含)即可申请<br>· 纯信用贷款：企业无需提供抵押物或寻求担保公司担保<br>· 额度授信：授信有效期内企业可以循环使用授信额度<br>· 还款方式灵活：按月还息、到期一次性还款等六种还款方式，企业可以根据自身现金流特点灵活选择 |
| 期限 | 单笔业务贷款最长期限12个月 |
| 额度 | 依据企业纳税情况综合评定，单户最高200万元 |
| 利率 | 以企业评级为基础，基准利率上浮30%～60% |

## 产品实例

某企业成立于2008年7月18日，初始注册资金40万元，2015年7月14日增加注册资本至600万元，主营业务为制造销售工程塑料颗粒。

经过多年的经营发展，企业取得了多项实用新型专利和发明专利(抗老化PPO－PA塑料合金)。由于产品销量较大，需要一百多万流动资金扩大生产规模。但该企业暂时无法提供合适的抵押物。

在了解该企业的基本情况及融资需求后，邮政储蓄银行徐州市分行团队负责人与小企业客户经理上门拜访，与企业主、主要财务人员等深入交流，详细了解企业经营情况、应收账款回收情况、主要结算模式、年纳税情况、融资需求情况等信息，初步建立友好合作关系。与企业主要管理人员深入沟通后，针对企业的具体融资需求和担

保能力，结合现有产品体系，制定切合企业实际的金融服务方案并获得企业认可。小企业客户经理主辅双人上门调查、收集材料，完成业务申报工作。在此基础上，小企业客户经理针对企业用款比较急的需求，加班加点撰写调查报告，仅用2天时间便完成业务上报工作。通过审查审批绿色通道，本次贷款仅用了5个工作日便完成审批，并于落实放款条件后成功发放贷款。

产品联系电话

0516－85586877。

# 第三篇

# 国有商业银行

中国工商银行
INDUSTRIAL AND COMMERCIAL BANK OF CHINA

# 中国工商银行徐州分行发展综合金融服务支持制造业

中国工商银行徐州分行成立于1984年，现有员工1500余人，支行网点69个。多年来，依托强大的客户基础、多元的业务结构以及卓越的品牌价值，通过锐意进取，革故鼎新，不断改进经营管理，铸就了领先的市场地位。2017年末，存款余额602.5亿，贷款余额318.98亿元，居全市前列。作为总行下辖的重点二级分行，工商银行徐州分行在全省考核排名第4位，在全国80家重点城市行中排名第42位。

抓住徐州市政府“一中心、一基地、一高地”战略部署契机，坚持市场拓展与质量控制两手抓、两手硬，持续提高自身经营水平，支持以制造业为核心的实体经济发展。

## 大力发展投行业务，支持制造业企业扩大经营规模

一是做大做强并购业务板块。围绕上市公司、政府类客户、行业龙头企业等客户，运用上市公司公告、支行网络、政企客户走访等信息渠道，重点挖掘控股、参股型收购、定增认购、合资新设等并购业务机会。二是抓住市场机遇，挖掘债务融资工具合作机会。充分利用经济回暖，经济出现复苏迹象，密切关注市区政府平台公司等发债需求，及时跟进投行服务。三是积极参与政府引导的产业基金，特别是城市公共服务领域及基础设施领域产业基金。四是推动上市公司营销，做好“N＋3”（N为客户已使用工行的产品，3是企业每年新增使用工行3个产品）产品综合化服务。充分利用公司、投行、结算、个金、私人银行、国际业务等专业产品，为客户提供“融智＋融资”为一体的综合化

服务。

### 主动调整信贷结构，满足制造业领域信贷需求

坚持服务实体经济的经营理念，将信贷支持制造业领域作为重要工作来抓，努力向制造业信贷需求倾斜，逐步提高制造业贷款占比。一方面加大对新客户的支持力度。根据省行“千户工程”拓展安排，制定“百户营销计划”，加快对先进制造业、战略性新兴产业、传统制造业改造提升的支持。截至2017年末，新增公司客户30户，新增小微贷款客户128户，贷款累计投放95.9亿元。另一方面继续做好存量客户的融资支持。对大型客户以及供应链企业，设立核查上报绿色通道，并要求支行提前收集资料，早申报、早审批、早投放，并提供并购贷款、中票等融资产品，积极向上级争取制造业贷款规模，实行优惠利率，降低企业融资成本。2017年末，制造业贷款余额44.2亿元，全市占比13.86%。

### 创新银政合作模式，重点培育制造业领域小微企业

积极与财政部门沟通，启动“小微创业贷”业务合作，充分发挥财政资金撬动金融资源的杠杆作用。协调市财政资金3000万元作为融资担保基金，为符合条件的小微企业客户提供担保，用好用足财政资源，降低了融资门槛，扩大了小微企业受益面。一是科学梳理客户名单。通过银税合作信息，结合专业市场、产业集群、供应链、私人银行客户等信息，精心筛选千户目标客户。二是拟定小微创业贷操作流程、管理要求及主要风险要素提示表，提高业务办理效率。三是组织开展小微创业贷业务产品培训，对行业政策、准入标准、调查要求、增信措施、合规操作、存续期管理等进行系统解读。四是积极组织与市财政、区财政联合召开小微企业创业贷产品推介会，推动业务合作与开展。

## ✻✻✻✻✻✻特色产品、实例及联系电话✻✻✻✻✻✻

| 特色产品名称 | 员工持股计划融资 |
|---|---|
| 运作模式概述 | 由工商银行总行理财资金参与信托计划，投资二级市场流通股票，为企业实施员工持股计划提供资金支持，完善企业治理结构 |
| 适用对象（行业） | 上市公司，不分行业 |
| 产品特点和优势 | · 通过表外融资解决融资难题，突破信贷规划约束<br>· 推进企业混合所有制改革<br>· 风险把控 |
| 适用企业发展阶段 | 成熟 |

### 产品实例

2013 年 11 月，中共十八届三中全会通过的《中共中央关于全面深化改革若干重大问题的决定》明确提出"允许混合所有制经济实行企业员工持股，形成资本所有者和劳动者利益共同体"。2014 年 6 月 20 日，中国证监会发布《关于上市公司实施员工持股计划时点的指导意见》（以下简称《指导意见》），首次从法律法规层面上对上市公司员工持股计划的基本原则、主要内容、实施程序、信息披露以及监管要求等四个部分进行了明确规定。随着《指导意见》出台，仅 2014 年下半年，共计 68 家上市公司陆续出台员工持股计划 70 期，2015 年，就有 352 家公司推出 364 期员工持股计划。

徐工机械是徐工集团整合集团优质资源、重组上市的股份制公司，是机械制造行业龙头企业。"一带一路"战略为中国工程机械产品和企业境外建厂投资创造了巨大需求市场，也为徐工机械提供了良好的发展机遇。但是，徐工机械作为国有企业，在股权激励方面远远落后于民营的竞争对手，高管和技术骨干较难将自身利益和公司利益绑定。在员工持股计划不断推进背景下，工商银行徐州分行在上级行资产管理部、投资银行部的帮助下，充分利用信息、技术、资金优势，为企业设计了员工持股计划方案，即员工出资作为次级，银行理财资金作为优先级，以 2∶1 的杠杆通过券商资产管理计划在二级市场购买该企业下属上市公司股票，该方案得到客户的充分认可，并获得了客户委托。

员工持股计划本质是结构化流通股投资，需设置预警线、追加线和平仓线。由于徐工机械是国有企业，受相关政策制约，不能为员工持股计划提供任何担保及支持。在杠杆融资模式下，由于股票市场波动比较频繁，本次员工持股计划徐工机械参与员工 62 人，较难在股价下跌时提供补仓资金。通过仔细研究交易结构和相关政策，创新性地引入某著名投资机构作为中间级，约定其在获得较高固定收益的同时，需承担资管计划的补仓义务，顺利解决员工持股计划的补仓资金问题。

2014 年下半年，工商银行徐州分行推荐总行理财资金通过华融国际信托有限责任公司（简称“华融信托”）设立的单一资金信托计划投资申银万国证券股份有限公司（简称“申银万国”）设立的结构化资产管理计划“宝鼎众盈 1 号集合资产管理计划”（简称“资产管理计划”），由该资管计划投资徐工集团工程机械股份有限公司流通股票，规模不超过 6 亿元。该资管计划优先级份额不超过 4 亿元，全部由工行总行理财资金通过华融信托单一资金信托计划投资，期限 36 个月。2015 年 2 月 17 日，工商银行徐州分行成功为徐工机械发放第一期员工持股计划 2.7 亿元，期限 3 年，成为本系统省内第一单国有上市公司员工持股计划。

### 产品联系电话

0516—83723673。

| 特色产品名称 | 无本金交割远期(NDF)业务 |
|---|---|
| 运作模式概述 | 为"走出去"企业提供的一种美元兑其他不可自由兑换货币的外汇远期交易产品。业务不涉及本金交割,在到期日只需将约定的远期汇率与指定的定盘汇率进行轧差,按照合约的名义本金计算损益并折算成美元金额进行轧差交割。目前可满足60种货币币种套期保值需求 |
| 适用对象(行业) | 具有外币交割需求的企业 |
| 产品特点和优势 | · 规避汇率风险。NDF业务可以帮助客户提前锁定未来某日的外汇买卖汇率,从而规避由于未来汇率变动带来的潜在损失<br>· 套期保值。可以在现货市场和远期市场进行反向操作,满足客户规避风险的需求<br>· 业务不涉及本金交割,在到期日只需将约定的远期汇率与指定的定盘汇率进行轧差,按照合约的名义本金计算损益并折算成美元金额进行轧差交割 |
| 适用企业发展阶段 | 成长、成熟 |

### 产品实例

徐工集团是我国工程机械行业规模最大、最具竞争力和影响力的大型企业集团,始终保持国内工程机械行业排头兵地位,徐工集团积极响应国家政策号召,全面贯彻落实"走出去"和"一带一路"战略,加快研发机构、销售网络、产业基地布局等全球化布局,建立优质而高效的全球营销网络,在海外拥有280多个一级代理商,产品覆盖世界173个国家和地区。徐工进出口公司是徐工集团全资子公司,负责集团自主品牌产品的进出口业务,致力于海外市场拓展,重点以巴西为窗口开拓拉丁美洲市场。

在巴西经济衰退、市场低迷形势下，巴西官方货币雷亚尔快速贬值，徐工进出口公司亟须一种合适的金融产品来规避汇率波动带来的风险，从而保证公司市场推广和集团经营利润。但雷亚尔货币不能自由兑换，各家银行鲜有雷亚尔货币相关避险产品，企业面对困境无计可施。

在得知企业面临困境后，工商银行徐州分行立即联动上级行，组成专家团队，为企业定制了雷亚尔/美元无本金交割远期(NDF)业务。NDF 业务是工商银行为"走出去"企业提供的一种美元兑其他不可自由兑换货币的外汇远期交易产品，特别适合"一带一路"等新兴市场外汇管制货币的套期保值和汇率风险管理需求。NDF 业务可以帮助客户提前锁定未来某日的外汇买卖汇率，从而规避由于未来汇率变动带来的潜在损失；业务不涉及本金交割，在到期日只需将约定的远期汇率与指定的定盘汇率进行轧差，按照合约的名义本金计算损益并折算成美元金额进行轧差交割；可以为客户提供 60 种货币币种，满足不同的企业提供套期保值需求。这些优势恰恰解决了徐工进出口公司的燃眉之急。在听取了专家团队的上门指导营销方案后，财务总监现场拍板，即刻开展第一笔业务合作。

在上级行的大力支持下，徐工进出口公司成功办理了巴西雷亚尔的 NDF 交易业务，通过无本金交割远期交易来为企业进行套期保值，从而规避巴西雷亚尔贬值带来的损失，有效对冲市场上雷亚尔贬值带来的汇率风险。实现了江苏省"一带一路"及新兴市场国家货币 NDF 业务的突破，成为国内首笔巴西雷亚尔对美元的 NDF 交易。

### 产品联系电话

0516－83722165。

| 特色产品名称 | 小微创业贷 |
| --- | --- |
| 特色产品概述 | 与财政部门共同开发，以小微企业创业创新发展融资基金作为增信手段，解决企业成长过程中正常生产经营所需资金的一项融资业务 |
| 适用对象 | 各类传统产业和新兴产业中的小微企业，优先做好小微企业创新项目扶持。要求企业主在本行业持续经营 3 年(含)以上，并承诺销售回笼占比不低于融资同业占比等 |
| 产品特点和优势 | · 受众广。符合"四有"要求的客户，即有适销对路的产品及产品生产销售合同(订单)，有稳定的现金流(银行流水单)，有健全的财务会计核算(账表齐全)，有正常的纳税记录<br>· 效率高。贷款资料齐全情况下，从申报到发放不超过 7 个工作日<br>· 成本低。融资综合成本不高于 6% |
| 期限 | 1 年以内 |
| 额度 | 最高不超过 500 万元 |
| 利率 | 贷款利率在 6%以内(在合作期间，如遇国家利率调整，贷款利率相应同比例调整)，不再收取任何担保费和融资手续费 |
| 适用企业发展阶段 | 成长、成熟 |

### 产品实例

某企业成立于 2002 年，属微型制造业，主要为大型成套设备生产零部件。经过十余年努力，该企业年销售额达到 3000 余万元，在同类型企业中经营较为稳健。该企业主在银行已办理个人经营性贷款 350 万元，并将于 2017 年底全部到期，贷款方式为房地产抵押，还款方式均为分期还款。由于该企业的货款回笼周期各异，现行还款方式已不能满足企业经营需要。

近年来，许多类似的小微企业主面临类似的融资困境。一是货款回笼分散，与贷款期限不匹配，影响客户现金流。但是银行对应小企业开办的贷款业务品种偏少，还款方式不够灵活。二是小型企业财务不健全问题较为突出。多数商户不具备健全的财务会计核算制度，生命周期短，不满足获取银行贷款的条件。三是抵押物问题。目前银行贷款一般需要抵押物，小微企业提供的抵押物难以符合贷款银行要求，或者受到抵押率的影响，可以获取的贷款额度无法满足经营需要。

为解决小微企业主融资难题，发挥上下联动优势，推进营销工作。客户经理及时、准确地将该企业需求信息传递给小微中心，小微中心对该企业财务情况加以分析，得知该企业主融资从未出现逾期、不良等情况，信誉度较好。在此基础上，确立了产品转换授信思路，即以小微创业贷置换个人经营性贷款。通过与企业主沟通，该企业主先归还个人经营性贷款，在不增加融资总量的情况下，以企业主名义为其办理小微创业贷，以小微企业创业创新融资基金为增信措施，成功解决了企业融资还款期问题，不仅节约了客户融资成本，同时也提升了客户对银行的满意度。截至 2017 年末，工商银行徐州分行累计投放小微创业贷 270 笔，金额 10.45 亿元。

### 产品联系电话

0516—83722165。

| 特色产品名称 | 网上小额贷款 |
|---|---|
| 特色产品概述 | 由工商银行总行网络融资中心运用大数据及互联网技术开发的一款在线流动资金贷款品种。实行“白名单主动准入＋经办银行尽职调查确认”的业务模式，由总行网融中心筛选形成白名单（含目标客户名称、推荐贷款额度、推荐利率）推送至各分支机构，经各分行线下调查并确认白名单相关要素后，客户即可通过互联网渠道自助办理贷款 |
| 适用对象 | 已被纳入总行网上小额白名单的客户，该类客户在工商银行有长期稳定的结算量，不分行业 |

续表

| | |
|---|---|
| 产品特点和优势 | · 信用有价，无需抵押，主要以信用方式申请<br>· 期限灵活，额度一次核定，融资随用随借、随时偿还，最短7日<br>· 自助办理，线下确认线上提款，效率高，手续简单 |
| 期限 | 一般不超过半年 |
| 额度 | 不超过50万元 |
| 利率 | 6%～9% |
| 适用企业发展阶段 | 成长、成熟 |
| 备注 | 业务团队同“小微创业贷” |

### 产品实例

Y商贸有限公司在工商银行徐州分行开立结算账户3年以上，企业及股东未出现逾期、不良等情况。企业无抵押物但有融资需求，期限较短。该企业因发展需要，需要一笔期限较短的资金支持。但是目前企业融资面临两个问题：一是无抵押物，不具备获取银行抵押贷款条件；二是各大银行对应此类客户的贷款业务品种偏少，还款方式不够灵活。

小微团队结合客户长期结算特点，发现其为总行“白名单”客户，遂为其定制了网上小额贷款。网上小额贷款是工商银行服务广大小微客户“短频快急”的融资需求，充分运用互联网技术和大数据分析手段，创新推出的在线小微金融产品。该产品期限灵活，最短7日，最长半年，企业自主办理、便捷高效、随借随还、信用有价。业务团队上门营销，亲自演示如何通过网上银行、手机银行以及融e购平台等自助渠道查询可贷额度，以及如何发起在线业务申请、签订合同等。该公司表示极为满意，既降低了其资金成本，又较好地为其经营发展提供了资金支持。

2017年，工商银行徐州分行累计投放网上小额贷款20笔，金额636万元。

### 产品联系电话

0516—83722165。

| 特色产品名称 | 苏农担 |
|---|---|
| 特色产品概述 | 由江苏省农业信贷担保有限责任公司提供保证，按照一定风险分担比例，承担省内家庭农场、种养大户、农民合作社、农业社会化服务组织、涉农企业等农业适度规模经营主体在各银担合作银行贷款风险的业务。目前推出了分险贷和增信贷两类子产品 |
| 适用对象（行业） | 农业龙头企业上下游、农产品交易市场；家庭农场主、合作社；美丽乡村旅游；农村综合环境治理等第一产业以及与第一产业相关的第二、三产业经营实体。企业主在本行业持续经营3年（含）以上，并承诺销售回笼占比不低于融资同业占比 |
| 产品特点和优势 | 无抵押 |
| 期限 | 一般不超过1年 |
| 额度 | 最高额度300万元 |
| 利率 | 分险贷。针对新增客户，省农担公司收取不高于1%的担保费，银行执行利率不超过基准上浮10%<br>增信贷。针对存量客户，省农担公司收取不高于0.3%的担保费，银行执行利率不超过基准上浮30% |
| 适用企业发展阶段 | 初创、成长、成熟 |

### 产品联系电话

0516—83722165。

中国农业银行
AGRICULTURAL BANK OF CHINA

# 中国农业银行徐州分行<br>下沉业务重心加大普惠金融服务力度

中国农业银行徐州分行现有员工2300余人，下辖10家支行，内设16个部室，辖属116家营业网点、199个自助银行、976台自助设备。至2017年末，存款余额816.19亿元，比年初增加73.08亿元；贷款余额336.09亿元，比年初增加45.79亿元。2017年以来，农业银行徐州分行被授予"江苏省五一劳动奖状"、"江苏省推动厂务公开民主管理先进单位"等荣誉称号。

2017年，农业银行徐州分行认真贯彻落实上级行党建和经营工作要求，紧紧围绕回归、转型、补短、控险、改革、党建六大重点工作，坚持党建引领、改革驱动，着力调结构、推转型，补短板、守底线，切实提高实体经济服务能力和风险防控能力，保持了全年平安和谐稳健运行，服务实体经济能力明显提升，全面从严治党有序推进。

## 实施经营下沉工程，增强网点信贷功能

通过集中培训、跟班学习和一对一辅导等方式，抓好基层信贷人员培养，提升网点人员独立调查能力。开展网点对公标准化导入工作，固化网点服务中小对公客户的能力，激发网点更好地营销维护中小企业客户，推动直接从网点发起业务，增强网点办贷能力。2017年底，小微信贷网点覆盖率33%，比年初提升10.2个百分点。实施服务渠道下沉，包括金穗惠农通服务功能升级、系统平台升级、终端机具升级，并借助城乡网点布局优势，以"三助两代"业务为抓手，进一步拓展服务功能，做实做优惠农通业务。2017年末，全行惠农通服务点2457个，基本实现行政村全覆盖；惠农卡

10.2 万张，比年初增加 2.1 万张；惠农通服务点月均交易量 33 笔，代收电费业务量位居全省农业银行系统第一。

## 重点推进“三农”工程，增强普惠金融力度

实施互联网金融服务“三农”工程。农业银行徐州分行把互联网服务“三农”作为一号工程加以推进，运用互联网等先进信息技术破解服务“三农”难题，提升县域金融服务水平；发展网络融资、网络支付结算和电商金融，搭建“惠农 e 通”平台，实现了线上线下一体化金融服务。2017 年 8 月，成功营销农业银行系统内全国首笔“电商贷”，通过农银 E 管家平台为徐州某农机汽车销售有限公司成功办理 15.78 万元融资业务。另外，实施农户贷款整村推进工程，以“一镇一业”、“一村一品”为主要运作模式，增加信用村创建数量，开展农户贷款业务批量化运作，全力服务农村特色产业及新型农业经营主体。

2017 年末，农业银行徐州分行各项贷款比年初增加 45.79 亿元，其中县域贷款比年初增加 27.5 亿元，超额完成年度增量计划；其中苏微贷余额 3.6 亿元，比年初增加 1.02 亿元；农户贷款 4.41 亿元，比年初增加 2.25 亿；累计投放固定资产贷款 33.2 亿元，重点投向轨道交通、农村公路、棚户区改造、县域城镇化等行业。

| 特色产品名称 | 苏微贷 |
|---|---|
| 特色产品概述 | 对中小微企业和小微企业主等对象发放、以财政风险补偿基金为主要担保形式，并视风险情况追加其他有效担保方式的贷款业务，包括流动资金贷款、贸易融资、个人生产经营性贷款等融资业务。通过引入财政风险补偿金担保机制，有效缓解小微企业有效抵押资产不足和银行信贷风险防控的双重难题，扩大小微企业信贷准入范围 |
| 适用对象（行业） | 中小企业和中小企业主，适用制造业、批发零售业、现代服务业等多个行业 |

续表

| | |
|---|---|
| 产品特点和优势 | · 贷款适用范围广。主要支持对象为小微企业，具体贷款对象包括中小微企业和中小微企业主<br>· 准入门槛低。可不受分类标准限制，直接认定为支持类客户<br>· 流程便捷。法人客户评级分类授信用信可一并报批，市分行明确专人专业审查审批，确保运作效率<br>· 担保方式灵活。在财政风险补偿基金担保贷款本息损失70%的基础上，视风险情况追加其他担保，担保方式除了传统的抵质押担保之外，还可采取多种保证担保方式，包括法人客户、专业担保公司、自然人等保证担保，同时积极探索与县(区)政府和保险公司的合作。追加的担保仅需足值、有效覆盖贷款本息的30%<br>· 费率低。利率上浮最高不超过基准利率的20%，无其他费用 |
| 期限 | 期限一般为1年，最长不超过2年 |
| 额度 | 额度最高不超过1000万 |
| 利率 | 利率不超过人行基准利率上浮20% |
| 适用企业发展阶段 | 初创、成长及成熟期中小微企业 |

## 产品实例

某科技公司成立于2014年2月，主营范围为煤矿机械、电气自动化设备、矿井检测检控系统、传感器、防尘降尘装置、仪器、仪表、电子产品、机电配件生产、销售等。企业生产的产品具有多项专利，技术含量较高，在本领域具有较强的市场竞争力。随着企业自主创新力度加大，经营规模扩大，营运资金需求量增加。

该企业为科技型企业，创设初期固定资产投入较少。而且企业由于订单较多，经营性资金需求较为迫切，但在银行融资缺少有效资产抵押成为制约企业融资的最主要难题。另外，由于该客户经营时间较短，财务数据不足1年，在客户分类认定上部分指标达不到支持类客户认定标准，造成准入上存在问题。

了解到企业申请融资的实际情况后，农业银行徐州分行客户经理团队根据该客户实际情况及时制订融资服务方案。针对客户实际需求及现有条件进行设计，包括但不限于融资、结算、国际业务等服务内容，取得客户认可。针对客户有效抵押资产不足问题，向客户推荐使用苏微贷，对于订单质押不足部分通过风险补偿金担保，从而有效解决担保问题，最终通过组合担保方式给予企业融资。另外，该客户处于初创期，由于其盈利能力有限，贷款利率执行基准利率上浮 15%，为企业降低了成本，减轻了负担。农业银行徐州分行从 2015 年开始对企业首次授信 900 万元，后根据企业规模扩大及实际营运资金需求，不断增加授信额度，到目前对企业授信 2100 万元，以满足企业拓展市场和增加经营规模的需要，有力支持了企业发展，实现了银企双赢。

**产品联系电话**

0516－85586629。

| 特色产品名称 | 非贸易项下风险参与产品 |
|---|---|
| 特色产品概述 | 在全口径跨境融资宏观审慎管理框架下，借助境内客户的外债额度，引入境外低成本的本外币融资。即境内农行承担客户信用风险，境外农行以风险参与的方式，对境内客户进行贷款 |
| 适用对象（行业） | 有外债额度的核心企业，房地产企业和政府融资平台除外 |
| 产品特点和优势 | · 该产品充分享受《中国人民银行关于全口径跨境融资宏观审慎管理有关事宜的通知》（银发〔2017〕9 号文）的政策红利，鼓励中、外资企业跨境融资，扩大融资规模，借入外债<br>· 融资币种不限于人民币<br>· 企业可享受境外行低成本融资资金 |

续表

| | |
|---|---|
| 期限 | 贷款期限不超过 5 年 |
| 额度 | 贷款额度在企业外债额度内 |
| 利率 | 视境外市场情况所定，企业可选择境外利率较低时办理 |
| 适用企业发展阶段 | 成长、成熟阶段的企业 |
| 备注 | · 企业选择借入外币贷款，无自有外汇资金时，提供配套交易类产品锁定到期购汇汇率<br>· 外币贷款境内结汇环节，因属于外债形式，参照汇发〔2016〕16 号文资本金意愿结汇办理，执行“负面清单制”管理规定 |

### 产品实例

某股份有限公司为 AA 客户，中资企业，与银行合作多年，银企关系良好。该企业在 2016 年度属维持类客户，年度授信 3.75 亿元，其中 2.85 亿元用于流动资金贷款，授信到期日 2017 年 12 月 20 日，2017 年度评级 AA 级。至业务办理日非低风险贷款余额 3.45 亿元，其中流动资金贷款 2.85 亿元。

企业在农业银行徐州分行陆续有流动资金到期，到期后企业打算继续办理融资业务，企业提出降低融资成本的需求，但银行给予的一年期流动资金贷款利率已放至最低，无法再优惠。针对企业需求，农业银行徐州分行充分发挥上下联动优势。及时、准确将客户需求信息传递给国际金融部，国际金融部在了解客户融资需求后，适时制订融资方案，以国际业务产品替换流动资金贷款，同时迅速联系省分行及境外行，预留资金额度。通过与企业沟通，该企业先归还流动资金贷款，在不增加企业授信总额的情况下，成功为其提供境外行融资，满足企业降低资金成本的需求。

该业务的操作较一般流动资金贷款复杂，但农业银行徐州分行积极协助企业准备境外行要求的资料、办理外债账户开立手续、盯住汇率，抓住较高价格对融资款进行结汇。企业在该行开立等值美元的融资性保函，由境外东京分行向其发放流动资金贷款，融资期限一年，20%缴纳保证金，80%占用授信额度。

产品联系电话

0516－85709104。

| 特色产品名称 | 金农贷 |
| --- | --- |
| 特色产品概述 | 农业银行以农业融资风险补偿基金为主要担保形式，并视风险情况追加其他抵质押、保证担保组合的方式对三农领域发放的贷款，包括流动资金贷款、贸易融资、农户贷款等融资业务 |
| 适用对象（行业） | 专业大户、家庭农场等新型农业经营主体及其带动的农户和农业小微企业、农业产业链上下游农户等 |
| 产品特点和优势 | · 信贷对象广泛。信贷对象包括但不限于专业大户、家庭农场、农民合作社及其成员、农业小微企业、农村电商、农民经纪人和休闲观光农业的经营户以及其他从事与农业相关生产经营活动的农户、商户等<br>· 担保方式灵活。对金额在 10 万元及以下的贷款，可不要求提供其他担保<br>· 贷款流程短。对于部分支行可以直接受理审批贷款，无须上报市行审查审批<br>· 费率低。利率上浮最高不超过基准利率的 30%，无其他费用 |
| 期限 | 原则上期限不超过 1 年（含），最长不得超过 3 年 |
| 额度 | 单户最高不超过 200 万 |
| 利率 | 利率一般不超过基准利率上浮 30% |
| 适用企业发展阶段 | 初创、成长及成熟期的新型农业经营主体及农户、农业小微企业和农业产业链上下游农户等 |

### 产品实例

周某，男，现住址位于邳州市赵墩镇某村境内，2008年注册成立某农业有限公司，任法定代表人，注册资金50万元，经营化肥、定型包装种子、农膜、日用杂品销售，符合该行农户定义。其销售的化肥主要来自山东、江苏等地，主要经营的"红三角"、"万博"、"新朝阳"和德国、美国进口的品牌化肥，在农户中口碑较好，下设到村里的销售点超过100家，经营情况较好，现已形成覆盖较广的农资经营网络。

该农户旺季支付货款所需流动资金贷款约200万元，但是自有房屋及门面价值约150万，抵押资产价值不足。而且结算主要通过多家银行的银行卡进行结算，核实经营流水真实性存在难度，另外农资经营存在淡旺季，在期限和还款周期等方面灵活度要求较高。

客户经理团队针对该农户的实际经营情况，对照金农贷业务相关规定，通过金农贷风险补偿金作为主担保，可以有效解决其房地产抵押价值不足的问题，银行的债权可以得到有效覆盖。因该农户对贷款的时效性较强，用款较急，为满足客户提款需求，客户经理加班加点开展客户经营、贷款用途及银行流水等要素核查，从调查到贷款审批只用了4天时间，从而保证了客户及时提款。并且因为农资经营季节性较强，资金使用周期短，在制订贷款方案时，为其核定农村个人生产经营贷款循环额度200万，期限3年，贷款方案贴近客户实际。

### 产品联系电话

0516—85601757。

中国银行
BANK OF CHINA

# 中国银行徐州分行
# 境内外联动丰富金融产品供给

中国银行徐州汇兑所成立于1915年，1981年复建，更名为中国银行徐州分行，目前下辖48家网点，共有员工1195人。

2017年末，存款业务、贷款业务规模分别达到459.72亿元和363.34亿元。近年来，荣获“全国巾帼文明岗”、“全国千佳示范网点”、“江苏省文明单位”、“省级机关法治文化建设示范点”、“徐州市文明单位”等称号。

## 大力支持地方经济发展

紧紧围绕徐州市“一中心、一基地、一高地”战略发展定位，通过做好增量、用活流量，积极支持徐州市产业经济发展。与徐州市政府签订战略合作协议，为徐州地区重点项目提供不低于600亿元人民币的意向融资安排。2017年，累计为城市改造、道路、水利、制造企业技术升级等“三重一大”项目提供63亿元信贷资金。制造业、租赁和商务服务业、批发零售业为信贷投向前三大行业，2017年末贷款余额分别为44.28亿元、34.83亿元和12.68亿元，分别占公司表内贷款总额的25.28%、19.96%和7.27%。积极帮扶、支持中小微企业，坚持为中小微企业创造便利融资渠道，连续两年荣获“徐州市银行业金融机构小微企业金融服务工作先进单位”称号。创新发展模式，主动参与政府引导的“苏科贷”、“科技贷”业务，大力推广“中银税贷通”产品；建立中小微企业立体化服务体系，破解小微企业“融资难”。2017年末，小微企业贷款余额71.44亿元，较年初增加12.82亿元。

### 党建引领，践行社会责任

依靠党建平台，坚定不移“打赢脱贫攻坚战”。2017 年，定点扶贫和“百千万”走访工作受到徐州市政府好评，扶贫近 50 万元；依靠“公益中国”扶贫平台，全行员工累计帮扶 29.8 万元。大力发展普惠金融，切实保障改善民生。顺应消费结构升级趋势，成立消费金融中心。全年优惠商户活动投入 260 万元，健身、电影、餐饮、加油等惠民活动进一步丰富，实现让利于民。助力泉山区“惠民包”，积极与泉山区政府合作，为符合政策的房贷、车贷提供“一揽子”便民优惠政策。在泉山区、铜山区、贾汪区、睢宁县设立 23 家农村金融服务站，服务农户 1947 家，将“普惠金融”工作落到实处。连续 15 年为中国矿业大学贫困学子累计发放国家助学贷款 3 亿余元，走在江苏省助学贷款前列。

## ＊＊＊＊＊＊特色产品、实例及联系电话＊＊＊＊＊＊

| 特色产品名称 | 银团贷款 |
|---|---|
| 特色产品概述 | 由两家或两家以上银行基于相同贷款条件，依据同一贷款协议，按约定时间和比例，通过代理行向借款人提供的本外币贷款或授信业务<br>参与银团贷款的银行均为银团贷款成员。银团贷款成员应按照“信息共享、独立审批、自主决策、风险自担”的原则自主确定各自授信行为，并按实际承诺份额享有银团贷款项下相应的权利、义务 |
| 适用对象 | · 大型集团客户和大型项目的融资及各种大额流动资金的融资<br>· 单一企业或单一项目的融资总额超过贷款行资本金余额 10%的<br>· 单一集团客户授信总额超过贷款行资本金余额 15%的<br>· 借款人以竞争性谈判选择银行业金融机构进行项目融资的 |

续表

| | |
|---|---|
| 产品特点和优势 | · 有效防范大额授信风险，优化信贷结构、降低贷款集中度<br>· 有利于调整业务结构、转变盈利模式，促进同业合作<br>· 在内部约束性、操作规范性、信息共享度和法律保护度等方面具有独特优势 |
| 适用企业发展阶段 | 适用大型企业或集团客户成长或成熟阶段 |

## 产品实例

半导体级多晶硅是单晶硅的主要原料，其深加工产品被广泛应用于半导体工业，是当代人工智能、自动控制、信息处理、光电转换等半导体器件和集成电路(IC)的基础材料。99%以上的集成电路(IC)和95%以上的半导体器件都是用硅材料制造的。半导体工业是信息产业的基础和核心，因此，半导体级多晶硅是电子信息产业的基础。

半导体级多晶硅制造企业江苏某半导体材料科技有限公司隶属协鑫集团，由多晶硅行业龙头企业江苏中能硅业科技发展有限公司和国家集成电路产业投资基金股份有限公司合资成立。江苏中能硅业科技发展有限公司占股51%，国家集成电路产业投资基金股份有限公司占股49%。

根据江苏某半导体材料科技有限公司与产业基金的合资合同，产业基金将在8年后根据情况择机退出，但其他金融机构对企业的股权稳定性提出了异议。

该项目属于“工业强基工程”，所以预计会获得较高的财政补助资金和补贴资金，但该笔资金的到位时间、节点存在较大不确定性，各金融机构对是否将该部分资金纳入还款来源存在争议。

中国银行徐州分行在牵头该项目银团贷款时，对行业政策和项目情况与企业、政府有关部门、国家集成电路产业投资基金公司等多方进行深入的沟通和了解，在细节方面几经斟酌，为企业量身设计了银团贷款方案。针对产业基金择机退出问题，在周密的项目现金流测算基础上，合理设计银团贷款期限，将最迟还款期限设定在基金存续期间内，保持了在贷款存续期间企业股权结构稳定。对于补贴资金是否纳入还款来源问题，经多方探讨，将该部分资金纳入企业自有资金范畴，并要求其股东出具兜底承诺，最终打消了同业顾虑，使得银团成功组建。

产品联系电话

0516－85608988-5202。

| 特色产品名称 | “内保外贷”融资性保函 |
| --- | --- |
| 特色产品概述 | 中国银行应企业国内母公司申请，为其境外全资附属企业、控股或参股企业、关联公司等向当地金融机构融资或取得授信额度而出具的担保，保证境外企业履行贷款本息偿还义务或授信额度协议规定的资金偿还义务 |
| 适用对象 | 中国银行重点支持的拓展国际市场的“走出去”实体企业 |
| 产品特点和优势 | 可解决境外投资企业在当地资金不足、授信困难问题。境外投资企业可以借助国内母公司的实力通过银行担保获得在当地金融机构的授信支持 |
| 期限 | 保函期限与境外借款合同期限、基础交易期限等相匹配，原则上不超过一年，特殊情形下不超过 3 年 |
| 额度 | 保函开立金额根据境外金融机构贷款意向、资本占用情况等合理测算确定 |
| 利率 | 境外贷款利率根据境外资金市场行情和企业经营情况，由境外金融机构按市场原则协商而定。中国银行融资性保函开立手续费 5‰～7‰/季，最低 1000 元/季，具体费率标准根据业务风险水平、担保等确定 |
| 适用企业发展阶段 | 具有真实的跨境项目建设、贸易背景或资金需求，基础交易依法合规，符合企业正常生产经营范围的初创、成长阶段的“走出去”企业 |

### 产品实例

徐工集团成立于1989年7月，是较早开拓国际市场的中国工程机械企业，其品牌主机出口总额居国内领先地位，产品出口到全球100多个国家和地区。近年来，该公司加大实施全球化战略力度，提升国际市场开拓能力，建设海外采购和生产基地。在海外布局上，徐工集团先后在全球各地投资设厂，如在欧洲设立徐工欧洲采购中心有限责任公司，美洲设立巴西制造有限公司等境外公司。徐工集团在当地的新设企业生产采购、市场拓展资金需求强烈。

由于国外新建公司成立时间短，当地金融机构对其金融授信一般较为谨慎，从而使“走出去”企业在当地金融机构较难获得金融授信支持。这样就导致“走出去”企业一方面资金需求强烈，另一方却面临无法及时得到当地金融机构资金支持的尴尬境地。这一突出矛盾摆在徐工欧洲采购中心有限责任公司、徐工集团巴西制造有限公司等境外公司面前。

作为中国国际化程度最高和多元化平台最广的银行，中国银行一直致力于为“走出去”企业的国际化战略提供全方位金融服务。徐州分行在得知徐工集团境外公司的业务需求后，相关领导和部门第一时间积极对接企业，深入了解客户业务需求细节，持续上门营销，利用中国银行丰富海外代理行资源和海外联动优势，由中国银行境内分行开出以中国银行杜塞尔多夫分行、中国银行巴西子行为保函受益人的融资性保函，中国银行杜塞尔多夫分行、中国银行巴西子行以中国银行境内分行开出的融资性保函为担保，为徐工集团拟定了向徐工欧洲采购中心有限责任公司、巴西制造有限公司发放流动资金贷款的整体服务方案。徐州中行以最大的诚意、最高的效率和整体服务方案的优势最终取得徐工集团的认可。

中国银行充分发挥自身传统海外资源优势和跨境专业特长，

通过海内外多方联动，以内保外贷融资性保函方式，为民族品牌、实体经济服务，对解决全球化企业境外设厂面临的资金难题发挥了积极作用，为“走出去”企业加速国际化，拓展海外发展空间提供了有力金融支持。2016 年以来，中国银行徐州分行先后为徐工集团开立内保外贷融资性保函 7 笔，累计金额折合人民币 41102 万元。中国银行徐州分行借助自身卓越的国际信誉、丰富的业务经验和全面的业务体系，海内外多方联动，通过优质高效的金融服务助力徐工集团在当地落地生根、发展壮大，为徐工集团“国际化”战略提供了有力支持。

### 产品联系电话

0516—85608988-6339。

| 特色产品名称 | E 拍贷——中小企业 |
| --- | --- |
| 特色产品概述 | 向符合中小企业新模式准入标准的中小企业发放的用于购买法院拍卖/变卖财产的商业性人民币贷款 |
| 适用对象 | 欲购买法院拍卖房地产的符合新模式授信业务基本准入要求的中小企业客户 |
| 产品特点和优势 | 可解决中小企业在购置法院拍卖房产资金不足、授信困难问题 |
| 期限 | 5 年以内 |
| 额度 | 一年期以上贷款，贷款金额最高不超过 1200 万；一年期以内，贷款金额不超过 2000 万 |
| 利率 | 根据具体项目而定 |
| 适用企业发展阶段 | 初创、成长、成熟 |

### 产品实例

江苏某电子科技有限公司成立于 2008 年 7 月，主营计算机系统集成、安装。公司定位于链接政府智慧城市运营为主，主要为法院系统、检察院系统、公安交警、监狱、交通系统等提供服务。2017年成功参与徐州市机场改造工程，与政府和大型企事业单位建立了良好的合作关系，已成为该行业中的佼佼者。由于业务扩大，企业经营场所迫切需要扩充，但是房地产价格迅猛增长，让公司望而却步。网络拍卖房产日益火爆，公司抓住契机，及时在拍卖网上选定了自己心仪的房产。由于房产总价高，投入固定资产对于企业负担过重，客户及时联系叙做拍卖贷款。

中国银行徐州分行在推出中小企业 E 拍贷新产品后，积极与徐州市及各区县法院对接，签署 E 拍贷贷款资金监管委托协议，及时了解客户资金需求。由客户经理及审批人员对客户经营情况、资金需求等多方进行深入沟通和了解，在细节方面几经斟酌，为企业量身设计了贷款方案。在客户拍卖完成后成功为客户发放贷款，满足客户资金需求。

### 产品联系电话

0516—85608988-5203。

中国建设银行
China Construction Bank

## 中国建设银行徐州分行支持重点项目发展

中国建设银行徐州分行是中国建设银行总行重点支持发展的中心城市行，共有 69 个网点，员工 1460 人。近年来，围绕“保平安、增份额、提质量、强管理”工作思路，主动推动转型发展，有效支持地方经济建设，各项业务保持了良好发展势头。至 2017 年末，建设银行徐州分行一般性存款日均余额 552.19 亿元，当年新增 63.64 亿元；一般性存款时点余额 573.41 亿元，新增 80.15 亿元。贷款余额 371.53 亿元，当年新增 46.7 亿元。实现中间业务收入 4.65 亿元，实现主营业务收入 17.74 亿元，同比增长 11.08%；实现拨备前利润 12.73 亿元，税前利润11.57 亿元。

中国建设银行徐州分行先后被国家文明委授予全国文明单位，被江苏省政府评为省级群众满意服务窗口示范单位，获得中国银行业文明规范服务五星级营业网点、全国模范职工之家、总行先进单位、团中央青年文明号、徐州市服务中小企业先进集体、文明规范服务银行等多项荣誉。

### 努力做好重点产业金融服务

中国建设银行徐州分行严格落实国家产业政策，做好“三去一降一补”金融服务，助力实体经济振兴。加大对先进制造业等领域的资金支持，积极拓展战略新兴产业、新消费、绿色信贷等领域客户资源，提前布局抢抓商机，不断提升价值创造能力；全力支持轨道1、2、3号线，苏北铁路等重大项目和徐工集团、徐矿集团、维维食品等支柱企业。2017年，该行累计投放人民币非贴现贷款93.25亿元，有力支持了区域经济发展。

### 积极探索多层次资本市场

2017年，中国建设银行徐州分行拓宽企业融资渠道，不断加强创新产品应用，积极尝试多层次资本市场运作。首次以财务顾问角色发行徐矿华美一期电力上网收费收益权资产证券化项目15.75亿元；成功为徐工集团办理债权类同业投资业务3亿元；承销徐工集团债务融资工具15.67亿元，其中超短融9亿元、中票6.67亿元；投放骆马湖水源地PPP基金1.62亿元；续办徐工施维英境外融资性保函3200万欧元；为万科旗下企业制定跨境人民币服务方案，收入3.9亿元股权转让对价款。

### 创新支持小微企业

努力创新产品模式，不断满足小微企业的差异化融资需求，推出了包括“大数据产品”、“网银循环贷”等在内的小企业综合性产品体系，并于2017年创新推出了快捷自助贷款业务——“小微快贷”。该产品通过系统整合小微企业及企业主的全面信息，可实现在线申请、实时审批、签约、支用和还款。截至2017年末，累计投放“小微快贷”业务4.05亿元，贷款余额2.76亿元，客户覆盖25个行业大类、203个行业小类，其中，投向民生消费类及制造业领域贷款余额1.71亿元，占比61.9%，有力扶持了小企业客户发展。

## 特色产品、实例及联系电话

| 特色产品名称 | 金银仓 |
|---|---|
| 特色产品概述 | 为核心企业提供的解决其下游企业融资需求及提供销售管理、存货管理等综合性金融服务产品。业务模式为下游企业持建设银行认可的、与核心企业签订的购销合同，向建设银行申请融资，建设银行控制提货权，核心企业承担无条件退款或回购义务 |
| 适用对象（行业） | 适用于采取经销商制，产品流动性强、销量大、易变现、价值相对较高的企业 |
| 产品特点和优势 | · 对生产商（核心企业）：可以有效扶持经销商，巩固、培育自身的销售渠道，扩大产品销售；将应收账款转化为应收票据或现金，改善公司资产质量；借助经销商间接获得融资<br>· 对买方（下游经销商）：借助生产商资信获得银行定向融资支持；获得批发购买优惠；锁定商品供应 |
| 期限 | 半年 |
| 额度 | 额度与流贷一致 |
| 利率 | 利率与流贷一致 |

### 产品案例

徐州某机械租赁有限公司成立于 2007 年，为徐州工程机械集团有限公司下属全资子公司，目前公司的经营模式为销售服务型，专业从事融资租赁业务，主要经营业务包括工程机械融资租赁、经营租赁等，其上游依托于徐工集团各生产企业（徐工机械、徐工重型，徐工科技、徐工徐挖等主机厂），下游为所有具有融资需求的客户和其他需要者。该公司目前的主导产业为建筑工程机械与设备租赁，2016 年销售收入 8.02 亿元，2017 年前 3 季度销售收入 6.19 亿。随着经营规模不断扩大，该公司采购工程机械的资金支出数量较大，自有流动资金已无法满足经营需求，融资需求强烈，但融资额较大，无足额授信额度，同时无法提供足额担保。

经过走访，了解到该机械租赁有限公司为徐工集团各主机厂重要的销售渠道，在集团内部位置重要，在同业竞争中存在天然的优势地位，经营稳健，利润较稳定。为此，中国建设银行徐州分行组建专业化经营团队，经过多次研讨，为客户量身订做“金银仓”产品方案，以“徐工机械”为核心企业，承担回购义务，同时提供连带责任保证；该公司作为下游客户（即借款人）向核心企业采购工程机械时，由该行控制提货权，提供融资支持，将资金定向支付给核心企业。

“金银仓”产品方案提出后，得到了核心企业与客户的高度认可，随即签订《金银仓业务三方合作协议》。自 2015 年以来，中国建设银行徐州分行累计发放“金银仓”贷款 15 亿元，无一笔逾期或不良，有力支持了企业发展，实现了银企双赢。

### 产品联系电话

0516－83759353。

| 特色产品名称 | 跨境融资性风险参与 |
| --- | --- |
| 特色产品概述 | 在符合外汇管理和跨境人民币结算监管政策前提下，中国境内客户基于跨境融资需要，委托境内分行向建设银行海外机构或指定的其他银行（以下简称“风参行”）提出申请，在境内客户向风参行承担第一性还款责任并由建设银行境内分行承担第二性保付责任条件下，由风参行为境内客户提供的跨境融资服务。该产品可用于满足客户的贸易融资、项目融资、生产经营周转或临时性资金需要等信贷需求 |
| 适用对象（行业） | 除房地产及政府融资平台企业外的所有外商投资企业及中资企业 |

续表

| | |
|---|---|
| 产品特点和优势 | · 对于利用好境内外市场、加强境内外联动具有显著优势。当境外资金价格较低时，通过该业务可有效降低客户综合融资成本，拓宽企业融资渠道。该业务为表外信贷业务，不占用贷款规模，当境内贷款规模较为紧张时，通过该业务降低境内分行贷款规模<br>· 该业务对增加跨境人民币业务量、优化经济资本占用等方面有积极作用 |
| 期限 | 一年以内 |
| 额度 | 流贷资金贷款额度 |
| 利率 | 利率低于国内融资成本 |

## 产品案例

徐州某有限公司是具有近 135 年煤炭开采历史的国有特大型煤炭企业，注册资本 442018 万元，是华东地区和江苏省重要的煤炭生产基地中的龙头企业。该公司坚持以煤为主、多业并进的发展思路，已初步形成了集煤炭开采、电力、机械制造、工程施工、房地产、化工、建材、商贸、物流于一体的跨行业、跨地区的经营格局。该公司积极实施“走出去”发展战略，开发和整合外部煤炭资源，在异地及国外有多个生产基地及项目合作。同时，该公司坚持走多元化发展，实施循环经济战略，全面加快发展步伐，形成极具创新力和竞争力的特大型能源企业集团。

2017 年初，在日常走访中了解到因业务发展，该公司有新增融资需求，但同期信贷规模紧张，依靠传统信贷产品，所有合作银行均无法向该公司提供融资支持。中国建设银行徐州分行业务人员快速反应，积极匹配产品，找到合作切入点，针对当时跨境融资新政策，抓住政策窗口期，向企业推荐国际业务条线推出的“跨境融资性风险参与”产品，利用境内外分行联动，拓宽企业融资渠道。

得到公司认可后，中国建设银行徐州分行上下联动，优化流程，寻找低成本境外资金。经协调，该行悉尼分行2000万美元信贷资金汇入客户账户，用时四个工作日实现产品投放，且融资成本低于同期基准利率。该产品有效解决了客户资金需求，同时降低了融资成本，扩大了银企业务合作范围。

### 产品联系电话

0516－83737950。

| 特色产品名称 | 小微快贷 |
| --- | --- |
| 特色产品概述 | 通过系统整合，对小微企业及企业主的金融资产、押品、信用状况、业务办理等全面信息的采集和分析，客户无需准备任何纸质材料、无需到物理网点申请贷款，通过电子渠道可以实现在线申请、实时审批、签约、支用和还款，点点鼠标即可轻松获得贷款 |
| 适用对象(行业) | 小微企业 |
| 产品特点和优势 | · 便：全流程线上自助贷款。客户通过电子渠道即可完成申请、签约、支用、还款、结清等一系列贷款流程<br>· 信：纯信用贷款，无需客户提供抵押担保<br>· 快：贷款申请审批流程快捷。客户无需提供各种申请材料，建行系统通过大数据技术抓取客户相关信息、自动分析并自动展现审批结果，所有过程几秒钟即可完成，真正实现"秒贷"<br>· 活：贷款支用、还款灵活。客户在贷款额度有效期内，可以7×24小时随时、随需支用额度下任意金额的贷款<br>· 省：客户不需要贷款时可立即还款，需要时再支用，可节省不必要的利息支出 |
| 期限 | 一年，随用随还 |
| 额度 | 最高200万元 |
| 利率 | 利率与流贷利率一致 |

### 产品案例

江苏某化学有限公司，注册资本 1250 万元人民币，是淮海经济区较早从事反渗透、工业水处理、污水处理以及精细化工生产的企业之一。通过多年持续发展，该公司已成为一家集科研、开发、设计、生产、销售和技术咨询服务于一体的科技型企业，先后开发生产了 30 多种水处理用化学品，100 多种化工中间体。

为继续扩大经营，公司申请了房屋抵押贷款 80 万元，仍无法满足生产经营需要，但此时公司已无可以抵押资产。

客户经理在了解到客户申请融资的实际情况后，进行了深入调查和分析，发现该客户经营背景真实，但其基本账户及纳税账户均在其他行，在该行结算量较少，按正常业务流程无法获得贷款支持。结合该公司年纳税额较多、融资用途真实和风险可控等实际情况，经过认真分析研究，向其推荐“云税贷”(小微快贷子产品)。

中国建设银行徐州分行客户经理及时上门操作讲解，产品获得了该公司的高度认可。江苏某化学有限公司通过网上银行及个人网银申请，实时获批 200 万元信用额度并支用贷款，解决了融资难题。目前，该公司已真切体验到“小微快贷”产品的便利性，计划逐步将日常结算转移至该行。

### 产品联系电话

0516－83613157。

交通银行
BANK OF COMMUNICATIONS

# 交通银行徐州分行立足离岸业务 助推淮海经济区金融服务中心建设

交通银行徐州分行重组于1988年，下辖21家网点（含新沂、邳州2家县级支行），三大客户部和12个管理部门，员工总数508人，其中中层干部49人。截至2017年末，该行本外币存款余额376.47亿元，较年初增加38.41亿元；本外币贷款余额186.93亿元，较年初增加23.5亿元。

2011年，交通银行徐州分行被徐州市政府授予“建设徐州有功金融单位”。2012年，被徐州金融系统评为“文明单位标兵”，被共青团中央授予“国家级青年文明号”。2014年，被国家体育总局授予“全民健身先进单位”称号，被交行总行授予“模范职工之家”称号；营业部被中国银行业协会评为“中国星级银行网点”，并多次被中国银行业协会评为“千佳示范单位”。连续多年被江苏省分行评为“先进集体”，连续多年被评为“江苏省文明单位”。

## 推进离岸金融服务，完善外向型企业融资支持体系

一是成立离岸金融业务中心。2017年8月21日，挂牌成立全市首家金融业务分中心——交通银行离岸金融业务中心（徐州），填补了苏北地区离岸金融服务功能的空白。离岸金融业务中心的设立，为徐州市及周边城市的进出口企业提供了便捷、高效的在岸与境外金融服务，方便企业充分利用海外低成本资金和便利的国际金融工具，对于完善金融服务功能、支持企业“走出去、引进来”、继续保持外向型经济强劲发展势头起到重要推动作用。至2017年底已为100余户企业提供离岸服务，结算量超过2亿美元。

二是深化境内外联动，加快推进离岸金融服务。交通银行徐

州分行借助交通银行“国际化、综合化”的广阔平台，充分发挥全牌照优势，做好对全口径跨境融资、外币同业拆借等创新产品的推广，持续为企业提供贸易融资、资金集中运营、海外借债等综合化离在岸金融服务。联动东京、法兰克福等海外分行，以内保外贷等多种形式为徐工集团巴西分公司提供资金支持；联动纽约分行为徐工财务公司提供同业拆借、为徐工巴西制造有限公司办理内保外贷；联动交行巴西子行为徐工巴西投资办理内保外贷业务。2017 年，该行累计为企业提供约 10 亿美元资金支持。

### 全力推进重点储备项目，为城市发展提供充足资金支持

围绕徐州市经济工作重点，不断开拓多样化融资渠道，积极优化调整信贷结构。继 2016 年与市政府签订《深化新一轮战略合作协议》后，2017 年 3 月，该行与徐州经济技术开发区签订战略合作协议，计划在“十三五”期间为开发区提供意向融资额度 200 亿元。对照 2017 年徐州市重大项目、城建重点工程、省政府 PPP 项目 3 大类涉及的重点项目及实施单位梳理清单，全方位对接。此外，为积极响应市政府关于“提升城市品质，构建富有魅力、宜业宜居的区域性中心城市”号召，该行将资产业务重点定位于“有利于城市功能完善、有利于交通功能提升、有利于居住环境改善”的重大项目，加快推进，狠抓落实，通过多种渠道为重大城建类项目提供融资支持。截至 2017 年末，交通银行徐州分行先后为徐州市轨道交通 1、2、3 号线，徐州观音机场二期扩建，高铁徐州站区建设，徐州市区道路升级改造，徐州市区棚户区改造等全市“三重一大”项目提供融资支持，已累计为徐州重大城建类项目批准授信额度 90 亿元。

### 创新金融服务方式，加大小微企业资金支持力度

一是积极与政府部门对接，不断增强对小微企业融资支持。与徐州高新担保有限公司和徐州国盛担保有限公司合作，对其认定的高新企业提供信贷扶持，贷款利率低于同类贷款 10～20 个基

点。至2017年末，贷款余额5500万元，其中当年发放3900万元。二是开展POS贷业务，进一步提高小微企业金融服务可获得性。为满足小微企业“短、小、频、急”的经营性融资需求，推出POS贷业务，全程线上操作。2017年末，小微贷款余额29.26亿元，较年初新增2.54亿元。

## ※※※※※※特色产品、实例及联系电话※※※※※※

| 特色产品名称 | 商票快捷贴现 |
|---|---|
| 特色产品概述 | 商票持票人向银行申请办理商票贴现业务时，仅占用商票承兑人单方授信额度，就可获得银行贴现资金的一项业务，是对传统商票贴现业务办理时占用双边授信额度的改进和优化。商票快捷贴现业务适用于电子商票和纸质商票，其中电子商票可由主办行为持票人办理快捷贴现业务，也可由协办行为持票人办理快捷贴现业务；纸质商票仅限主办行为持票人办理快捷贴现业务 |
| 适用对象 | 承兑人（核心企业）为履约能力较强、财务管理规范的优质企业，并具备较强供应链管理能力，如大型企业集团和一些企业化运作的大型事业单位；贴现申请人（链属企业）一般为中小型企业，与核心企业保持稳定合作关系，符合核心企业的采购要求 |
| 产品特点和优势 | · 商票电子化。改进结算模式，降低企业融资成本；消除纸质票据易被仿制、变造等风险；实现票据信息的集中管理<br>· 手续简便。全流程电子操作；开票无成本，随时开立<br>· 贴现快捷。贴现占用单方授信额度，审批快速；授信门槛低，放款迅速<br>· 依托核心企业信用，显著增强供应商融资能力 |
| 期限 | 贷款期限不超过1年 |
| 额度 | 根据商票额度而定 |
| 利率 | 根据贴现当日市场利率而定 |
| 适用企业发展阶段 | 成熟 |

### 产品实例

徐州徐工基础工程机械有限公司（以下简称徐工基础）主要从事矿山机械、建筑工程用机械的研发与生产等，公司采购规模较大，现有上游供应商约200余户，其中50%左右是厂址在外地的小微企业。这些企业规模较小，对应收账款回款的依赖程度较大，导致徐工基础在付款资金的账期管理方面存在一定压力。若账期过长，可能会影响后续合作关系，甚至对小微企业的持续经营造成较大影响；若账期太短，则不利于徐工基础经营资金周转及财务成本控制。

由于供应商企业对商业承兑汇票的认可度不高，对能否贴现成功持怀疑态度。因此徐工基础之前的解决方案主要是开立银票付给上游供应商，供应商可根据自身情况选择是否贴现，以解决资金需求。但开立银票需要缴纳一定比例的保证金，且有0.5‰的手续费。

了解到企业的实际情况，针对小微企业对融资的时效性要求，向徐工基础推介电子商票快捷贴现业务。一方面商票快捷贴现业务对核心企业不会产生手续费、保证金等成本支出；另一方面通过核心企业开立电子商业承兑汇票，其链属企业可以实现快捷贴现，有效解决企业账期问题。

### 产品联系电话

0516－85608179。

| 特色产品名称 | 超短期融资券 |
| --- | --- |
| 特色产品概述 | 非金融企业在银行间债券市场按计划分期发行的，约定在270天内还本付息的债务融资工具，主要用于满足企业流动资金需求，不得用于长期投资 |
| 适用对象 | 具有法人资格的非金融企业 |

续表

| | |
|---|---|
| 产品特点和优势 | · 优化债务结构。降低企业对银行贷款的依赖度，平衡直接融资和间接融资比例<br>· 提升企业市场地位。参与直接融资市场标志企业信用资质较好，有利于提升企业市场形象<br>· 降低融资成本。该产品为市场化定价，若企业信用评级较高，则其融资成本低于同期贷款利率<br>· 期限灵活。本质上为商业票据，企业根据资金需求情况，可选择 7 天、14 天、21 天、1 个月、3 个月、6 个月、9 个月等不同发行期限 |
| 期限 | 不超过 270 天 |
| 额度 | 不受净资产 40%的限制 |
| 利率 | 根据市场情况而定 |
| 适用企业发展阶段 | 成熟 |

## 产品实例

某公司成立于 2002 年 7 月 28 日，注册资本 125301.35 万元，主营工程机械及成套设备、专用汽车、建筑工程机械、矿山机械、环卫机械、环保设备、发动机、通用基础零部件、家用电器、仪器、仪表、电子产品制造、加工、销售；环保工程；工程机械研究、开发、试验，自研产品及配件销售。

2016 年 11 月起，随着货币政策调整，市场资金价格持续走高。2017 年 2 月，机械行业相同评级企业的债券发行价格已达 4.7%～4.9%。同期，为偿还存量债务及为企业经营周转提供资金支持，该公司急需在货币市场募集资金。

了解到企业申请融资的实际情况后，经过认真分析企业需求，对企业深入调查和分析。联合省分行负责人、项目经理，积极同总行金融市场中心联系沟通。在簿记日前，提前 3 天开展路演及询价，提前为发行簿记预热。簿记日当天即完成承销团及分销团的组建。在发行金额募满后，联系分销商踊跃投标。同时联合省行同业部向同业客户积极推荐该只债券，最终企业以4.35%的价格完成发行。

### 产品联系电话

0516－85700615。

| 特色产品名称 | 境外银团贷款 |
| --- | --- |
| 特色产品概述 | 由多家银行基于相同贷款条件，依据同一贷款协议，按约定的时间及比例，向借款人提供本外币贷款或授信业务 |
| 适用对象 | 海外设立分公司的制造业企业 |
| 产品特点和优势 | · 统一融资条件。基于相同的贷款条件，使用同一融资文本(贷款协议、担保文件)<br>· 贷前由牵头行或安排行统一安排开展借款人情况了解、项目尽职调查等，节省各贷款行的时间和成本<br>· 牵头行统一与借款人就融资文本进行谈判，便于争取更有利的条件和条款<br>· 多家银行参与贷款，保证企业资金供应<br>· 解决参贷行在境外无经营权的问题，有助于分散风险，扩大市场影响 |
| 期限 | 根据客户需求而定 |
| 额度 | 根据客户需求而定 |
| 利率 | LIBOR 加点 |
| 适用企业发展阶段 | 初创、成长、成熟 |

### 产品实例

徐工集团是中国工程机械行业规模最大、产品品种与系列最齐全、最具竞争力和影响力的大型企业集团。德国施维英有限公司是全球著名的混凝土成套设备制造商。2012 年 7 月 6 日，徐工集团收购德国施维英有限公司，极大提升了徐工集团在中、高端混凝土成套设备的国际市场的核心竞争力和整体实力。

2017 年 5 月上旬，交通银行徐州分行了解到该公司在德子公司有 6500 万欧元的资金需求，国家开发银行江苏省分行有意愿为其提供融资，但国开行在德国无经营权。在此背景下，交通银行徐州分行及时联系交通银行法兰克福分行。

考虑到跨境融资需综合考量银行的业务制度、外管政策、贷款行业务要求、国外金融制度、反洗钱工作要求等，存在诸多变量因素，且分级授权、内部控制、授信管理等机制要求拉长了业务流程，增加了企业时间成本。交通银行徐州分行高度重视该笔业务，行长亲自调度，从法兰克福授信审批结束到总行授信部审批完毕仅耗时一周，业务效率大为提高。成立包含营运、国际、授信等相关条线的专家团队，熟悉业务方案，明确业务要点，打通业务流程节点。

最终，由交通银行法兰克福分行牵头，国家开发银行江苏省分行以风参形式参贷，共同为该公司在德子公司发放了 6500 万欧元境外银团贷款。其中，国开行参贷金额 6300 万欧元，交行法兰克福分行承贷 200 万欧元。

### 产品联系电话

0516—85608192。

# 第四篇

# 股份制商业银行

浦发银行
SPD BANK

# 浦发银行徐州分行
# 当好"强富美高"新徐州的助推器

浦发银行徐州分行成立于2009年，是进驻徐州的第一家全国性股份制商业银行，是银监会市场准入审批权限下放后成立的第一家二级分行，也是浦发银行总行在江苏境内直接设立的第一家二级分行。截至2017年末，浦发银行徐州分行在徐州共有营业网点5家、员工124人。自进驻徐州以来，浦发银行徐州分行以服务地方经济发展为宗旨，为振兴徐州老工业基地、助推徐州成为淮海经济区经济大市和金融强市做出了自己的贡献。连续多年获得"浦发银行南京分行先进集体"、"徐州市金融系统文明单位"等荣誉称号。

## 持续加大金融支持力度，为城市发展注入新动力

浦发银行徐州分行紧紧围绕市政府打造徐州市千亿元产业的总体要求，全力服务徐州市"千亿元"产业，先后支持了徐州金驹新能源有限公司现代物流园、徐州中联水泥万吨线建设及余热发电、徐州天安化工有限公司年产80万吨焦化、江苏新春兴再生资源有限公司年处理30万吨废旧铅酸蓄电池、江苏协鑫硅材料发展有限公司年产1.05万吨多晶硅铸锭增资扩建等一批省市重点建设项目，紧密配合徐州市招商引资工作，为一批异地来徐投资企业提供信贷支持。

在为徐州市企事业单位和广大市民提供优质金融服务的同时，浦发银行徐州分行全力服务市"三重一大"项目建设，通过间接融资与直接融资的优势组合，提供"股、债、贷"全方位、一体化金融服务，先后支持了徐州市棚户区改造、京沪高铁徐州东站地下停车场、徐州亿吨港煤炭码头顺堤河作业区、徐州市轨道交通等项目建

设，累计资金支持近100亿元。这些资金的投入不断改善着城市面貌，也方便了百姓生活。

此外，浦发银行徐州分行把着力降低企业融资成本作为积极践行社会责任的重要方式：采用差别贷款利率定价，按照融资客户资质评级，对资信状况良好的优质客户贷款利率加大优惠力度，为优质客户去产能、调结构创造有利条件；通过间接融资与直接融资的优势组合，拓宽企业融资渠道，降低融资成本，累计为徐州企业承销债券超过130亿元。

在与徐州市各级政府的合作中，浦发银行徐州分行通过项目贷款、银团贷款、债务融资工具、融资租赁等多种融资渠道，为城市建设提供优质金融服务。作为主承销商注册发行了徐州市第一只政府融资平台中期票据，为徐州市平台公司在债券市场树立了良好形象。浦发银行徐州分行还充分使用绿色信贷政策，通过利用法国开发署（AFD）、国际金融公司（IFC）等国际机构资金支持徐州企业节能环保项目建设，降低环保企业融资成本。对中小企业及经营暂时出现困难的企业减免多项收费，切实降低中小企业及困难企业的融资成本，为其松绑减负。

### 紧密围绕全市战略定位，为业务布局拓展新思路

针对全市加快建设“区域性产业科技创新中心、区域性先进制造业基地、区域性现代服务业高地”战略性新定位，浦发银行徐州分行积极谋划未来发展方向，多措并举做好业务布局。

在各类资源配置上围绕徐州市战略定位，细化具体企业、具体区域，把科技创新企业、先进制造业企业、现代服务业企业名单化，具体对接企业金融服务需求，将市委市政府的战略部署落到实处。将重点解决科技创新型企业金融服务灵活性问题；重点围绕降低先进制造业企业融资成本做文章，加大信贷投放力度，着力提高直接融资比重；创新现代服务业融资产品，探索金融服务新模式，努力实现金融服务与现代服务业的无缝对接。

## 特色产品、实例及联系电话

| 特色产品名称 | 产业投资基金 |
|---|---|
| 特色产品概述 | 对具有高增长潜力的未上市企业进行股权或准股权投资，并参与被投资企业的经营管理，以期所投资企业发育成熟后通过股权转让实现资本增值 |
| 适用对象(行业) | 一般来说，省级基金可以做各类项目，包括产业基金、城建开发基金、创业基金等；县级基金可投资公用事业等需求和收入稳定，自身现金流能够覆盖还款的项目 |
| 产品特点和优势 | 向目标企业注入资本的时候，也注入了先进的管理经验和各种增值服务，这也是其吸引企业的关键因素。在满足企业融资需求的同时，基金能够帮助企业提升经营管理能力，拓展采购或销售渠道，融通企业与地方政府的关系，协调企业与行业内其他企业的关系。全方位的增值服务是基金的亮点和竞争力所在 |
| 期限 | 5～10 年 |
| 额度 | 根据企业发展情况确定 |
| 利率 | 根据浦发银行理财资金价格确定 |
| 适用企业发展阶段 | 初创和成长期 |

### 产品实例

徐州市轻轨项目由某公司主导建设和运营，已获批的 3 条线一期轻轨项目计划总投资 443.28 亿元，其中资本金约 177.3 亿元，全部已被列入 PPP 项目名单。规划建设的徐州市 3 号线一期工程于 2015 年 8 月被列入江苏省 2015 年度省级(第二批)PPP 试点项目名录，总投资约 134.78 亿元，资本金比例为总投资的 20%，共约 26.96 亿元，其中社会资本总出资额度 21 亿元，江苏省 PPP 融资支持基金拟出资 4 亿元，其余部分由政府方及其他省级以上政策性基金出资。除资本金外，其余 80%资金约 107.82 亿元由项目建设公司采用银行贷款或其他融资方式解决。

在了解政府企业的整体需求后，浦发银行经过反复研究业务方案及与政府积极沟通，浦发银行徐州分行理财资金作为单一委托人出资 3.6 亿元委托某信托成立单一资金信托计划，信托资金用于认购“江苏省 PPP 融资支持基金”的有限合伙人基金份额，“江苏省 PPP 融资支持基金”总规模 4 亿元，期限 10 年。由某证券有限责任公司作为一般合伙人（GP），出资 0.4 亿元，并作为资金管理人，负责基金的日常事务。基金最终通过徐轨公司对基金持有的项目公司特定股权的受让实现逐步退出。2016 年 12 月，浦发银行徐州分行理财资金对接“江苏省 PPP 融资支持基金”股权投资业务顺利起息。

### 产品联系电话

0516－85905689。

| 特色产品名称 | 小微客户“房抵快贷”业务 |
|---|---|
| 特色产品概述 | 房抵快贷指采用标准化申请材料、标准化审批政策及标准化三查模板，以房地产抵押担保发放的，用于合法经营活动的，可实现高效审贷、快速放款的人民币贷款 |
| 适用对象（行业） | 小型、微型企业法人，个人独资企业以及自然人投资成立的有限公司的经营者、实际控制人 |
| 产品特点和优势 | “快”贷<br>· 申请材料标准化、简化。符合条件的客户，最少只需提供 9 份材料，即可申请“房抵快贷”<br>· 信贷审核政策标准化、量化。在房屋抵押强担保、小额分散以及行业准入的基础上，减少政策的定性要求，增加定量规定，提高作业标准化程度和工作效率，同时避免客户多次往返补充材料，优化客户体验 |

续表

| | |
|---|---|
| 产品特点和优势 | · 作业模板自动化。针对贷款三查模板，增加下拉选择功能，增加关键量化指标自动计算公式，以此对贷款办理细节进行标准化规范，提高效率<br>“长”贷<br>· 对于借款人是个人并提供了优质房产作为长期抵押担保的业务，为支持小微企业长期稳定的经营资金需求，将贷款期限延长到最长 20 年，缓解由于经济环境波动对小微企业造成的短期集中还款压力 |
| 期限 | 20 年以内 |
| 额度 | 单户贷款金额不超过 1000 万 |
| 利率 | 按照中国人民银行规定的金融机构人民币贷款同期限、同档次基准利率和经办行与借款人协商确定的浮动比例执行，同时应符合监管部门及本行利率管理相关政策的要求 |
| 适用企业发展阶段 | 初创、成长、成熟 |

产品实例

小微企业抗风险能力较弱，同时导致小微企业出现困境的原因还有原材料短缺、成本上升、产品价格暴跌、市场低迷、出口减少，归结到企业的运营上来，就是资金短缺、融资困难，表现症状是贷款难。企业发展需要持续资金支持，但绝大多数金融机构贷款期限是短期 1 年，贷款到期还款后才能续贷。小微企业需要递交不同信贷申请资料，贷款申请时间不可控，不能及时满足企业经营需要。

徐州某制造业企业为个私企业，企业规模不大，但由于产品主要用于出口，2017 年由于国际市场的波动，该企业订单骤然减少，货款要不回来，资金链紧张并处于断裂边缘。幸运的是，该企业是浦发银行徐州分行的个人结算客户，就在企业为周转资金犯愁之际，企业负责人王总看到了浦发银行 2015 年初推出的“房抵快贷”

宣传材料，了解到住宅、商业用房、工业用房都可在浦发银行抵押贷款，两三个工作日就可获得最高 1000 万元的贷款。让企业负责人看到了希望。原来王总不是没有钱，而是像很多家庭一样，其资产大部分投在了房产上，拥有 6 套全款商品房和 4 处商业门面。3 天后，经过严谨、快速的审核，浦发银行徐州分行向该企业发放了金额 200 万元的“房抵快贷”。有了浦发银行的支持，企业顺利渡过了资金紧张难关。

产品联系电话

0516—85905690。

兴业银行
INDUSTRIAL BANK CO.,LTD.

## 兴业银行徐州分行致力绿色金融<br>共谋可持续发展

兴业银行徐州分行成立于2010年7月，至2017年末，本外币存款余额112.12亿元，较年初增加4.38亿元；本外币贷款余额120.28亿元，较年初增加24.81亿元，资产质量保持优良。目前在徐州设立了营业部、开发区支行、铜山支行、鼓楼支行，同时积极拓展“社区银行”服务模式，先后成立了康居家园社区支行、风华园社区支行、新天地社区支行、民富园社区支行、绿地世纪城社区支行、湖滨社区支行、滨湖花园社区支行等多家社区支行，把更多的特色服务切入社区，把便民服务真正地融入群众的生活之中。2017年5月，兴业银行徐州分行被徐州市银监分局评为“2016年度徐州市银行业小微企业金融服务工作先进单位”。

多年来，兴业银行徐州分行以绿色金融支持供给侧结构性改革作为工作主线，结合徐州实际，加快向符合经济转型、产业和民生消费升级方向的业务“主战场”转型，进一步提升金融服务实体经济的质效。

### 践行绿色发展理念，树立行业标杆

兴业银行总行是中国首家赤道银行，徐州分行也秉承总行绿色经营理念，自2010年入驻徐州以来，依托总分行的大力支持，主动融入地方经济，坚持以支持徐州地方经济发展和生态环境保护为己任，成为徐州地区绿色金融业务发展的倡导者和践行者，树立了非常好的口碑，其业务规模在同业排名中亦位于前列。

在间接融资方面，兴业银行徐州分行成立至今，为徐州“天更蓝”累计投放贷款20余亿元，用于支持实体企业技术改造和脱硫脱硝等项目，减少污染排放；为徐州“地更绿”累计投放贷款50余亿元，用于支持徐州地区棚户区改造及工矿废弃地生态修复项目；为徐州“水更清”累计投放贷款30余亿元，用于水厂项目建设、原水管线改扩建工程及水域河流治理等。至2017年末，兴业银行徐州分行绿色金融融资业务余额40.18亿元，较年初新增18.55亿元；绿色金融客户151户，较年初新增58户；在直接融资方面，2017年9月，兴业银行徐州分行承销了苏北首单绿色债券，为投资期限长、经营效益低的绿色产业提供了低成本资金解决方案。

### 积极探索绿色金融发展机制，支持经济可持续发展

一是建立绿色金融组织体系。设立了专门的绿色金融产品经理岗，明确专人负责绿色金融业务的组织营销推广和产品宣传推介等工作。二是实行资源倾斜。为发展绿色金融业务，兴业银行总行每年制定绿色金融业务资源配置政策，包括财务资源配置、专项绿色贷款规模配置、环境金融专项风险资产配置等。2017年，兴业银行徐州分行向总分行共争取到了15亿元绿色金融专项信贷规模。三是坚持绿色原则，做好客户筛选工

作。对不符合绿色金融标准的客户限制准入和压缩。对产能严重过剩行业未取得合法手续的新增产能建设项目，一律不得给予授信；对长期亏损、失去清偿能力和市场竞争力的“僵尸企业”，或环保、安全生产不达标且整改无望的企业及落后产能，坚决压缩退出相关贷款。

### 支持采煤塌陷地修复和水资源保护，追回流逝的生态光阴

兴业银行徐州分行绿色金融特色业务主要集中在水资源利用和保护、工矿废弃地和采煤塌陷地生态修复等领域。

徐州是全国老工业基地和江苏省唯一的煤炭基地，多年来偏重工业的经济结构改变了城市地貌，形成多处采煤塌陷地和工矿废弃地。为修复由此烙下的“疮疤”，徐州市在全国首创“采煤塌陷地复垦综合整治新模式”，几年来为徐州增添了上百个湖泊、湿地及景观区，偿还了粗放经济模式欠下的“生态债”。兴业银行为此做出了诸多努力。2017 年，兴业银行徐州分行对各县区工矿废弃地复垦及生态修复项目共给予 6 亿元信贷资金支持，项目建成后不仅可以治理并改善工矿废弃地的生态环境，还可实现新增耕地约 1893 亩，达到“非耕地向耕地转化、低等地向高等地转化”的土地改良目标。

根据徐州地区水资源利用与保护的市场潜力，兴业银行徐州分行已在水资源利用与保护产业链提供了全方位金融服务，从前端的水源地保护、水利工程施工建设，中端的供水工程、供水管网、农业工业节水，到后端的污水处理、污水管网、再生水利用等做到了业务全覆盖。同时，水域河流治理等亦是重点关注及合作的水资源领域。截至 2017 年末，兴业银行徐州分行累计投向水资源利用和保护领域的融资金额达 37 亿元。项目的实施不仅改变了徐州城市生态环境，也改善了投资环境，增加了经济发展后劲，对于促进徐州市社会经济可持续发展具有重要意义。

## 大力发展供应链金融，实现产业集群多赢效应

除致力于绿色金融，兴业银行徐州分行也注重运用“绿色”理念提高资金对实体经济的支持效能，供应链金融即是增强资金利用率的金融模式之一。结合徐州产业特色，聚集优势力量开拓主导产业市场，深挖工程机械、医疗卫生、食品饮料、物流仓储等重点行业上下游企业集群，将供应链金融产品嵌入交易环节并贯穿整个产业链条：为核心企业的上游供应商提供应收款融资，帮助这些企业提前实现销售款回笼，解决应收账款难题；为核心企业的下游企业提供预付款融资，帮助有需要的企业完成采购；为上、下游企业在生产或贸易过程中提供动产质押融资，帮助他们盘活存货、扩大交易规模；为核心企业配套信用额度，便于他们随时进行支付。通过供应链金融业务，实现交易、结算和融资一体化模式落地，也支持了核心企业上下游中小企业发展。2017 年，兴业银行徐州分行实现 5 户供应链业务集群业务。

### ＊＊＊＊＊＊特色产品、实例及联系电话＊＊＊＊＊＊

| | |
|---|---|
| 特色产品名称 | 绿色金融项目贷款 |
| 特色产品概述 | 对于企业实施的绿色项目，经评估，项目具备良好的环境和社会效益，贷款资金用途明确属于节能环保领域的，兴业银行徐州分行为其提供绿色金融项目贷款。其中，购买节能环保设备而申请的贷款，以企业的经营活动现金流为还款来源；用于节能环保项目建设融资，以项目未来产生的现金流作为还款来源 |

续表

| | |
|---|---|
| 适用对象(行业) | 拟建设节能环保项目(包括购买节能环保设备)的企业。要求企业具有节能环保项目专业经验及实施能力,所运用的技术成熟可靠,具备商业化运作条件;项目属于国家政策鼓励和支持的节能减排项目类型 |
| 产品特点和优势 | · 专业产品团队。兴业银行总分行均设立了专门的绿色金融产品部门——绿色金融部或绿色金融科,明确专人负责绿色金融业务的组织推动、营销推广和产品宣传推介等工作<br>· 审批绿色通道。对于符合一定条件的中长期贷款,经总行环境金融部出具节能减排属性认定意见后,分行可在年度授权范围内自行审批,缩短了审批路径,提高了审批效率<br>· 可享专项绿色贷款规模配置。兴业银行单设绿色金融专项信贷规模,解决了信贷资源规模紧张的局面 |
| 期限 | 可达10～15年 |
| 额度 | 额度为项目总投资的70%,最高可达80% |
| 利率 | 根据市场利率确定 |
| 适用企业发展阶段 | 成长、成熟 |

### 产品实例

为加强城市环境基础设施建设,保护好区域生态环境,更好地促进地方经济发展,徐州市政府决定采用BOT方式投资、建设、运营徐州市A净水厂和B净水厂。A净水厂设计规模为40万$m^3/d$。主要工程内容包括取水泵房、制水流程、生产废水处理设施、回水渠道与景观设施以及辅助生产生活设施等。该项目总投资8816.86万元,项目所需资金由建设单位自筹和银行贷款两部分组成,其中申请银行贷款6000万元。B净水厂设计规模为20万$m^3/d$,采用“高锰酸钾预氧化+管道混合+机械絮凝气浮生物陶粒石英砂过滤+紫外消毒”的净水工艺,主要工程内容包括取水泵房、机械絮凝气浮生物陶粒石英砂双层滤料滤池、气浮滤池辅助车间、紫外消毒车间、综合加药间、生产废水综合处理池及综合楼等辅助生产生活设施(与本工程配套的厂外取水口、自流管和输水管线及排出口不在本工程范围内)。该项目总投资10398.08万元,项目所需资金由建设单位自筹和银行贷款共同解决,申请银行贷款5000万元。以上两个项目通过公开招标方式选择徐州某环境水务有限公司负责该项目的融资、建设、运营和维护,在特许经营期限内提供水处理服务并获取水处理服务费,并在特许经营期届满后将项目设施无偿完好移交给政府方或其指定机构。

融资申请人徐州某环境水务有限公司同时中标A净水厂和B净水厂两个项目,项目时间紧、任务重。为保质保量完工,该公司融资面临以下难题:一是两个项目独立,分处不同区域,但需同时开工建设,打包融资难度大;二是银行审批时间较长;三是在银行信贷规模普遍紧张的背景下,部分企业融资通过银行审批后无法提款;四是融资期限长,至少在10年以上。

兴业银行徐州分行秉承客户为上理念,提出一揽子金融服务计划。一是将两个项目打包一并上报,提高审批效率。二是该笔贷款属于兴业银行绿色金融业务范畴,为兴业银行重点支持业务,获得了总行绿色审批通道。三是该笔贷款获得了总行配置的绿色金融专项贷款,解决了贷款规模紧张的问题。在双方配合下,兴业银行为其提供贷款融资金额11000万元,融资期限12年,还款期限较长,缓解了企业还款压力。

### 产品联系电话

0516－85900999-258897。

| 特色产品名称 | 兴业管家 |
| --- | --- |
| 特色产品概述 | 通过智能手机、平板电脑、智能穿戴设备等多种移动终端，依托移动互联网向兴业银行对公移动支付系统远程发起的支付指令请求，最终集成客户转账汇款、账户查询、支付密码、公司内部事务审批等多种智能服务 |
| 适用对象 | 小微企业客户、个体工商户和收单商户 |
| 产品特点和优势 | · 图片、语言、视频多元化支付信息组合，使付款用途更加形象化<br>· 转款费用便宜，目前当天 100 万元之间转账汇款手续费全免，可有效节约企业财务成本<br>· 无需客户至柜面，无需使用电脑，直接在移动端便捷操作，可随时随地完成转账支付<br>· 支付棒加密，审批人手机授权，多重措施，保障款项支付安全 |

### 产品实例

“兴业管家”是由兴业银行支付结算部和小企业部共同推出的最新移动支付产品，目前在股份制银行中为首创，主要服务小微型企业。企业用户通过智能手机、平板电脑、智能穿戴设备等多种移动终端，依托移动互联网向兴业银行对公移动支付系统远程发起支付指令请求，最终集成客户转账汇款、账户查询、支付密码、公司内部事务审批等多种智能服务。

徐州某副食品有限公司是小企业客户，主要从事批发零售，每月在兴业银行都有结算业务需求，结算笔数多，金额较小，客户每月往返银行耗时较多。公司付款必须经过财务主管进行审批才能付款，但是由于财务主管经常出差外地，付款不能保证及时性。

兴业银行组成专业团队服务小组上门推介并现场操作演示，成员包括业务团队负责人、客户经理、产品经理及会计柜员。在耐心详细介绍产品的优势及使用说明后，客户在得知手机 APP 上就能完成公司日常事务审批、转账汇款审批时，对产品带来的便捷很感兴趣，但对资金的安全性有所担心。团队就客户的担心进行了详细耐心的解释。由于公司财务主管是中年人，对于手机、平板电脑这种机器操作并不是特别熟悉，团队现场就 APP 如何操作进行了演示，首先会计人员通过 APP 发起付款申请，付款申请可集成文字、语音、图像等多媒体信息。然后，客户可根据自身实际情况决定是否需要增加审批环节，如有，则财务主管对会计人员提交的付款申请进行审批。接下来到了客户最关心的资金安全环节，经过审批的付款信息会通过支付棒加密，最终生成汇款信息传送到银行数据中心进行数据清算支付。经过团队耐心细致的介绍，客户对兴业管家这款 APP 产生了浓厚兴趣，并约定前往柜台签约。客户签约 APP 之后，柜台员工现场解答了客户在安装过程中遇到的问题，并首次成功完成一笔货款转账。后续对客户进行定期电话回访和疑问解答。

兴业管家产品自 2016 年末开始推广，取得了较好成效，至 2017 年 10 月末，兴业管家签约用户已达 400 家，极大方便了客户账款支付。

### 产品联系电话

0516—85900999-258892。

招商银行
CHINA MERCHANTS BANK

## 招商银行徐州分行以财富管理为重点增强竞争力

招商银行徐州分行成立于2011年3月，目前，下辖一个营业部、两家同城支行和一家县域支行。至2017年末，全行员工110人。招商银行自成立以来，秉持“因您而变、因势而变”服务理念，时刻为客户着想，以扎实工作、锐意进取的发展理念和优质服务在徐州地区树立了优良口碑，成为各阶层客户群较为认可的银行机构。

2017年是招商银行再次前进迸发的一年。围绕打造“一体两翼”轻型银行战略布局，更加突出零售银行的战略地位，公司金融与同业金融成为强劲翅膀。零售银行的目标是打造最佳零售银行，以财富管理、小微金融、消费金融为重点发展对象。公司金融以打造专业的银行为目标，重点发展现金管理、跨境金融、并购金融业务。2017年，招商银行徐州分行紧跟政策发展步伐，一方面积极做好对徐州市传统制造业的维护和支持，另一方面，加强对新兴行业的支持。依托优质产品服务体系，为客户提供优质融资产品和渠道，有效满足客户需求，为徐州地区上市公司、大型企业提供全方位融资服务。同业金融力争打造成精品银行，重点发展资产管理业务和金融市场两大板块，积极与同业机构合作。

## 特色产品、实例及联系电话

| 特色产品名称 | 授信型股票收益权转让 |
|---|---|
| 特色产品概述 | 分为场外和场内模式，以场内模式为主<br>场内模式是资金融入方在沪深交易所进行交易的一项业务，资金融入方以其持有的股票质押，向银行、券商共同成立的资管计划融入资金，并约定在未来返还资金并解除质押；交易所提供成交平台，结算公司代为办理资金划付和质押登记。在资金融入方违约时，证券公司可以在质押状态下直接卖出流通股，且处置所得资金优先偿还出资方资金<br>场外模式为招商银行发行理财产品募集资金，委托信托公司购买某企业或个人（以下简称“A”）持有的上市公司（以下简称“B 公司”）流通股票收益权，并办理股票质押手续，到期后 A 溢价购买上述股票收益权，并兑付理财客户本金和收益 |
| 适用对象 | 上市公司 |
| 产品特点和优势 | 通过场内、场外不同模式，一方面可以通过股票质押方式融通资金；另一方面可结合理财产品，进行资金募集然后融给客户。优势在于可为上市公司提供更加灵活的融资渠道，通过新的途径帮助企业融资 |
| 期限 | 根据资金使用需求界定 |
| 额度 | 3000 万起 |
| 利率 | 5.5%～6% |
| 适用企业发展阶段 | 成熟阶段 |
| 备注 | 本产品将进一步调整和优化，以适应资管新规 |

### 产品实例

某电气股份有限公司，主营业务为设计、生产与销售煤炭能源及其他矿物材料的计量及采样设备。公司运营经验丰富，在技术、产品研发方面成绩显著，其中皮带秤产销量多年居全国第一，为行业内的先行者和龙头企业，并于 2015 年 5 月成功上市。客户在招商银行的融资方式多为流动资金贷款及银行承兑汇票。

由于传统制造业融资途径狭窄，一般融资方式期限不合适，融资成本较高，该公司融资遇到了难处。招商银行徐州分行根据融资申请人融资成本、融资期限等要求，结合该公司股票特点，为其制定了授信型股票收益权转让融资方案。核定融资性理财额度 2 亿元，期限一年。2017 年 6 月份，第一笔融资款 1.37 亿成功落地，这是招商银行南京分行与华泰证券搭建的券商小集合首单融资业务。该笔业务通过招商银行徐州分行理财资金对接，既解决了信贷规模紧张问题，又拓宽了融资渠道，有效降低了融资成本。

产品联系电话

0516－83618892。

华夏银行
HUA XIA BANK

# 华夏银行徐州分行搭建供应链金融平台推动制造业转型升级

2011年2月，华夏银行徐州分行作为华夏银行苏北首家分支机构落户徐州，是隶属于华夏银行南京分行的二级分行。至2017年末，共有员工97人，存款余额75.39亿元，贷款余额68.59亿元。现有分行营业部、淮西支行、云龙支行3家营业机构，分别坐落在徐州市中心、徐州西区、徐州东区，服务广大徐州市民。2017年以来，华夏银行徐州分行主动融入徐州经济建设，积极助力小微企业发展，为广大市民提供灵活高效的金融产品，与广大企业和市民建立了良好的伙伴关系，有效支持了实体经济发展。

华夏银行徐州分行传承总行“诚信、高效、规范、进取”的企业文化，严格落实各项管理规定，积极向上级行争取政策支持，不断夯实项目储备，持续支持供给侧结构性改革，推动信贷结构调整，加大非信贷融资工具承销力度，大力扶持实体经济发展，切实防范金融风险，有效满足企业多样化金融服务需求。

### 支持实体经济力度不断加大

重点支持市“十三五”重大项目，积极服务城市转型升级改造过程中的各种配套建设项目，加大对地下管廊、海绵城市、铁路、能源、重大水利工程、特色小镇建设等项目的支持。加大对《中国制造2025徐州行动纲要》所确定的装备制造、光伏、食品及农副产品加工、煤电能源、煤盐化工等产业的信贷支持，对区域经济具有重要带动作用的重点项目、重点工程、重点客户，提供针对性强、附加值高的金融服务；继续支持科技金融、绿色金融、养老金融等各类金融业务的发展。截至2017年末，公司业务贷款余额63.25亿元（含小企业客户个人经营性贷款），较年初新增12.42亿元。

## 产品创新能力不断提升

坚持运用创新产品解决客户需求，提升服务客户水平。通过客户细分，有针对性地运用超短融、短期融资券、PPN、中期票据、永续债、公司债、企业债、企业资产证券化、产业投资基金等产品为企业解决资金需求，降低资金成本。2017年2月，华夏银行徐州分行联席承销某大型公司超短期融资券20亿元中的8亿元。着眼实体经济产业链，服务实体经济。针对徐工集团的上游供应商，积极开展网络贷，满足其上游供应商的融资需求。至2017年末，已为6个上游供应商授信3500万元，用信余额为3500万元。

## 支持小微企业发展能力不断增强

持续推进“中小企业金融服务商”战略，优化企业金融服务。华夏银行徐州分行不断加强市场调研，密切联系政府及主管部门，了解优质小微客群经营特征及信用状况，并通过市场细分，持续创新产品和服务，积极与当地政府、电商协会、担保公司沟通，搭建业务合作平台，确定业务合作模式。创新开发“电商贷”、“网络贷”等信贷产品，实现24小时自助借贷与还款，极大方便了电商客户。“小企业网络贷”被中国银行业协会评为“2015年服务小微五十佳金融产品”。通过持续运用POS贷、批量开发贷、网络贷、电商贷等产品，以各区（县）电商协会为平台，积极引进担保公司等其他征信机构，大力推进电商贷业务发展。2017 年圆满完成“三个不低于”的工作目标。

### 客户服务质效再上台阶

积极践行以客户服务为中心的服务理念，不断提升客户服务能力。完善客户服务机制，有效开展消保宣传工作，积极探索营业网点服务管理高效工作模式，深化“华夏服务”品牌内涵，切实提升客户服务质效。2017 年将厅堂服务提升与“文明城市创建”、“五星营业网点”创建紧密联系，在厅堂美化、硬件配置、服务效率等方面迈上新台阶。

## ※※※※※※特色产品、实例及联系电话※※※※※※

| 特色产品名称 | 网络贷 |
| --- | --- |
| 特色产品概述 | 华夏银行向小微企业客户在线发放、可循环使用、随借随还的授信业务。网络贷业务包括网络贷、网络贷—应收账款池融资、网络贷—POS 贷和网络贷—循环贷等。根据还款方式分为网络贷和网络按揭贷，网络贷指贷款期限较短，还款方式可采用利随本清或到期一次性归还（按期还息到期还本）的网络贷业务；网络按揭贷是指贷款期限较长且采用分期还款（等额本息、等额本金）的网络贷业务 |
| 适用对象（行业） | 小微企业和个体经营户 |
| 产品特点和优势 | · 循环使用：授信期限最长不超过 3 年，一次性审批，循环使用<br>· 自助操作：通过互联网渠道实现自助发放，在线还款<br>· 节约成本：随借随还，提高资金的使用效率，节约财务成本<br>· 担保多样：可采取质押、抵押、保证、信用等多种方式<br>· 审批快捷：享受专有的审批流程和通道，手续简便，流程简化 |
| 期限 | 小微企业网络贷期限最长不超过 1 年，小微企业网络按揭贷款最长不超过 5 年 |

续表

| | |
|---|---|
| 额度 | 根据借款人的经营规模、周期及还款能力合理确定 |
| 利率 | 利率跟随市场变化确定 |
| 适用企业发展阶段 | 初创、成长、成熟均适用 |

产品实例

徐州市某工程机械有限公司成立于2002年7月，注册资本7600万元，法定代表人为徐某，注册地址位于徐州市铜山区大彭镇工业园区，主要从事研发、制造轮式越野起重机及工程机械配件，公司股东为自然人。2017年以来，工程机械行业景气程度不断向好，该公司需要资金加大投资，扩大生产。该公司需要频率较快的授信审批，且金额不大，而传统信贷产品基本一年一次授信，而且授信审批手续烦琐，流程环节较多，效率不高。另外，该类供应商公司大多采用应收账款质押方式融资，还款方式不够灵活，用信成本较高。

华夏银行徐州分行客户经理实地了解企业的生产经营情况，及时收集授信材料，了解到该工程机械有限公司是徐工集团工程机械有限公司的上游供应商，且与徐工集团工程机械有限公司已合作5年，建立了赊销关系，公司信誉良好。为满足该公司流动资金需求，华夏银行徐州分行向其推荐网络贷。该公司办理网络贷金额为500万元，期限1年，每月偿还利息，到期一次偿还本金。该笔贷款满足了该公司流动资金需求，为企业抓住发展机遇提供了资金支持。

产品联系电话

0516－85619020。

| 特色产品名称 | 出国保证金贷款 |
|---|---|
| 特色产品概述 | 出国保证金贷款(非提款型)是指向借款人发放用于申请境外留学、陪读、旅游等签证过程中所需保证金的人民币贷款。用途为满足在办理签证过程中所需资金证明需求。根据出境国要求,开具资金证明。分为个人存款证明、个人定期存单或个人贷款资信证明。贷款资金发放后须存入本行,冻结后开具相关资金证明 |
| 适用对象(行业) | 出国留学、旅游等客户群 |
| 产品特点和优势 | · 用途广泛:留学、陪读、旅游等签证<br>· 担保方式多样化:自筹保证金低至5%,财富级客户可享受信用担保,无需质押保证金<br>· 办理流程快捷:审批后当日可放款,1～2个工作日即可办理<br>· 手续简便:仅需提交身份证、收入等相关资料便可办理,银行全程指导办理<br>· 还款方式灵活:分为到期一次性还本付息,也可按期(按月或按季)付息、到期还本<br>· 利率优势明显:一年期贷款基准利率(产品和服务销售价目以最新公示为准),办理留学保证金贷款,开立存款证明,自有资金用于其他高收益投资 |
| 期限 | 最长不超过1年 |
| 额度 | 单笔最高不超过300万元。贷款用途为旅游的,单笔不超过50万元 |
| 利率 | 一年期贷款基准利率(产品和服务销售价目以最新公示为准) |
| 适用企业发展阶段 | 主要针对个人客户 |

### 产品实例

张先生的儿子今年17岁,正在读高二。张先生夫妻计划在孩子高三时把他送出国，为此他们早早就开始咨询中介，为孩子着手做准备。但是在“要交 80 万保证金”环节出了难题，短期内张先生周转不出这么多资金，而且保证金利率也比较低，只有百分之一点几。张先生认为，有这个钱不如投资理财、股票。

了解张先生的需求后，客户经理推荐华夏银行留学贷款服务。当日，张先生提供了身份证明和收入证明，申请办理 6 个月期限、金额 80 万元的出国保证金贷款业务，缴纳贷款金额 5%的保证金，金额为 4 万元。2017 年 3 月 6 日，华夏银行徐州分行为张先生完成了业务审批手续。2017 年 3 月 7 日，华夏银行徐州分行为张先生办理完毕出国保证金贷款放款手续。张先生每月 20 日仅需偿还利息 2899 元利息。2017 年 9 月 7 日，张先生到期一次偿还 80 万元本金和剩余利息。

产品联系电话

0516－85619036。

| | |
|---|---|
| 特色产品名称 | 超短期融资券 |
| 特色产品概述 | 期限在 270 天以内还本付息的债务融资工具 |
| 适用对象 | 公开评级在 AA 以上具有法人资格的非金融企业 |
| 产品特点和优势 | · 盈利和担保无硬性要求<br>· 一次注册，分期发行，首次半年内<br>· 循环额度，两年有效<br>· 注册额度可突破净资产 40%的限制<br>· 融资成本低，有效降低财务压力<br>· 融资便捷、期限灵活、利于企业调度资金 |
| 期限 | 最长不超过 270 天 |
| 额度 | 根据中国银行间市场交易商协会注册额度确定 |
| 利率 | 发行利率跟随市场变化确定 |
| 适用企业发展阶段 | 成长、成熟 |

### 产品实例

某公司系根据原国家经济贸易委员会若干文件批准，通过债转股方式由本公司、中国华融资产管理公司、中国信达资产管理公司、中国东方资产管理公司、中国长城资产管理公司五家企业以法人持股方式组建。公司注册资本125301.35万元，于2002年7月28日在江苏省徐州工商行政管理局注册成立。

2005年8月，某公司与中国华融资产管理公司、中国东方资产管理公司、中国信达资产管理公司、中国长城资产管理公司等分别签署《股权转让合同》，受让以上四家资产管理公司所持本公司48.68%的股权，至此，持有本公司100%股权，为国有独资公司。

该客户的经营范围：工程机械及成套设备、专用汽车、建筑工程机械、矿山机械、环卫机械、环保设备、发动机、通用基础零部件、家用电器、仪器、仪表、电子产品制造、加工、销售；环保工程；工程机械研究、开发、试验，自研产品及配件销售；技术服务(依法须经批准的项目，经相关部门批准后方可开展经营活动)。

该客户2012年12类主机、零部件占有率全国第一，汽车起重机、大吨位压路机销量世界第一，产品遍及全球147个国家和地区。2016年全球工程机械制造商排名中，位于世界排名第九位，成为榜单上唯一一家跻身前十强的中国企业。

近两年来，某公司以短期融资不断周转来满足资金链需求。短期利率较低，一定程度上控制了财务成本。

华夏银行徐州分行开展高层营销，根据客户以往发行金额、授信额度等相关情况，合理确定为其申请发债专项授信额度方案，以超短期融资券推动与该客户的深入合作，满足了客户发行金额需求，提升银行服务制造业企业能力。作为主承销商团成员之一，成功营销参与2017年第一期20亿元超短期融资券发行工作。

### 产品联系电话

0516—85619129。

中国民生银行
CHINA MINSHENG BANK

## 民生银行徐州分行以产品创新打造竞争之剑

中国民生银行徐州分行成立于 2012 年 12 月，秉承“为民而生、与民共生”的办行理念，坚持“做民营企业的银行、小微企业的银行和高端客户的银行”的战略定位和业务定位，致力创新金融产品，鼎力服务实体经济。徐州分行现有员工 120 人，领导班子 4 人，下辖分行营业部、鼓楼支行、铜山支行、邳州支行，若干社区支行。经过 5 年的努力发展，至 2017 年末，该行存款余额 134.93 亿元，贷款余额 64.11 亿元，对徐州地区表内外累计投放金额超过 200 亿元。

中国民生银行徐州分行，2014 年被淮海经济区品牌组委会授予“最受顾客信赖的十大品牌”；2016 年被徐州市委、市政府授予“2013～2015 年度徐州市先进集体”；2017 年被徐州市公安局授予“集体三等功”；成为中国民生银行二级分行“百亿俱乐部”会员单位，并被授予“2016 年度 AA 级二级分行”；被徐州金融团工委授予“善行徐州爱心企业”。

### 致力地方经济发展

随着供给侧结构性改革推进，适时调整方向，全力助推“工业立市、产业强市”发展战略。重点加强对实体经济的金融扶持，对优质国有企业、民营企业、上市公司以及具有区域特色及竞争力的行业龙头企业进行了重点支持。2017 年，向实体经济累计投放贷款 30 亿元，支持实体大中小企业客户 50 多户，覆盖加工制造、批发零售、建筑装饰、商务服务、教育文化、农林牧渔等领域。

### 创新实体服务模式

以创新精神为引领，加大科技投入，开发招标通、房管通、银企直连、现金池等各种现金管理结算产品；推广场景应用产品，提供持续性、全方位、多模式的综合服务，有效满足企业资金结算需求，降低企业运营成本，增强企业融资能力。

### 拓展中小企业客户

创新供应链融资应用，拓展中小企业客户项目，如徐工集团下游经销商占用徐工授信额度项目、苏酒供应商产业链融资项目、中烟分销商融资项目等，利用企业自身优势，降低融资成本，努力满足抵押物不足及担保能力不强的中小企业融资需求。

### 坚持"以客户为中心"

潜心研究企业个性化、多元化需求，一户一策制订服务方案。在高效匹配企业优势和适用产品的同时，一户多策做好客户融资顾问。与资产管理公司、租赁公司、证券公司、信托公司等同业机构密切合作，打造超级融资平台，应用理财直融业务、信托撮合业务、同业委托贷款、内保外贷等产品，为企业提供一站式金融服务。

## 特色产品、实例及联系电话

| 特色产品名称 | 保融贷 |
|---|---|
| 特色产品概述 | 为缓解中小企业"融资难"、"融资贵"困境，基于出口企业结算方式特点和融资渠道较少现状，在中国出口信用保险公司短期出口信用保险承保前提下，引入担保公司为出口企业提供信用担保服务。基础资产入池后，以发放外币贷款等形式进行授信 |
| 适用对象(行业) | 中小出口类企业 |
| 产品特点和优势 | · 池化融资，批量滚动处理，灵活性强<br>· 一次融资，周转适用。大幅减少工作量，操作简便<br>· 融资期限可长可短，可以错配<br>· 融资币种多样化。支持错币种融资，并可结合外汇资金交易，规避风险，享受增值收益<br>· 融资方式多样化。表内表外融资均可办理<br>· 信保与信用证入池的，给予利率、费率优惠 |

续表

| | |
|---|---|
| 期限 | 单笔不超过1年 |
| 额度 | 依据上年海关出口数据等情况给予出口企业最高额授信 |
| 利率 | 综合费用:融资利率、担保公司担保费 |

### 产品案例

徐州某公司成立于2003年,位于全国优质板材生产基地——江苏省邳州市官湖镇工业园区,拥有对外贸易经营资格,是邳州板材行业龙头企业。产品全部出口,其中中东地区是其主要市场,近年来,市场进一步拓展至东南亚、澳大利亚、俄罗斯等国家和地区。经过多年发展,该公司已经在国外,特别是中东地区占据了稳固的市场地位,订单量逐年上升。

由于企业销售客户都是海外客户,资金回款较慢,导致资金需求日益迫切。目前,各家金融机构虽然都看好企业发展,愿意为其提供资金支持,但都需要提供抵押物等强担保措施。企业受困于资产有限,缺乏抵押物,又难以与外部企业发生互保关系,所以只能维持产能,谨慎承接订单,企业的发展受到严重阻碍。

在这种情况下,民生银行徐州分行充分利用保融贷产品,在客户购买中信保险的情况下,联合江苏省信用担保公司提供担保,无需提供其他额外担保,依据企业上年海关出口数据核定授信额度,给予该企业1年期综合授信,真正实现了融资的方便、高效、快捷。同时低利率的外币贷款大大降低了企业的融资成本,解决了企业发展过程中的核心困难,帮助企业轻装上阵,再次腾飞。

### 产品联系电话

0516—83903066。

| 特色产品名称 | 非金融企业债务融资工具 |
| --- | --- |
| 特色产品概述 | 是指具有法人资格的非金融企业在银行间债券市场发行的，约定在一定期限内还本付息的有价证券 |
| 适用对象(行业) | 主体评级达到AA及以上的非金融企业，符合非金融企业债务融资工具准入条件，进行授信审批 |
| 产品特点和优势 | · 成本低，利用资本市场资金直接融资，除了客户资金成本和承销费用、评级费等没有间接费用<br>· 方式灵活，可以不对应具体项目<br>· 市场容量大，不受银行额度规模限制<br>· 发行手续简便，发行效率高 |
| 期限 | 短期融资券小于1年，中期票据3～8年，企业债、公司债5～10年以上 |
| 额度 | 根据项目资金及替换贷款金额确定客户资金需求 |
| 利率 | 综合费用：利息费用、中介费。中介费包括承销费、评级费、律师费、协会会员费、托管费等 |
| 适用企业发展阶段 | 成长、成熟 |

### 产品案例

徐州某公司成立于2007年，被市政府授权作为全市棚户区改造的投融资主体。负责市区范围内(不含贾汪区、徐矿集团部分)的棚户区改造、定销房建设等保障性住房项目的投融资及成本控制等任务。企业作为徐州市棚户区改造和保障房建设的投融资主体，在徐州市基础设施建设中发挥着重要作用。随着企业棚户区改造及保障房建设业务增加，负债规模随之增长，为企业后续融资带来不利影响。发债业务受净资产40%的限制，发债额度有限，不利于后续业务续做。

在了解企业现状及需求之后，该行向企业推荐永续债品种。永续债单独占有效净资产40%，且可以计入资本公积，解决公司中期票据额度已满问题，并有效解决发债额度不足问题，同时降低企业资产负债率，拓宽企业融资渠道。永续债到期企业有赎回选择权，在一定条件下延迟付息，不构成违约。

### 产品联系电话

0516－83903066。

渤海银行
CHINA BOHAI BANK

## 渤海银行徐州分行围绕理财增加居民财产性收入

渤海银行徐州分行成立于2014年4月，现有网点2个，其中段庄广场小微支行于2017年6月正式开业，主要通过组织特色营销活动和家庭理财服务顾问等方式开展业务推广工作。2017年12月末，该行资产总额21.87亿元，本外币存款余额21.60亿元，较年初增加7.34亿元；本外币贷款余额6.52亿元，较年初增加1.27亿元，资产质量持续保持稳定。现有员工53人，领导班子成员4人，其中行长1人，副行长2人，市场营销总监1人。自开办以来，渤海银行立足本行优势，积极创新金融服务，着力增加居民财产性收入，助力普惠金融覆盖面进一步提高。

### 发展理财业务，增加居民财产性收入

“添金宝”是银行卡余额基金型理财产品，客户经过一次性签约后，其存入指定银行账户的资金将被自动归集并投资于指定的货币市场基金，产生相应的基金分红收益。当客户具有支付消费需求时，无需赎回基金份额，只需直接进行刷卡、取现、转账等操作即可完成支付，实现投资与消费的无缝对接。该产品兼具活期便利与货币基金的收益，受到个体工商业主及普通居民的欢迎。同时，渤海银行徐州分行同徐州市民卡公司联合开展市民卡业务，共同推出市民借记卡，具备社会保障、公共交通、公共事业缴费、园林旅游、金融支付等多项功能，使居民在出行便利的同时，享受银行财富增值服务。

### 发展消费金融，向消费者提供现代金融服务方式

在积极发展理财业务同时，该行推出“线上信用贷”、公信贷等网络金融产品，贷款可线上申请、审批、签约、放款、还款，手续方便

快捷，有利于提高广大基层消费人群购买力，推动整个社会群体消费升级。

## ※※※※※※特色产品、实例及联系电话※※※※※※

| 特色产品名称 | 渤税贷 |
|---|---|
| 特色产品概述 | 根据纳税企业在税务机关申报、记录的真实数据，为符合授信条件、纳税信用好且持续稳定经营的小微企业提供满足其日常经营所需的流动资金的纯信用贷款业务 |
| 适用对象 | 批发、零售、制造、建筑、交通、仓储、住宿餐饮等各类行业 |
| 产品特点和优势 | · 准入门槛低。企业资产负债率不超过 70%，连续正常纳税满 2 年<br>· 依据纳税额度确定贷款额度，方便快捷<br>· 贷款的申请、受理、发放均在网上操作，效率较高<br>· 期限最长 1 年，随借随还，方便灵活<br>· 覆盖范围广。适用于批发、零售、制造、建筑、交通、仓储、住宿餐饮等各类行业<br>· 贷款额度依据企业缴税税率自动调整，科学合理 |
| 期限 | 不超过 1 年 |
| 额度 | 一般不超过 50 万元 |
| 利率 | 基准上浮 70% |
| 适用企业发展阶段 | 成长、成熟 |

### 产品实例

徐州某办公家具公司于 2010 年成立，员工 20 余人，主要销售办公家具。该公司为贸易型公司，因扩大市场规模，需增加 50 万～100 万元资金周转，但其办公场所为租赁，无固定资产等用于银行抵押，也缺乏其他公司为其提供担保，导致其向银行融资存在现实困难。

了解到企业申请融资的实际情况后，该行认真分析企业需求，对企业进行了深入调查和分析，认为该公司虽无抵押物、担保单位，但其主要客户为政府、银行等信用较好的单位，客户资源稳定，应收款回笼有保证，且该公司年纳税额度较为稳定，因此向其推介渤税贷产品。经过与客户沟通，整理收集资料上报后进行授信批准。

### 产品联系电话

0516—81809966。

| 特色产品名称 | 添金宝 |
| --- | --- |
| 特色产品概述 | 全自动、智能化的银行卡余额基金型理财产品，客户经过一次性签约后，其存入指定银行账户的资金每天将自动归集并投资于指定的货币市场基金，产生相应的基金分红收益。当客户具有支付消费需求时，无需赎回基金份额，只需要直接进行刷卡、取现、转账等操作即可完成支付 |
| 适用对象 | 年满十八岁的个人客户 |
| 产品特点和优势 | · 1分钱起存，投资不设上限<br>· 存入即自动理财，使用资金无需赎回<br>· 专属金融IC卡安全保障<br>· 除基金管理费、托管费、销售服务费外，开卡、申购、取现零手续费<br>· 每日结转收益 |
| 利率 | 货币市场利率 |

### 产品实例

某小微企业主经营外贸公司，资金雄厚，因经营需要，日常资金使用较为频繁，流动性较大，账户进出日均金额达数百万，频繁时可达数千万。为便于随时支取，该企业主将资金全部放置于活期账户，导致难以获得理想收益。为提高资金的收益率，该企业主也曾购买理财产品，但因无法满足随时使用资金的需求，购买了几期理财产品后便放弃了。

在了解客户情况后，渤海银行徐州分行向客户推介“添金宝”产品。客户在知悉“添金宝”的产品特点后，立即签约成为首批客户，收益较以前有较大的提升，同时资金使用更加便捷。

产品联系电话

0516－81809919。

| 特色产品名称 | 徐州市民卡 |
|---|---|
| 特色产品概述 | 是徐州市政府目前力推的一项民生普惠工程，也是徐州市“智慧城市”系统的重要组成部分。徐州市民卡具备社会保障、公共交通、公共事业缴费、园林旅游、金融支付等多项功能，满足市民日常的“吃、住、行、游、购、娱”等生活应用 |
| 适用对象 | 年满十六岁的徐州市民 |
| 产品特点和优势 | · 通过商圈活动、直销银行绑定、定制理财等方式，向客户提供多元化的金融服务<br>· 积极参与市民卡信息公共数据综合应用服务，通过市民卡大数据系统拓展互联网金融、小额消费信贷、小微信贷等创新金融服务领域 |

产品实例

某企业为我市大型企业，员工 3000 余人，平时大量员工需乘坐公交车上下班。根据市民卡公司安排，企业员工手中的公交卡需更换为市民卡。由于该企业的员工多为轮班制，不方便前往银行办理市民卡，部分员工公交卡即将到期无法办理充值，对其上下班造成不便。

了解到企业的实际情况，渤海银行徐州分行决定由该企业提供员工信息，预先为企业员工办理市民卡。后联合市民卡公司利用企业轮班时间，上门为客户办理市民卡的领取、激活及现场充值。

# 广发银行

## 广发银行徐州分行通过投贷联动支持新兴产业

广发银行徐州分行成立于 2015 年，内设办公室、运营计财部、风险管理部、公司银行部、个人银行部、营业部等五部一室，员工总数为 42 人，其中高级管理层 4 人，中层管理人员 9 人，普通员工 29 人。开业以来，该行积极主动履行商业银行职责，把服务国家战略、支持实体经济发展放在首要位置，密切银企联系，深挖客户需求，通过为客户定制个性化服务方案，切实提升客户体验和服务质效。截至 2017 年末，各项存款余额 51.53 亿元，贷款余额 41.36 亿元，资产质量良好，逾期贷款、不良贷款保持零纪录。

### 探索模式创新，落实投贷联动

积极探索和创新服务模式，助力地方经济打造新增长点，通过产业基金的形式，为本地技术先进、成长性好、战略意义重大的企业提供金融服务，满足其融资需求。2016 年 11 月在广发银行顺利出账的徐州市第一笔产业基金——徐州华擎光电产业基金，就是广发银行徐州分行落实投贷联动、创新产品设计、积极推进高新技术产业发展的有益尝试。该行凭借此项目荣获 2017“赢在徐州”金融机构服务创新赛年度总决赛第一名。

### 结合本地产业结构，大力支持转型升级

紧跟政策导向，结合本地产业结构，大力支持企业转型升级，在重点领域精耕细作、开拓创新。大力支持本地装备制造企业发展，不断深化与徐工集团的合作，现已与包括徐工挖掘、徐工基础、徐工液压件等徐工子公司开展合作，通过发放流贷和开立银承为企业解决资金问题。

### 制订个性化服务方案，关注小微企业发展

大力推进小微金融服务，积极储备优质小微企业客户。在团队建设上，加强小企业专营体系和专业服务团队建设，客户经理全面掌握小微信贷政策、拓宽思路、深入营销，在工作实践中努力提高小微金融服务质效。

### 加强内生动力建设，切实履行商业银行职责

紧紧把握徐州区域经济发展脉搏，通过开展“金融服务宣传月”、文化类小微企业金融服务、科技型小微企业金融服务、高新园区合作等工作，以社区宣传、金融知识讲堂、银企业务洽谈会、园区活动等多种形式，打造金融服务品牌，承担“服务企业、普惠民生”的社会责任，提高市场认知度和美誉度。

## 特色产品、实例及联系电话

| 特色产品名称 | 产业基金 |
|---|---|
| 特色产品概述 | 广发银行徐州分行根据客户融资需求，整合理财资金、自营资金等，投资于依据《私募投资基金监督管理暂行办法》等成立的私募投资基金，基金通过增资扩股、信托贷款、股权＋债权等方式投资目标公司，并最终用于公司的项目建设、产业运营、并购重组、债务平衡等业务需求 |
| 适用对象（行业） | 重点拓展城市基础设施、公共事业、环境治理、综合交通网络建设、公共服务、优质装备制造、汽车、生物医药、航天科技、物联网、电商、文化传媒、信息科技等优势领域 |
| 产品特点和优势 | 产业基金作为新兴金融投资工具，操作较为灵活多样，可多方面满足优质客户项目建设、产业运营、并购重组等投融资需求，显著提升地方政府优势产业有效资金供给，具有优异的抗风险能力和综合业务发展潜力 |

### 产品实例

徐州某光电产业基金（有限合伙）是徐州市第一支真正意义上

的产业基金项目，是广发银行徐州分行落实投贷联动、创新产品设计、满足客户需求的一次成功尝试。徐州某光电产业基金主要投资徐州某信息化学品有限公司的“年产 500t/a 金刚烷（光刻胶单体）系列产品”项目。徐州某信息化学品有限公司成立于 2010 年 3 月，是上海某精细化工有限公司在江苏省邳州市投资组建的高科技企业，主要从事高端电子材料产品的研发、生产与销售，主要产品为光刻胶单体、光敏剂、抗反射涂层单体、光刻胶等集成电路光刻制程中所使用的高纯电子级化学品，产品类型覆盖了高、中、低各种档次的光刻胶。

徐州某信息化学品有限公司通过自主研发获得了完全自主知识产权金刚烷（光刻胶单体）系列产品规模化生产技术，并申报了专利，通过了中试验收，项目生产技术打破了国外垄断。金刚烷系列产品产业化将填补我国集成电路光刻技术源头产品空白，进一步完善中国高端光刻胶产业链，为国内高端光刻胶商业化生产铺平道路。

该公司因技术先进、成长性好，具有一定的行业带动作用，受到了各级政府的财政支持。为加快发展，新投资了年产 500 t/a 金刚烷（光刻胶单体）系列产品项目，项目总投资 49818 万元，公司自筹资金 24818 万元，需融资 25000 万元用于后续建设。广发银行徐州分行了解情况后，通过对客户需求及项目情况的深入研究，认识到仅凭传统信贷业务，无法完全满足公司实际需求；因而转变思路，投贷联动，尝试以产业基金的形式取代传统授信业务模式，在风险可控情况下为客户节约融资成本。广发银行徐州分行充分发挥总分行联动优势，迅速成立营销团队，第一时间为其制定了个性化融资服务方案，赢得了政府和客户的高度认可，并在同业竞争中脱颖而出。2016 年 11 月，徐州市第一支真正意义上的产业基金项目在广发银行徐州分行顺利落地。

### 产品联系电话

0516－81001121。

| 特色产品名称 | 快融通 |
| --- | --- |
| 特色产品概述 | “快融通”是广发银行小微金融服务特色产品，是为资信情况良好、经营正常的小企业客户提供的速贷类短期授信产品 |
| 适用对象(行业) | 生产经营良好，无不良记录，有固定资产的小企业客户 |
| 产品特点和优势 | · 抵质押率高，最高可达 90%<br>· 授信额度高，最高可达 2000 万元<br>· 抵押物品种多，可接受住宅、写字楼、厂房、商铺等抵押<br>· 贷款期限长，最长可达 3 年 |
| 额度 | 授信额度最高可达 2000 万元 |
| 利率 | 根据客户资质综合评定 |
| 适用企业发展阶段 | 初创、成长、成熟 |

### 产品实例

徐州某机电设备安装工程有限公司主营机电设备安装工程、水电安装、钢结构安装等。该企业工程质量可靠，深受下游客户信赖，企业管理层从事承包工程 20 余年，从业经验丰富，积累了大量客户资源。自公司成立以来，下游客户稳定且呈上涨趋势。因该公司承接安装工程，资金与施工进度有时间差，企业需要垫资，存在资金缺口。但是该公司可以提供的抵押物无法完全满足银行传统信贷业务要求，因此可获取的贷款额度无法满足全部融资需求。

广发银行徐州分行深入调研分析，认为该公司整体信誉度良好，财务状况较优，符合“快融通”客户准入标准，并告知客户该产品抵押率较高、贷款期限灵活、审批效率高、放款速度快，该客户欣然接受。该公司自 2016 年办理该行信贷业务以来，对该行金融服务满意度高，在 2017 年 5 月第一笔授信业务结清后又继续应用快融通产品续作业务，并将结算业务转至该行，与该行建立了良好的合作关系。广发银行徐州分行紧跟政策导向，优选客户，在风险可控的前提下积极通过优势产品扶持小微企业发展，有效满足了客户的融资需求。

产品联系电话

0516－81001156。

# 中国光大银行徐州分行以科技支撑多元服务

光大银行徐州分行成立于 2015 年 1 月 28 日，现有员工 64 名。秉承社会责任理念，坚持义利兼容、德行并重，与时俱进，支持实体经济，服务国家、地方战略；推进绿色信贷，助力美好环境；奉献社会，热心公益事业。在促进经济、社会、环境全面、协调、可持续发展方面取得了新的进展。至 2017 年末，存款余额 54.14 亿元，较年初增加 19.51 亿元；贷款余额 42.97 亿元，较年初增加 5.74 亿元。

## 彰显特色产品，支持小微企业

加强小微金融产品应用和渠道建设，助力小微企业健康发展。充分利用特色产品，如助业贷款、POS 快贷、助业链式快贷，与人保、平安、阳光等保险公司合作的小额信用贷款等金融产品支持小微企业、个体工商户发展。

## 重视科技支撑，提供多元服务

积极发挥优势，拓展服务范围，打造开放式互联网金融战略体系。主动参与 ETC 项目应用及推广，助力解决收费站拥堵现象，帮助居民绿色出行。积极推广“阳光银行——光大直销银行”产品，打破时空限制与银行卡归属限制，为互联网客户提供投资理财、出国金融、生活缴费等各类服务。借助“云缴费”平台优势，不断扩大缴费覆盖，接入水、电、燃气、交通罚款、高速 ETC 等缴费项目，使广大市民足不出户即可办理各类生活缴费业务。收费托管平台是“云缴费”平台下的子产品，收费单位接入平台后，无需开发收费系统即可线上收费。

### 立足地方实际，服务重点对象

积极配合地方政府建设计划，主动对接徐州市“三重一大”建设项目。依托现有产品资源，从总分行申请专项额度，重点支持徐州市重点项目融资需求。落实供给侧改革要求，实施绿色信贷战略，按照“有保有压、有扶有控”思路，逐步退出落后产能，大力支持旅游、养老、民生、现代农业、再生资源等产业需求，推进产业结构升级。

## ※※※※※※特色产品、实例及联系电话※※※※※※

| 特色产品名称 | 全程通汽车金融服务 |
| --- | --- |
| 特色产品概述 | 以汽车制造商、机械制造商为核心客户，根据汽车、机械行业供应链上采购、生产、销售及消费等环节的资金、票据、结算、货物流向，集成行业链上供应商、制造商、经销商、终端用户等不同客户的金融需求，提供的一体化、全方位的集成式的产品组合，搭建覆盖广、服务便利的上游采购服务网络、中游销售服务网络、下游消费服务网络以及资金结算网络 |
| 适用对象 | 汽车制造商、特约经销商和终端消费用户 |
| 产品特点和优势 | · 全流程金融服务：针对行业核心客户的原材料零部件采购、制造、销售、消费、服务的供应链全流程，提供专业化、集成化、电子化的金融服务<br>· 提供供应链产品组合：针对行业供应链提供金融产品和服务的组合，包括开立信用证、进口代收、进口押汇、保理、流动资金贷款、商票贴现、银票、法人账户透支、买方信贷等产品 |
| 期限 | 不超过1年 |
| 额度 | 根据客户情况批复授信额度，一般不超过1亿元 |
| 利率 | 客户综合成本预计不高于6% |

### 产品实例

B公司是一家专业经销家用乘用车的中型企业，成立于2010

年 11 月，注册资金 1500 万元，2016 年实现销售收入 7.9 亿元、营业利润 192 万元。B 公司与 A 公司（以下简称：生产厂商）约定以银行承兑汇票方式支付车辆采购款，因其对经营周转资金的需求量较大，自有资金难以满足经营需求，遂向光大银行徐州分行申请金融产品支持。但是 B 公司无法提供合适的抵押物，银行融资存在瓶颈。

光大银行徐州分行向其推荐了全程通产品，并为其量身设计了全程通金融服务方案：第一，由生产厂商（核心客户）所在地分支行为生产厂商（核心客户）申请全程通综合授信额度，额度批复后由生产厂商（核心客户）与光大银行总行签订《汽车销售金融服务网络协议》，生产厂商（核心客户）切分一定金额的回购担保额度给 B 公司，同时为 B 公司在光大银行徐州分行的授信提供连带责任保证。第二，光大银行徐州分行在 B 公司授信额度批复后，开出并承兑以 B 公司为付款人、以生产厂商（核心客户）为收款人的银行承兑汇票用于支付车辆采购款，生产厂商（核心客户）收到 B 公司的银行承兑汇票后，将该银行承兑汇票项下的汽车合格证交由光大银行徐州分行监管。第三，B 公司将车辆销售款存入光大银行徐州分行，光大银行徐州分行为其解除相应的合格证监管，银行承兑汇票到期后用 B 公司存入光大银行徐州分行的车辆销售款解付银行承兑汇票，本笔业务结束。

该方案获得了企业的高度认可，光大银行徐州分行以最快的速度协助 B 公司取得了生产厂商（核心客户）切分的回购担保额度，并为其批复了授信额度 3000 万元，2017 年累计为该客户开立银行承兑汇票 8500 余万元，有效缓解了企业经营周转资金紧张的局面，进一步促进了企业的持续健康发展。

**产品联系电话**

0516－83617278。

| 特色产品名称 | 房抵快贷 |
| --- | --- |
| 特色产品概述 | 是指向以符合条件的住房及商业用房作为抵押的借款人发放的用于满足其生产经营所需的人民币贷款。在授信调查后，根据客户申请和调查结果填写调查表并签署调查意见。经办人员在1个工作日内将房抵快贷申请及面谈面签表、房抵快贷调查审查审批表以及贷款相关申请材料提交分行审查审批，审批后发放贷款 |
| 适用对象 | 年满22周岁、贷款到期时年龄不超过65周岁，具有完全民事行为能力的中国籍（不含港澳台）自然人；本人及其配偶（如有）通过身份核查，且近两年无不良信用记录；具有合法稳定的收入来源（包含经营收入、租金收入、薪资收入及分红收入等）并能够覆盖贷款本息；具备合法的经营主体资质（即个体工商户经营者、合伙企业合伙人、个人独资企业出资人、企业法定代表人或自然人股东或实际控制人），且经营行业符合小微信贷投向政策（行业优先支持衣食住行等民生相关，禁止歌舞娱乐、桑拿洗浴、网吧酒吧等娱乐性行业，具体参照该行零售授信基本制度执行）；提供符合要求的抵押房屋 |
| 产品特点和优势 | · 办理迅速、环节简单、手续简便：小微企业主最快可3天内拿到贷款<br>· 抵押率高：抵押成数最高8成<br>· 授信额度高：最高1000万元<br>· 贷款年限长：最长10年<br>· 抵押范围大、贷款用途广 |
| 期限 | 最长10年 |
| 额度 | 最高1000万元 |
| 利率 | 基准上浮30％ |

## 产品实例

徐州市某商贸有限公司，成立于2003年8月5日，公司注册资本1010万元，企业人数80人。经营范围为铂金、钻石、宝石镶嵌饰品、钟表、工艺品、日用百货销售、黄金制品销售等。由于品牌声誉较好、产品设计新颖、售后服务周到细致,年销售额在同类品牌中均处于领先地位。该公司下游客户多数为本地区百货销售龙头企业,综合实力较强,信用良好,回款及时且有保障,不存在拖欠货款的情况。该客户提供的房产抵押物为上海市房产,异地抵押手续办理较为困难。

由于该客户户籍在徐州,光大银行徐州分行通过多次实地考察第一还款来源、抵押物,了解客户实际经营情况后,与省行沟通,向该公司发放房抵快贷900万元。

### 产品联系电话

0516－83617220。

中信银行
CHINA CITIC BANK

# 中信银行徐州分行发挥集团协作优势创新满足企业及个人融资需求

中信银行徐州分行成立于 2016 年 12 月，目前正式员工 37 人，平均年龄 30 岁，学历均为本科及以上，其中前台人员 27 人，后台人员 10 人，行长室成员 5 名(行长 1 名，副行长 2 名，行长助理 2 名)。机构网点 1 家，设于解放北路 6 号兴隆大厦 1～3 层。截至 2017 年末，该行存款余额 20.81 亿元，表内贷款余额 30.4 亿元。

## 集团协作，加强对地方龙头企业的金融服务

依托中信集团金融与实业并举的独特竞争优势，针对企业在业务发展过程中产生的金融服务需求，充分调动集团内部资源，借助中信建设、中信重工在海外平台的渠道、资源和人脉优势，为客户“走出去”提供服务；借助中信证券、信银国际为企业提供并购融资、资产证券化等服务；借助中信租赁、信银国际、逸百年商业保理、中信资产为企业提供境内外、多样化融资产品。

积极支持制造业龙头企业，发挥集团协同优势，为徐工集团提供综合金融服务。截至 2017 年末，累计为其子公司开立银行承兑汇票 14 亿元。

## 积极对接，加大对实体经济和普惠金融支持力度

2017 年，不断加大支持实体企业的力度。在新农业方面，计划与徐州县区农业龙头企业在贸易融资方面加大合作力度；新能源方面，参与了总行对协鑫集团授信方案，并对徐州地区的协鑫子公司设计本土化的融资方案；新化工方面，加强对精细化工企业的支持；新材料方面，与徐州市招商引资的新兴企业加强合作。

## 创新产品，积极发展消费金融

推出了"房抵贷"业务，贷款额度高、期限最长可达 20 年；审批效率快、受众客户广，满足经营实体的融资需求，助力实体经济发展。

推出"税金贷"业务，审批快，贷款资金实时到账；额度高，最高可达 30 万，随借随还，按日计息；费率低，纯信用贷款，利率上浮 40%。

### ＊＊＊＊＊＊特色产品、实例及联系电话＊＊＊＊＊＊

| | |
|---|---|
| 特色产品名称 | 税金贷 |
| 特色产品概述 | 税金贷是中信银行经客户授权在线获取其纳税数据（包括客户身份信息、纳税、收入信息等），在对客户进行综合信用评价基础上，向符合贷款条件的客户在线发放的个人信用贷款，贷款主要用于家庭消费 |
| 适用对象（行业） | 申请人须为按期纳税的自然人，且有明确的扣缴义务人，连续纳税记录不少于 2 年，最近一期纳税金额不为零，信用记录良好 |
| 产品特点和优势 | · 纯线上审批，无需任何纸质材料<br>· 审批速度快，2 分钟反馈审批结果，贷款资金实时到账<br>· 纯信用，无担保<br>· 额度最高达 30 万，随借随还，按日计息 |
| 期限 | 最长 1 年 |
| 额度 | 最高 30 万 |
| 利率 | 基准利率上浮 40% |
| 适用企业发展阶段 | 适用于个人 |

| | |
|---|---|
| 特色产品名称 | 房抵贷业务 |
| 特色产品概述 | 主要针对徐州市区目前无贷款的现房客户，可将自有及亲属房产抵押获得贷款，可用于经营、装修、旅游、留学等多种需求，月息最低五厘三 |

续表

| | |
|---|---|
| 适用对象(行业) | 主要针对徐州市区目前无贷款的现房客户 |
| 产品特点和优势 | · 一次审批可循环使用,额度高,期限长<br>· 办理流程简便:营业执照有效即可申请,提供材料精简,放款速度快<br>· 还款方式灵活:等额本金,等额本息,优质客户可每月还本、按年还息 |
| 期限 | 消费类5年,经营类20年 |
| 额度 | 最高至房产评估价值的70% |
| 利率 | 基准利率上浮40% |
| 适用企业发展阶段 | 适用于个人 |

## 产品实例

夏先生于2014年在徐州购置了一套住宅,建筑面积为110平方,购买时价格为8000元/平方米。而目前,房产已经升值,近期评估为14000元/平方米。

近期,由于孩子要出国留学,至少需要100万元的学杂费及生活费,对于普通家庭,此负担过重。后来夏先生经朋友介绍来到中信银行了解了房抵贷业务,此业务由于具有期限长、费率低、可分期等额还款等特点,有利于减缓还款压力。最终夏先生在该行办理了5年期限的107万元房抵贷业务,既完成了孩子的出国梦,也缓解了家庭压力,同时房子的升值保值作用也没有受到影响。

后来,夏先生为了改善环境,想重新装修同时将家中的家具更新,资金缺口10万元左右,而每月收入都要偿还贷款,一下子拿不出那么多资金来。由于夏先生身处事业单位,纳税稳定,且信用记录良好,在中信银行网银上自行申报了税金贷,两分钟即出审批结果,贷款资金直接到账,解了燃眉之急。

针对个人消费、生活质量提升、出国留学旅游等融资需求,中信银行徐州分行从单纯的住房按揭贷款向车贷、房抵贷、税金贷、出国贷款等多种类发展，其中房抵贷业务余额为 2721 万元，税金贷业务 2017 年 10 月份开展当月即发放了 43 笔计 974 万元，客户反响非常热烈。

### 产品联系电话

0516－81009929。

中国平安 平安银行 PING AN BANK

# 平安银行徐州分行
# 运用互联网思维服务实体经济

平安银行徐州分行成立于2017年4月，内设办公室、运营计财部、公司银行部、风险管理部、零售贷款部、财富管理部、营业部等六部一室。现有员工50人，其中高级管理层3人、中层管理人员7人、普通员工40人。自开业以来，平安银行徐州分行以支持徐州市经济转型升级和供给侧结构性改革为主攻方向，助力徐州经济转型发展。以科技创新、产业转型、生态环境、一带一路、医药医疗与健康产业、互联网+等为重要投放领域，以物联网金融、橙e网、云保理平台、产业基金、ABS等创新型产品为利器，向一批企业注入发展新活力。至2017年底，存款余额26.4亿元，其中储蓄存款7.4亿元、对公存款19亿元；贷款余额36.18亿元，其中零售贷款1.9亿元、对公贷款34.28亿元，无逾期贷款和不良贷款。

## 零售转型，服务个体工商户及小微企业

平安银行徐州分行从信贷规模、考核指引、人员配备等方面，调动更多的行内资源，并利用平安银行的科技优势，对大部分小微企业贷款采取线上申请、线上放款等方式，提升审批效率；放低个体工商户经营贷款准入标准，有效服务和支持实体经济发展。

## 领异标新，多维度、多层次、多方位服务实体经济

为了更好地服务实体经济，平安银行徐州分行推出了行业化、专业化、投行化的三化政策，并紧跟新时代经济发展特点，创新推出针对不同行业、不同领域的新产品。如推行的SAS平台，“以客户需求为导向，以提高质量和效率为目标，以整合资源为手段”，针对特定核心企业供应链内上游中小微企业，提供线上应收账款转

让及管理服务，提供高效便捷的融资渠道，并与人民银行征信中心建设的应收账款融资服务平台对接，形成线上应收账款融资等供应链金融模式。随着物联网正进入跨界融合、集成创新和规模化发展的新阶段，推出物联网金融，把互联网的创新成果与经济社会各领域深度融合，推动技术进步、效率提升和组织变革，提升实体经济创新力和生产力，形成更广泛的以互联网为基础设施和创新要素的经济社会发展新形态，并在此进程中，加快建设跨行业、跨区域的物流信息服务平台，运用大数据、云计算，建设职能仓储体系，优化物流运作流程，提升物流仓储的自动化、智能化水平和运转效率，降低物流成本。

**特色产品、实例及联系电话**

| 特色产品名称 | 宅易通 |
|---|---|
| 特色产品概述 | 针对徐州地区经营满 1 年以上的法人、自雇人士，以其名下全款住宅作为抵押物品，申请的经营类抵押贷款。客户提供基础信息材料，申请贷款额度，额度批复后办理抵押，支持额度项下循环授信 |
| 适用对象(行业) | 在徐州市经营满 1 年以上，且有固定经营场所的自雇人<br>从事非产能过剩行业与高危行业 |
| 产品特点和优势 | · 循环授信，随时提款<br>· 手续简便，审批便捷<br>· 方案多样化 |

产品实例

某机械有限公司是徐州市一家从事小型机械生产的小微企业，近年来由于生产规模扩大，急需补充部分流动资金。由于无自有厂房，且生产的机械非通用机械，无法通过抵押等方式获得流贷。平安银行徐州分行得知这一情况，以客户实际控制人的名下住宅为抵押，向客户发放了可用于经营的宅易通 115 万元，期限 10 年，切实为该客户缓解了融资难、融资贵难题，在风险可控的情况下节约了客户融资成本，赢得了客户认可。

### 产品联系电话

0516－85580652。

恒丰银行
HENGFENG BANK

## 恒丰银行徐州分行凭借后发优势开拓市场

恒丰银行徐州分行成立于 2017 年 12 月 6 日，位于徐州市云龙区解放南路文峰大厦，总营业面积 5000 余平方，地理位置优越，交通便利，功能设施齐全，办公环境整洁，现有员工 34 人。

恒丰银行是 12 家全国性股份制商业银行之一，肇始于孔孟之乡山东，目前已在 13 个省市设有 328 家分支机构，在英国《银行家》杂志发布的“2016 全球银行 1000 强”中排名第 143 位。恒丰银行南京分行作为恒丰银行首家省外一级分行，自 2006 年成立以来，以立足江苏、服务江苏、奉献江苏为宗旨，11 年间，在南京、无锡、南通、扬州、连云港、徐州等地，设立了 5 家二级分行，共计 27 家营业网点，发起设立扬中恒丰村镇银行，累计投放各类信贷资金 7800 亿元，为江苏经济社会发展做出了积极贡献。

### 签订战略协议 支持地方经济发展

徐州是江苏省重要的经济、文化和商贸中心，作为淮海经济区规模最大、综合实力最强的城市，徐州将经济建设与生态文化完美融合，成为一座彰显文化特色、亲近自然山水、闪耀人文精神的魅力之都。近年来，徐州市大力实施“招金引银”战略，加大金融市场开放力度，丰富和培育金融主体，形成了金融业与地方经济相互支撑、协同并进的良好局面。2017 年 12 月，恒丰银行南京分行与徐州市政府签订战略合作协议和成立恒丰银行徐州分行，这不仅是恒丰银行在江苏省机构布局的重要里程碑，也是其助力徐州经济社会发展的重大举措。

### 优化资源配置，助力小微发展

恒丰银行徐州分行以优势产品打造市场，努力扩大市场占有率。有效调动各精英团队的积极性，明确目标，做大、做实基础客群，夯实小微金融发展的基础。结合徐州当地的经济运行特色，加大产品研发的力度，实现全流程的“线上操作”，大力推出了“恒信票贷”的产品，并以此为契机，研发“超额抵押贷”等特色产品，不断丰富和完善产品线。

### 特色产品及联系电话

| | |
|---|---|
| 特色产品名称 | 小微客户“发票贷”（简称“恒信票贷”） |
| 特色产品概述 | 与第三方发票和税务信息机构合作，通过双方系统对接及数据交互获取小微客户的发票和税务信息，并结合大数据平台，通过数据测算、评估客户的经营和现金流情况，对符合条件的客户给予一定额度的信用贷款 |
| 适用对象 | 可提供有效增值税发票信息和税务信息，且信用履约状况良好、经营情况正常、销售回款稳定的小微企业主 |
| 产品特点和优势 | · 客户群广泛。主要有园区创业园内企业、供应链上下游企业、专业大市场的商户、核心商业圈的商户等广大小微企业<br>· 期限灵活，借贷灵活。客户可以在 12 个月的范围内自主选择期限，随借随用，按天计息，无需担保、抵押<br>· 在线申请，网银借还。该产品的申请、审批、放款流程均在网银上操作，手续简单，操作灵活，并且一次审批，三年有效 |
| 期限 | 1 年以内 |
| 额度 | 最高 100 万元 |
| 利率 | 日利息 0.03% |
| 适用企业发展阶段 | 企业持续经营 1 年及以上的初创、成长阶段 |

#### 产品联系电话

0516－68900033。

# 第五篇

# 城市商业银行

江苏银行
BANK OF JIANGSU

## 江苏银行徐州分行聚力科技金融服务实体经济

江苏银行成立于 2007 年 1 月 24 日，是江苏省最大的法人银行。2016 年 8 月 21 日，江苏银行首次公开发行 A 股在上海证券交易所成功上市。江苏银行徐州分行是江苏银行下辖一级分行，现有在岗员工 830 余名，下辖营业机构 32 个，遍布徐州六区五县。江苏银行徐州分行始终坚持“服务地方经济、服务小微企业、服务城乡居民”的发展定位，紧跟现代化经济体系建设步伐，充分发挥灵活高效优势和创新引领作用，全力服务徐州市经济社会发展。截至 2017 年末，各项存款余额 573.6 亿元，贷款余额 384.1 亿元，当年存款增量和各类资金投放均列全市第一。

2010～2013 年，江苏银行徐州分行连续荣获“全国金融系统思想政治工作先进单位”；先后 3 次获得中国银行业协会授予的“银团贷款最佳交易奖”；2012 年，荣获“江苏省国有企业‘四好’领导班子”；荣获（2013～2015 年度）江苏省文明单位；2010～2016 年，连续 7 年在徐州市年度绩效考评中荣获“三服务三满意”一等奖；荣获 2017 年徐州市五一劳动奖状；荣获 2016 年徐州市创新奖二等奖；江苏银行徐州分行行长蒋学众同志荣获首届“徐州年度经济人物”和 2017 年徐州市五一劳动奖章。

### 大力支持科技企业

积极构建科技金融专业化经营体系，围绕“专项规模、专职团队、专属产品、专业流程、专门风控、专有考核”的“六专”运营模式，积极推动政府和金融资本的融合，加强与风投、创投、科技小贷和担保公司、保险公司等机构的合作，先后推出了“苏科贷”“人才贷”

“投融贷”和“三板之星”等一系列特色产品。截至2017年末，科技金融规模位居徐州市第一，累计投放科技贷款30余亿元，服务近千家中小微企业，“苏科贷”市场占有率为92%。

优先服务制造业

把实体经济制造业作为优先服务的重要领域，紧紧围绕《中国制造2025》和徐州市“工业立市、产业强市”的战略方针，开展智能制造、新能源、新材料、生物医药等行业专项研究，积极引导资金投入，努力实现现代金融与制造业企业的共生共荣。2017年末，制造业贷款占对公实体贷款的33%，其中先进制造业贷款余额较年初增长35.59%。

积极倡导绿色金融

“金融之美，美在绿色”。积极贯彻落实绿色发展理念。2017年1月，在国内城商行中率先宣布采纳赤道原则，努力做发展绿色金融的带头行、示范行，为地方经济社会可持续发展做贡献。至2017年末，绿色信贷较年初增长60%，占对公实体贷款余额的18.6%。同时，严控“两高一剩”行业贷款，强化客户准入管理，制定行业授信政策，优先支持符合产业发展方向的节能环保及公共服务领域，对于环保不达标、高污染、高能耗等产能过剩的行业客户实施一票否决，加快压缩、退出授信业务。

加快助力开放型经济

积极跟进国家“一带一路”发展战略，为企业境外融资提供便利，降低经营成本、提高经济效益。2017年末，国际结算量同比增长30.88%，在执行外汇管理规定考核中被外汇管理局徐州市中心支局评为A类行，先后为徐工集团的巴西、德国项目，新春兴集团巴基斯坦投资项目及波兰并购项目提供一揽子服务。

### 全面促进民生改善

积极引导信贷资金向“小微企业”“民生”和“三农”等重点领域倾斜，让普通大众都能享受便捷的金融服务。一是助推小微企业成长。按照“标准化、模块化、批量化、线上化”的发展思路，建立了可扩展、可持续的小微金融批量化服务模式。至2017年末，累计搭建平台137个，服务小企业3739家，小企业贷款在公司类贷款中占比达61.56%，占徐州市小微企业贷款总量的12.1%，列全市同业第一位。二是满足公众消费需求。围绕普惠消费、智慧消费和场景消费等方面，加快消费金融业务创新，引导客户健全信贷消费观念，推动社会消费总量提升。至2017年末，消费金融贷款规模近40亿元，当年增幅达61%。三是金融强农惠农富农。认真贯彻落实国家“三农”金融政策，支持现代农业发展，帮助农民致富。与江苏省农委、省财政厅合作开展“新农贷”业务，为农村新型经营主体等提供综合金融服务，目前已实现县域机构全覆盖。四是完善养老金融服务。在加大服务养老项目的同时，专门打造老年金融服务网点，目前城东支行被评为全国级老年金融示范点，城北支行被评为省级老年金融示范点。

### ✻✻✻✻✻✻特色产品、实例及联系电话✻✻✻✻✻✻

| | |
|---|---|
| 特色产品名称 | 江苏银行“金e融” |
| 特色产品概述 | 江苏银行徐州分行本着“优势互补、服务大众”的宗旨，联手徐州市公积金管理中心，为缴纳公积金的个人提供手续简便、效率快捷、方式灵活的信用方式贷款及其他综合金融服务 |
| 适用对象 | 年龄在22～57周岁；现单位缴存公积金满12个月；近3个月公积金个人和单位合计缴存金额不少于800元 |

续表

| | |
|---|---|
| 产品特点和优势 | · 通过互联网渠道受理，利用有效的身份识别方式在线对借款人进行身份识别<br>· 基于公积金信息、征信信息等大数据应用场景以及智能决策技术完成授信审批<br>· 无抵押、无担保的个人消费贷款<br>· 为广大公积金缴存职工开拓了便捷、高效、灵活的贷款新渠道 |
| 期限 | 1～36 个月 |
| 额度 | 最高 30 万 |
| 利率 | 基准利率上浮 45% |

### 产品实例

江苏银行"金 e 融"创新产品是公积金缴存业务与互联网金融领域的一次深入融合和创新发展。公积金信用贷款创新了服务方式，使广大购房职工享受到从购房到家装再到购置家居的一体化宜居服务，满足了住房公积金缴存职工便捷、高效、灵活的消费信贷需求。同时该产品对调动企业缴存公积金的积极性，扩大职工公积金受益面也起到积极推动作用。

"房子上房要装修，之前办了住房贷款，问了一些银行都不接受二次抵押，了解到江苏银行'金 e 融'产品后，抱着试试的心态在江苏银行手机银行上就申请了，没想到几秒钟就拿到 30 万元贷款，真是太方便了！"徐州市民张先生这样说，这款产品帮助他解了燃眉之急，张先生立即带着银行卡与装修公司签了合同交了定金。"金 e 融"使更多缴存公积金的人员及时申请到了亟须的贷款，帮助众多客户解决资金困难。

"金 e 融"于 2016 年 7 月成功上线，上线短短一年时间，"金 e 融"贷款余额已达 17 亿元，申请人次 128002 户，成功支用 39735 人次，审批授信总额达 45 亿。

## 产品联系电话

0516－83100960。

| 特色产品名称 | 江苏银行“光伏贷” |
|---|---|
| 特色产品概述 | 江苏银行向借款人发放的，用于建设光伏发电项目或偿还已建成光伏发电项目其他债权的固定资产贷款，以项目发电收入和国家财政补贴收入为主要还款来源 |
| 适用对象（行业） | 从事投资建设和经营光伏发电项目的企（事）业法人，既可以是项目公司，也可以是项目公司的主要控股股东。主要包括：电网公司、全国性大型发电集团、地方发电集团等电力行业企业，从事光伏电站投资运营业务的专业光伏电站开发商，分布式光伏电站业主 |
| 产品特点和优势 | · 融资额度高。贷款金额最高可达项目总投资的70％<br>· 贷款期限长。根据项目实际情况，贷款最长期限可达十年<br>· 放款节点优。对满足一定条件的项目可以在建设期放款<br>· 担保方式活。贷款担保以项目投产后并网发电形成的应收账款质押、光伏设备抵押为主，辅以股东股权质押、有实力的公司保证（包括股东本身） |
| 期限 | 在对项目投资回收周期及现金流进行详细测算的基础上，确定贷款期限。原则上贷款期限不超过八年（含建设期），最长十年 |
| 额度 | 贷款金额根据借款人项目总投资、自有资金金额、实际融资需求量及已落实可用于还款的现金流确定，贷款金额不超过项目总投资的70％ |
| 利率 | 光伏发电项目贷款的利率应在人民银行规定的同期同档次基准利率基础上根据客户的信用状况、风险程度及借款人对本行的综合贡献水平适当浮动确定 |
| 适用企业发展阶段 | 企业初创和成长期 |

### 产品实例

徐州某新能源有限公司6MW地面电站项目，位于睢宁县官山镇荒山区，可以充分利用当地的太阳能资源，改善当地能源结构，所发电量全额上网，保护水土环境，节约有限的煤炭、石油资源以及宝贵的水资源。该项目的开发建设符合国家能源发展战略、地方发展规划、产业政策及节能环保的要求，具有较好的环境效益和社会效益，可缓解当地电网供电矛盾，提高可再生能源在能源结构中的比重，对当地未来发展具有重要意义。

该项目所建设的光伏发电系统采用直接并网模式，所产生的电能全部馈入电网。拟选用晶体硅太阳能电池，采用固定式支架运行。该项目采用英利集团先进的光伏发电设备，其他的相关设备也经严格筛选，均为业界的知名品牌。该项目的建设将带动上下游产业链的进一步发展，如制造业、运输业、建材业等，实现国家提倡的“循环经济”模式，有利于促进经济良性发展。

该公司所建6MW光伏发电项目总投资4449万元，自有资金仅为1500万元，企业资金缺口较大，存在2000万元贷款需求；但由于市场上没有针对光伏发电项目的专属金融产品，该项目融资受到制约。

江苏银行徐州分行一直把绿色金融作为自身重要发展方向，优先支持符合产业发展方向的节能环保、清洁能源等领域。在得知该项目有借款需求时，派出专业人员深入企业实地考察调研，了解企业融资需求，量身制作“光伏贷”产品服务方案，并成立专项工作小组，负责项目的全程跟踪支持。在准入审批阶段，开辟绿色通道，加快审批速度，成功帮助该公司解决了融资需求，助推光伏发电项目的顺利开发。

### 产品联系电话

0516—83100997。

| | |
|---|---|
| 特色产品名称 | 江苏银行“人才贷” |
| 特色产品概述 | 向符合条件的科技型人才或科技型人才创办的企业发放的，在约定的授信额度、用途及期限内可循环使用的贷款 |
| 适用对象(行业) | 科技型人才及其企业 |
| 产品特点和优势 | 纯信用、免担保<br>价格优惠 |
| 期限 | 个人授信期限最长 36 个月；对公授信最长 12 个月 |
| 额度 | 根据人才等级核定 200 万～500 万元不等 |
| 利率 | 基准利率上浮 20%。 |
| 适用企业发展阶段 | 初创、成长、成熟 |

## 产品实例

江苏某花卉股份有限公司成立于 2008 年 7 月，注册地为新沂市草桥镇古墩村。经营范围：花卉种植、销售；农作物种植、销售；农业种植技术研发、推广；水产养殖、销售；蔬菜、水果、家禽、饲料、化肥销售；自营和代理各类商品及技术的进出口业务。该公司占地面积 600 多亩，其中厂房 5000 余平方米，有连栋温室大棚 26 栋，低温大棚 24 栋，钢架大棚 200 余栋，恒温冷库 8 座。公司主要从事鲜切花的种植销售，利用现代温室技术栽培生产菊花、非洲菊、多头菊。主要上游客户为新沂市鲜切花协会；主要下游客户为日本、韩国、昆明鲜花交易市场等。

该公司应收账款金额较大、时间较长；无抵押资产，融资面临困难。得知该公司有融资需求且存在融资困难，江苏银行徐州分行突破抵押担保瓶颈，为其办理了 100 万元的“人才贷”授信，采取纯信用模式，帮助其解决融资难题。

## 产品联系电话

0516－83109370。

| 特色产品名称 | 江苏银行“新农贷” |
| --- | --- |
| 特色产品概述 | 针对优质农业企业、专业大户、家庭农场、农民专业合作社等四类农村新型经济主体，在一般授信产品的基础上，将省农委和省财政专项风险补偿基金作为风险缓释措施，用于经营周转的贷款 |
| 适用对象(行业) | 农村新型经营主体 |
| 产品特点和优势 | 贷款利率优惠、降低贷款门槛、节省融资成本、政府政策扶持 |
| 期限 | 授信期限最长为 12 个月 |
| 额度 | 最高 200 万元 |
| 利率 | 基准利率上浮 20%～50% |
| 适用企业发展阶段 | 初创、成长、成熟 |

## 产品实例

徐州市贾汪区某农产品营销专业合作社成立于 2010 年 2 月 4 日，注册地为徐州市贾汪区紫庄镇石庄村，是一家集种植、科技服务、产品销售于一体的较大规模的新型农村经济合作组织，下辖蔬菜种植基地、科技服务超市、产品检验中心、净菜加工配送中心、果蔬直营连锁店等多个单位和企业。该专业合作社已列入《2016 年政府优先扶持农民专业合作社名录》，先后被评为国家级“农民专业合作示范社”、江苏省“科技型农业专业合作社”、徐州市“农民专业合作示范社”，是典型的三产融合类型的农业合作社。

该合作社现有成员 667 人，承包土地 184 亩，土地流转方为贾汪区紫庄镇石庄村村民委员会，全社(包含社员)已建成温室大棚 760 栋，露地蔬菜种植面积 1200 亩，其中 25 栋大棚购买了徐州市农业保险。主要从事水果等农副产品的种植与销售，主要种植茄子、番茄、黄瓜、辣椒、豆角、芹菜、菠菜、梅豆、西葫芦、香菜、菜花、蒜苗、葡萄、草莓等。根据季节种植，每个品种的分配比例基本可以归纳为均分，常年生产蔬菜达 30 余个品种。在贾汪及新城区开设了21家直营店，2辆物流配送车辆，通过自主种植、收购当地农户的蔬菜到各个直营店销售。2016年主营业务收入2498万元。

随着直营店的数量增加，该企业在资金周转上出现缺口，由于没有可用来抵押的资产及有效的担保措施，在融资上屡屡碰壁。得知该企业有融资需求且存在融资困难，江苏银行徐州分行突破抵押担保瓶颈，为其办理了80万元的新农贷授信，采取纯信用模式，帮助其解决融资难题。

产品联系电话

0516－83109370。

| 特色产品名称 | 江苏银行丝路金融服务——国际贸易融资之进口开证业务 |
|---|---|
| 特色产品概述 | 国际贸易融资之进口开证业务是指江苏银行作为开证银行，根据申请人(进口商)的要求和指示向受益人(出口商)开立的、有一定金额的、在一定期限内，保证在收到受益人提交的符合信用证规定的单据后支付信用证项下款项的书面保证 |
| 适用对象(行业) | 重点支持具备进出口经营权，有真实贸易背景，资信良好，对出口商资信不了解或者贸易金额较大的企业 |
| 产品特点和优势 | · 江苏银行提供信用，开证行承担第一性付款责任<br>· 借助江苏银行信用，进口商可在贸易谈判中争取到有利的报价条件，还可通过信用证条款有效约束出口商履行合同，保障交易安全<br>· 对于授信开证的进口商来讲，减少资金占压，加快资金周转，从而提高资金使用效率，增加资金使用效益 |
| 期限 | 分为即期信用证和远期信用证 |
| 额度 | 纳入客户统一授信管理，在核定敞口授信额度内开证 |
| 利率 | 开证手续费1.5‰，最低300元，无其他利息支出 |
| 适用企业发展阶段 | 一般要求企业持续经营1年及以上，初创、成长、成熟阶段均适合，具备真实合法的进口贸易背景 |

### 产品实例

江苏某国际贸易有限公司成立于2016年9月27日，是我市泉山区招商引资的一家进出口企业，注册资本金2000万元人民币，主要依托厦门象屿集团的资源渠道与物流优势从事大宗商品进出口贸易业务，进口产品主要是铁矿石、玛瑙原石、升降机等，主要下游客户是我市及周边的钢铁生产企业，同时作为地方政府重点引进的招商项目，徐州市泉山国有资产经营有限公司以现金出资200万元，持有企业10%股权。

企业主要从事大宗商品贸易，流动资金需求量较大，由于成立时间较短，但无法提供银行认可的抵押物，银行融资面临诸多困难。2016年10月10日，江苏银行徐州分行与泉山区政府签订全面战略合作协议，双方一致同意在苏山一类口岸、淮海生态城、淮海产业重点园区建设以及其他领域全面加强合作。在了解泉山区政府招商引资项目背景和公司实际困难后，江苏银行徐州分行在落实股东方徐州市泉山区国有资产经营有限公司提供保证担保的情况下，决定为企业开辟绿色信贷通道，不到5天时间即完成了授信调查和申报审批工作，为该企业核定国际贸易融资额度4500万元，期限1年，用于进口开证、进口押汇、出口打包贷款、出口押汇等产品。

为有效控制风险，在认真落实授信批复条件、办理合法有效担保手续的同时，江苏银行徐州分行国际业务部加强贸易背景审查，安排专人会同支行和企业赴辽宁营口核实购销合同、发票等手续，在确定交易背景真实有效后，于2016年11月为企业陆续办理出口信用证项下打包贷款3796万元，及时满足了企业出口融资需求。2017年以来，企业将经营方向转向进口铁矿石，与一家钢铁生产企业签订了原材料供应合同，江苏银行徐州分行在落实企业下游销售客户、确定下游企业正常经营和具备付款履约能力的条件下，及时为企业开出进口信用证749万美元。为保证资金安全，除坚持正常贷后检查外，在进口铁矿石到港后，安排专人到连云港码头现场核验运输单据和船舶，保证了相关贸易背景真实性和资金安全。

在江苏银行徐州分行国际贸易授信融资的有力支持下，该企业 2016 年当年实现销售收入 2783 万元，进出口 351 万美元，截至 2017 年 6 月末，企业实现销售收入突破 9000 万元，进出口规模达到 2342 万美元，稳居全市进出口企业前三十强。

产品联系电话

0516—83100685。

南京银行
BANK OF NANJING

# 南京银行徐州分行精耕科技金融助推小微企业发展

南京银行徐州分行成立于2016年1月26日，现设18个一级部门，共有营业部和新沂支行两个分支机构。员工总数124人，平均年龄30.5岁，均为本科及以上学历，其中研究生以上学历占25%。2017年末，该行本外币存款余额75亿元，较年初增加23亿元；本外币贷款余额36亿元，较年初增加12亿元。

自设立以来，南京银行围绕科技型企业“技术密集、资金密集、高成长性”经营特点，以创新科技金融业务产品为突破，解决其面临的资金短缺、融资困难等问题，全力支持科技型企业发展壮大，推动科技创新发展及产业升级。

## 充分调动各部门积极性，确保小微业务占比不断提升

一是提升内部审批效率，建立小微快速准入及审批通道。总行配置科技金融专职审批人员，确保科技金融业务审批效率及质量，3000万元（含）及以下授信业务自主审批。二是及时召开贷审会，满足客户多样化的融资需求，提高小微企业服务满意度。

## 深耕产品创新，提高科技型小微企业金融服务可得性

积极推进产品创新和优化。结合总行“鑫活力”“鑫智力”“鑫微力”“鑫动文化”和“鑫星农业”五大金融服务品牌，持续优化项下系列产品，特别是专属创新产品“鑫联税”及“投贷联动”。“鑫联税”产品根据借款人纳税信息即可为其提供短期融资支持，该业务采用信用方式办理，方便快捷，节约客户财务成本。“投贷联动”产品主要针对初创阶段的科技型企业，以“小比例股权”配套“大比例债权”，一户一策，围绕科技型小微企业实际经营需要及发展规划，设计中长期的综合金融服务方案，帮助科技成果顺利实现产业

化发展。

### 强化综合服务,助力科技金融

不断完善“做科企贴身管家”的科技金融运作体系。一是通过服务模式创新,逐步形成一套科技金融特有的新型信贷文化及风险评价技术,重点加大对未来现金流的把握,并注重创始人品行、团队完整性、技术领先性、产品性价比、持续经营能力等因素,精准把握企业未来的成长性。将服务科技型企业的阶段前移,更大范围地服务于初创期、成长期的科技型小微企业。二是积极创新服务方式,为科技型小微企业量身定制多元化融资渠道。在期限、贷款用途、还款方式、融资模式等方面积极创新,实现精准服务,满足企业多样化融资需求。

至 2017 年末,该行小微客户数 100 户,贷款余额 125368 万元。其中科技金融 17 户,贷款余额 13550 万元;鑫联税 27 户,贷款余额 879 万元;实现投贷联动 3 户。

## ******特色产品、实例及联系电话******

| 特色产品名称 | 鑫联税 |
|---|---|
| 特色产品概述 | 根据企业正常缴纳的增值税、营业税、所得税等在内的税费总额给予一定信用额度的短期授信业务 |
| 适用对象 | 正常缴纳税费的小微型企业 |
| 产品特点和优势 | · 方便快捷,减少企业财务费用<br>· 根据小微企业纳税情况为企业核定贷款额度,突破小微企业“融资难、担保难”瓶颈,为小微企业增加有效融资渠道 |
| 期限 | 1 年 |
| 额度 | 最高可达 100 万元 |
| 利率 | 市场利率 |
| 适用企业发展阶段 | 初创、成长、成熟 |

## 产品实例

徐州某电子股份有限公司成立于2003年11月，成立之初主要业务对象为教育系统的中小学、大学，主要产品为智能校园语音学习系统产品。2009年公司开始立项研究无线数字广播技术(RDS)用于应急通信，并于次年受水利部邀请参与国务院立项的“全国山洪灾害非工程措施项目”的技术规划；2010年经江苏省财政厅和科技厅批准设立省级技术研究中心。2012年公司研发的产品获得水利部测评国内第一名，在业内形成良好声誉度，同年“基于RDS技术的自然灾害预警系统”获得科技部中小企业技术创新基金，填补了国内空白。2014年3月公司启动新三板工作，2015年8月公司顺利实现新三板挂牌。

由于企业快速发展，流动资金出现短缺，缺少有效的担保，导致其无法在银行融资。了解到该电子股份有限公司的情况，南京银行徐州分行客户经理迅速上门与其对接，并根据企业的现状及纳税情况，向其推荐特色产品——鑫联税，在较短的时间内以信用方式向企业发放贷款，及时满足了企业的融资需求。

| 特色产品名称 | 投贷联动 |
|---|---|
| 特色产品概述 | 针对初创期、成长期的科技文化企业，依托指定股权投资公司，进行单户投资比例不高于5%的股权投资，并结合企业未来两年的业务发展规划，一户一策，配套大债权支持，设计综合金融服务方案，满足企业中长期发展的资金需求 |
| 适用对象 | 股权清晰、核心团队完整稳定、拥有自主知识产权且成功实现科技转化、商业模式清晰、在细分行业内处于市场领先地位的各类处于初创期、成长期的科技型中小企业 |

续表

| | |
|---|---|
| 产品特点和优势 | · 企业可获得稳定、持续的资金支持，且资金使用与企业经营节奏相互匹配，资金效率和效益更高<br>· 减少单纯财务投资者的进入，延缓企业股权再稀释时间，让创始股东宝贵的股权发挥最大效用<br>· 没有对赌、没有期限要求的战略投资者，不干预企业经营，保障创始股东积极性<br>· 进入南京银行资源体系，共享南京银行资源整合优势，提升企业品牌形象 |
| 期限 | 1 年 |
| 额度 | 最高可达 3000 万元 |
| 利率 | 以最终审批结果为准 |
| 适用企业发展阶段 | 初创、成长 |

## 产品实例

徐州某光电科技有限公司成立于 2013 年，是由省“双创”人才创办的高端光电器件产品生产企业，其产品广泛应用于传感领域、军工领域、通讯领域，其核心团队来自华为、中科院光电所等业内专业研究机构，技术优势明显。2016 年初，企业产品通过了多家下游客户测试，逐步开始批量生产。由于成立时间较短，企业销售收入仅数十万元，同时作为轻资产科技公司，缺乏有效抵押物，导致银行融资较为困难。

南京银行徐州分行与企业以 2%股权建立合作纽带，使企业获批 1500 万元信用贷款额度，用于补充流动资金，满足批量生产需求。同时帮助企业成功引进北京协同创新风险投资资金，获得10倍的资本溢价。

在投贷联动扶持下，企业订单量逐步增大。2016年末，企业销售收入较同期增加18倍。企业市场影响力逐步加大，2016年获得徐州市“双创之星”称号，2017年代表江苏省参加CCTV2“创业英雄汇”项目，2017年二季度与美的集团建立战略合作关系。

### 产品联系电话

0516—83985703。

莱商银行
LAISHANG BANK

## 莱商银行徐州分行围绕特色商圈做大小微市场

莱商银行徐州分行成立于2009年9月，定位于“服务当地经济、服务中小企业、服务城乡居民”，专注中小企业客户群体，取得了良好的社会效益和经济效益。下辖营业部、铜山支行、新沂支行、泉山支行、邳州支行、开发区支行、丰县支行、沛县支行、睢宁支行、鼓楼支行、万达广场小微支行、东兴小微支行十二家经营单位。2017年末，资产总额81.09亿元，存款余额79.03亿元，贷款余额48.03亿元，现有员工近200人，本科以上学历占比99%以上。

2011年，莱商银行徐州分行荣获“江苏省放心消费创建活动先进单位”荣誉称号，被江苏省银监局评选为“小企业金融服务工作先进单位”，被命名为徐州市市级“青年文明号”。2012年，被评为徐州市文明单位。2013年，被江苏省银监局评选为“小微企业金融服务工作先进单位”。2015年，被徐州市银监局评选为“小微企业金融服务工作先进单位”。连续四年荣获“江苏省放心消费创建活动示范单位”荣誉称号。

### 突出专业运营

为更好地服务小微企业，该行分别在云龙万达广场和东兴物资市场设立了两家小微支行，专门办理500万元以下的小微信贷业务，成为全市最早设立小微支行的金融机构。重视小微支行发展，鼓励两家支行立足小微客户群体，扎根周边专业市场、特色商圈，广泛开展工作。截至2017年末，两家支行贷款余额近1.13亿元，贷款发放总额2.3亿元。

### 加快创新融资产品

该行深入调研市场需求，加快产品创新速度，2016 年推出“诚易贷”、“惠农贷”、“加成贷”、“知易贷”、“科易贷”等信贷产品，2017 年又上线了“光伏贷”、“经营性物业贷”、“农监贷”等产品，突出快捷、高效、简便、专业的服务特色，最大限度给予企业融资帮扶，为创业期、成长期和稳定期的各类企业提供更专业的金融服务。

### 降低企业融资成本

一方面，实行差别化贷款定价，综合考虑企业所处行业、生产经营特征，结合企业自身实力和资金成本，实现一笔一价，业务办理灵活高效。另一方面，规范服务收费，坚持“阳光信贷”，客户贷款只承担贷款利息，无附加收费，不搭售附加产品，最大程度降低企业融资成本，得到合作企业和客户的一致认可。

### 提升服务水平

深入推进网点转型，注重营业网点硬实力和软实力提升。持续开展员工服务礼仪、服务技巧和业务知识等方面培训，一线人员和外拓营销人员的业务素质和服务水平得到明显提升，为广大客户提供更加优质的服务。同时，畅通信息渠道，完善投诉处理机制，及时获取和反馈客户意见，高效满足客户诉求。

2017 年以来，该行共向实体经济累计投放本外币贷款 45.91 亿元，支持企业 400 多户，其中小微企业贷款 32.68 亿元，支持小微企业 340 多户。贷款投向覆盖加工制造、批发零售、建筑装饰、商务服务、教育文化、农林牧渔等绝大部分实体经济行业，地域覆盖了徐州市区、经济开发区、高新区以及邳州、新沂、沛县、丰县、睢宁等所有县域。

## ××××××特色产品、实例及联系电话××××××

| | |
|---|---|
| 特色产品名称 | 经营性物业贷款 |
| 特色产品概述 | 向具有合法主体资格的经营性物业所有权人发放的，以其所拥有的物业作为贷款抵押物，以该物业的经营收入作为主要还款来源的人民币贷款。经营性物业是指已竣工验收并投入运营，经营管理规范、经营利润稳定、现金流充裕、综合收益较好的商业营业用房、办公用房、宾馆酒店、商场、酒店式公寓等商业物业 |
| 适用对象 | 住宿和餐饮业、租赁和商务服务业等企业 |
| 产品特点和优势 | · 贷款用途广：可用于借款人生产经营中合理的资金需求，如置换建设或购置物业形成的负债，经营期间维护、改造、装修、招商等经营性资金，置换存量经营性物业贷等<br>· 审批流程快 |
| 期限 | 经营性物业贷款期限一般不超过10年，贷款期限最长不超过借款人法定经营期限，且不超过物业产权证的剩余使用年限 |
| 额度 | 经营性物业贷款的额度根据物业可用于还贷的现金流确定，同时综合考虑物业的评估价值，贷款额度最高不超过抵押物评估价值的70% |
| 利率 | 参照市场利率情况及该行利率政策定价 |
| 适用企业发展阶段 | 初创、成长、成熟 |

### 产品实例

徐州市某酒店管理有限公司，注册资本800万元人民币，主营业务范围：住宿服务、文具用品、酒店设备、酒店用品销售，日用品批发、零售。

公司法定代表人与合伙人拥有50套房产，用于宾馆经营，房产面积共计6900平方米，2015年房产购买价值2500万元，现房产价值5200万元。其法人代表与上海某酒店管理有限公司签订长期某知名酒店集团特许经营合同，初始加盟费 20 万元，后期该酒店集团按月从酒店经营收入中提取 4.5%作为服务费。

公司地理位置优越，周边商圈林立，居民小区众多，人流量较大，且附近无大型全国连锁宾馆，公司经营环境较好，竞争压力较小，并且公司与携程、艺龙、去哪儿等旅游网络平台合作，对公司起到了更好的宣传作用，丰富了客源。现有 108 间客房，目前住宿均价为 230 元/天，宾馆入住率为 80%，经营情况良好。

虽然公司总体经营情况良好，月收入约 65 万元，但扣除品牌商提取的手续费、日常经营开销等，净利润率不高，且公司前期购置该酒店物业产生的负债并未全部清偿，导致公司想要扩大经营受到限制，计划从银行融资偿还原有债务，但该类贷款没有合适的贷款品种可以使用，融资受到限制。

了解到企业申请融资的实际情况后，该行认真分析企业需求，对企业进行了深入调查和分析，在认定企业经营背景真实，申请融资用途真实和风险可控的情况下，支行信贷部门和分行业务部门主动学习同业经验，提出产品创意，并第一时间向上级行申请。总行及时予以响应，随即设计推出了经营性物业贷。产品推出后，该行快速高效地为公司发放 1500 万元贷款，解决了企业的融资难题。

### 产品联系电话

0516—85616663。

| 特色产品名称 | 诚易贷 |
|---|---|
| 特色产品概述 | 向符合条件的优质个人客户，以信用方式发放的个人综合消费贷款 |
| 适用对象 | 行政事业单位的在职人员、公立学校教师、公立医院医生等事业单位在职人员，金融、电力、通信、律师、会计师等行业有稳定经济收入的正式在职人员，该行白金及以上客户 |

续表

| | |
|---|---|
| 产品特点和优势 | · 信用担保的形式<br>· 使用方便、随借随还<br>· 借款人在最高可用额度和额度有效期内可循环使用<br>· 审批流程快 |
| 期限 | 最长不超过 2 年 |
| 额度 | 不超过 50 万元 |
| 利率 | 不低于中国人民银行公布的同期同档次贷款基准利率 |
| 适用企业发展阶段 | 适用于信用状况良好、收入稳定人群 |

### 产品实例

客户刘某，女，籍贯江苏省沛县，1997 年 9 月进入沛县某医院工作，年收入约 10 万元；配偶高某于 2006 年与亲人合伙在沛县开立某小区便利店，2008 年在某小区开立食品超市，两处超市占股 30%。

2017 年 6 月，刘某装修自住住房，需要资金。虽然刘某收入稳定，其配偶投资的超市盈利能力良好，但由于资金被超市经营占用，可用闲置资金不足。为此，刘某计划通过银行贷款来解决短期资金不足，满足装修需要。但经询问部分银行，要求其提供足额担保才能够获得贷款，刘某四处寻找后未能找到有效担保人，存在担保难问题，导致其难以获得融资。

刘某向莱商银行提出申请后，经银行调查核实和财务分析，刘某工作稳定，其配偶投资经营的超市运营良好，家庭未来的还款来源有保障，认为其符合该行诚易贷放款条件，为其推荐了诚易贷，得到客户的认可。在资料齐全后，莱商银行于 5 个工作日内为其审批办理了 20 万元的贷款，利率 6.65%，期限两年，用于支付装修款项，及时解决了其资金需求，提升了客户的生活居住质量。

### 产品联系电话

0516－89675591。

# 第六篇

# 农村商业银行

# 淮海农村商业银行着力打造小微个私伙伴银行

淮海农村商业银行前身是徐州市郊联社，于2012年1月改制为徐州淮海农村商业银行股份有限公司，现有员工695人，下辖营业网点82个。淮海农村商业银行秉承“融惠江淮，泽润城乡”发展使命，努力打造“助力小微、服务商户的专业银行”，成为“小微企业成长的伙伴、个私商户创业的朋友”，2015年、2016年连续两个年度被人民银行小微企业信贷政策导向效果评估评为“优秀”机构。截至2017年末，各项存款规模208.53亿元，贷款规模144.66亿元；小微企业贷款余额73.14亿元，占全部贷款50.56%，增长6.03%，高于各项贷款平均增速0.33个百分点；小微贷款申贷获得率99.44%。

## 打造专业化组织体系，增强服务小微型实体的针对性

围绕小微客户进行了业务专营机制建设，2017年上半年启动市民金融事业部建设工作，先后组建了徐海路汽车金融服务中心、食品城批发金融服务团队、堤北装修金融团队、光伏产业金融专营团队等16个专业团队。2017年下半年，市民金融事业部贷款累计投放4342户、金额15.50亿元。为贴近个人金融市场，布设55家社区支行，将银行开在居民家门口，旨在着力建设城乡居民、小微企业的便民金融小型服务网点。本着“亲民、便民、惠民”的服务理念，与社区共建党员先锋服务站，集聚社区党员活动、党员服务、便民服务、产品咨询、金融理财沙龙等诸多功能，让金融服务进社区、进楼栋、进家庭。推进党员干部挂职共创，推选优秀党员干部到街道居委会、社区、小微企业、学校等单位兼职担任编外副书记，了解民情和服务需求，搭建共建共享金融服务平台。目前，在建项

目 9 个，15 名优秀员工兼职社区副书记。

### 引入台湾微贷技术，精耕小微细分市场

主动学习借鉴台湾地区金融先进微贷技术，结合本地实际进行创新，上线微贷系统，为小微企业提供更加优质、快捷和低成本的金融服务。认真研究徐州产业结构特点，深入分析小微客户需求，分领域、分层次开展业务，增强扶持针对性。注重产品服务多元化，全面满足小微企业需求。另外，注重对产业链的营销，顺着加工企业找上游，顺着知名企业找下游，逐步形成纵横交错的营销网络和渠道，有效发挥金融杠杆作用，促进小微企业资源整合，形成规模效益。

### 完善小微金融工作机制，提高金融服务效率

完善定价机制。综合考虑小微客户的信用等级、经营状况、行业前景、对银行的综合贡献度等多种因素，合理确定每笔贷款的利率水平，降低小微企业融资成本。完善审批机制，对贷款资料进行整合精简，对业务流程进行梳理优化，使整个业务操作模块化、标准化、流程化，逐步形成一套符合小微企业特点的信贷流程和技术，尽量缩短贷款办理时间，提升办贷效率。上线微信贷款系统，客户申请贷款最快 6 秒即可完成。

### 规范业务操作流程，提高风险管控水平

建立完善小微贷款管理制度和业务流程，按制度办事、按流程操作，提升信贷业务管理规范化水平，有效防范操作风险。加强尽职调查，根据实地调查情况，将小微客户生产经营者的素质、经济实力、资金结构、信誉、经营效益状况等信息作为判断第一还款能力重要依据，科学核定授信额度和期限。严格贷后管理，落实客户经理贷后管理责任，及时掌握客户信贷资金使用情况、生产经营及经济效益等状况，一旦发现信贷风险，及时采取有效措施，尽可能予以防范和化解。

### 创新小微金融产品和服务，满足多元化融资需求

构建纯信用贷款、抵押担保贷款、担保机构保证贷款“三位一体”普惠信贷产品体系，有效改善小微个私“融资难、融资贵”困局。先后推出了光伏贷、车享贷、车商贷、拥军贷、巧雀装修贷，制定了小时贷、租金贷、党员先锋贷、市民贷、理财产品质押贷等贷款管理办法；开发了线上客户申请渠道，打通客户微信、网站、APP 巧雀平台三个线上客户申请渠道。同时，注重传播专业的金融知识。定期走进周边社区，现场传授反假币知识，发放各类宣传手册，建立社区居民答疑微信群等，均广受好评。2017 年 9 月，冠名开展徐州市大学生金融知识电视大赛，走进徐州多所高校普及金融知识，惠及师生 6 万余人次。

### ※※※※※※特色产品、实例及联系电话※※※※※※

| | |
|---|---|
| 特色产品名称 | 商户贷 |
| 特色产品概述 | 为满足小微企业主和个体工商户“短”、“频”、“急”的资金需求而开发的贷款产品 |
| 适用对象 | 批发零售业 |
| 产品特点和优势 | · 办理速度快(一般 3～5 个工作日)<br>· 用信方式灵活，随借随还<br>· 轻抵押重担保、重信用，降低信贷门槛，重点满足初创、成长期但具有发展潜力的小微企业主和个体工商户的信贷需求<br>· 批量签约，并采用手机自助贷的形式发放贷款，方便客户用信 |
| 期限 | 2 年(一般采用授信两年用信一年方式) |
| 额度 | 原则上不超过 50 万，结合客户实际资信情况确定 |
| 利率 | 参考商户资质和本行业务贡献度 |
| 适用企业发展阶段 | 初创、成长、成熟 |

### 产品案例

食品城某个体工商户为夫妻共同经营，年龄45岁左右，主要经营农资生意，在该市场经营5年以上，名下资产主要为食品城市场商铺和存货及经营应收款。

由于经营情况良好，生意规模不断扩大，生意往来也逐渐频繁。因大量购入小麦种子产品需要经营资金50万元，但是该商户融资面临四个问题：一是固定资产积累较少，经营成果主要体现为经营资产；二是农资行业主要为赊销模式，应收款回收周期相对较短但是应收款量较大；三是无法提供有效抵押物和担保人；四是以家庭为单位经营，没有完善的财务报表，经营信息不完整。

在得到以上客户信息后，淮海农村商业银行食品城小贷中心开展了实地考察，逐个破解难题。首先，进驻客户经营场所，盘点客户存货，检验客户经营资产真实性。然后，针对客户的赊销模式，收集客户上一经营周期应收款的资金回笼情况信息，掌握客户现金流活跃度。对于客户无完整财务报表问题，则通过客户现有的手工记账本，手工筛选、完善客户的经营数据信息（包括年营业规模和利润情况等财务信息）。最后，通过周边商户了解客户经营和个人家庭软信息。综合各方面情况，决定向客户提供50万经营类信用贷款，期限1年，并采用手机自助贷款的形式发放，便于客户随借随还。

目前，该商户经营情况良好，经营规模进一步扩大，已成为食品城小有名气的农资类商铺。

### 产品联系电话

0516－85608410。

| 特色产品名称 | 车商贷 |
| --- | --- |
| 特色产品概述 | 针对银地二手车市场上的二手车经销商，采用银地市场方、汽车经销商、银行三方合作模式，由银地市场为商户担保，银行为市场经销商授信，为经销商扩大经营规模提供融资支持 |
| 适用对象 | 银地市场内的二手车经销商 |
| 产品特点和优势 | · 三方合作共赢。商户扩大经营规模，银地增加了和商户的黏度，银行拓展了有效客户<br>· 对个体工商户贷款额度提高<br>· 分散市场融资风险。既可以保证贷款的真实用途，又将对市场方整体授信的风险分散为市场中众多的经销商个体风险 |
| 期限 | 1 年 |
| 额度 | 300 万元以内 |
| 利率 | 7.83%，根据实际情况调整 |
| 适用企业发展阶段 | 成长、成熟 |

### 产品案例

淮海农村商业银行徐海路小贷中心，自 2015 年起开始拓展二手车经销商信贷市场，经过与客户接触和分析发现，二手车经销商虽然规模实力不如大型 4S 店，但销售额一点也不逊色；二手车经销商运营成本较低，加上近年来居民对二手车需求不断增长，相关政策也鼓励二手车市场发展，通过测算，二手车销量每年都大幅提升且有持续增长趋势，销售量与大型 4S 店齐平甚至略高。

经小贷中心测算统计，二手车经销商大部分经营 3 年以上，或者从事本行业三年以上，每个车商都有自己主打的车型。较有实力的车商以 30 万以上车型为主，库存规模一般在 300 万以上，一般匹配的贷款额度为 200 万～300 万；大部分车商的车型在 10 万～15 万左右，属于家用车型，此类客户库存规模在 100 万～150 万元，匹配贷款额度在 150 万以内；还有一部分车商车型在 10 万元以内，此类车商大多是从业年限较短，手头流动资金有限，但是也有一定的资产积累，此类客户库存规模在100万元以内，匹配贷款额度为50万～100万元。

大部分车商存在融资难、融资贵的问题，想扩大经营但是不敢盲目融资。部分车商有融资需求，但是受到授信额度限制。一般车商贷款只能发放50万元，对于大部分车商不能满足需求。

针对以上问题，行领导多次带队去市场方讨论，最终确定二手车市场营销方案。一是调研市场规模，最终调整贷款额度至300万，解决了大部分商户的融资难题。二是对于二手车市场内小而散的商户进行审核授信。由于市场内大部分商户无正规的财务人员和企业营业执照，对于此类客户只要明确贷款真实性，而且有一定的偿还能力，可以批准和发放贷款。三是委托银地二手车市场对商户目前车辆进行评估，确认客户库存车辆手续是否正规合法、是否存在泡水事故等。四是制定车商金融服务奖励方案，为用信情况良好客户提供利息优惠政策。

自2017年2月开办业务以来，徐海路小贷中心累计支持20余家二手车经销商，提供贷款2000余万元。

### 产品联系电话

0516－85608410。

彭城农商银行
PENGCHENG RURAL COMMERCIAL BANK

# 彭城农村商业银行
# 实行“333”计划重点服务小微客户

徐州彭城农村商业银行(简称彭城农村商业银行)于 2013 年 1 月 24 日在徐州市工商行政管理局登记成立。公司经营范围包括吸收公众存款,发放短期、中期和长期贷款,办理国内结算等。至 2017 年底,共有员工 382 人,机构网点 26 个;存款余额 90.22 亿元,较年初增加 14.45 亿元,增长 19.07%;贷款余额 64.62 亿元,较年初增加 5.44 亿元,增长 9.2%。

彭城农村商业银行坚守支农支小的市场定位,坚持稳中求进的工作总基调,紧紧围绕“三个突破、三个转变、三个提升”目标,即:业务规模、科技支撑、企业文化实现新突破,实现客户经理思想观念、信贷营销方式及信贷管理模式的转变,以此促进基础管理、信贷管理、风险管控水平的不断提升。延续六大平台建设,一是以金融综合服务站为引领,打造金融服务平台;二是以“阳光信贷”为载体,打造三农和小微资金平台;三是以客户关系系统为支撑,打造客户管理平台;四是以信息科技为支撑,打造互联网金融平台;五是加强专业人才队伍建设,打造信息咨询平台;六是加强合规管理体系建设,打造风险管控平台。做实信贷管理和运营管理两大基础。以企业文化建设为引领,以客户营销平台为支撑,加快转型发展步伐,各项工作实现稳中有进。

### 实施乡村振兴战略,支持三农事业发展

彭城农村商业银行加强与政府有关部门、村组织对接,深入农村开展调研,保证信贷资金支持三农事业。召集全区各村家庭农场、专业合作社、种养殖大户、农业生产经营者座谈,满足其信贷资

金需求。对小额农户的贷款资金需求注重第一还款来源的调查，对符合条件的农户发放信用贷款，确保全区涉农贷款顺利发放和信贷资金的支持。

### 精准创新服务，缓解小微企业资金困难

为专业化服务小微企业客户，将信贷资金投放到小微企业发展中去，彭城农村商业银行根据贾汪地区经济特色，对重点行业进行精准服务，以纳税 20 万元以上小微企业为主攻目标，缓解小微企业融资难问题。召开“合作共赢 2017”银企合作暨经济形势座谈会、银企政座谈会、银行对话女企业家座谈会等，了解到小微企业因无土地房产、无法提供保证，很难建立银行融资渠道，并作出积极回应。该行根据小微企业的生产经营、现金流、上下游关系、销售情况进行全面分析，对符合该行条件的小微企业发放小额信用贷款，满足了小微企业的流动资金贷款需求。同时，为了进一步缓解小微企业信贷资金的周转困难，减轻小微企业因流动资金周转带来的还款压力，该行对小微企业提供全面的转续贷服务，小微企业贷款到期后无需还款，可直接办理转续贷业务，保证了小微企业生产经营持续性。此外，该行承诺小微企业的服务费用全免。

### 强化信贷管理，转型零售银行

彭城农村商业银行用心做零售，服务农户、小微客户。一是限时办理业务。对有信贷需求的个人小微客户，要求客户经理及时上门调查，3 个工作日内办理完结，手续齐全当日保证发放。二是改变传统授信模式。大力推广易贷通卡，客户在授信期限和额度内，循环使用、随借随还。三是名单制上门服务。上门填申请、上门调查，办理信贷业务均上门服务，把方便送给客户，满足小微客户“短平快”的资金需求。

## 特色产品、实例及联系电话

| 特色产品名称 | 富业宝 |
|---|---|
| 特色产品概述 | 服务中小微企业的一款创新融资产品，针对信用良好、经营良好，无抵押、无担保的中小微企业的信用贷款 |
| 适用对象（行业） | 中小微企业、个体工商户及小微企业主 |
| 产品特点和优势 | 一次授信三年，分期还款，可循环使用，最高500万元 |
| 期限 | 三年 |
| 额度 | 最高500万元 |

### 产品实例

徐州市某家具有限公司，成立于2014年3月7日，注册资金50万元，经营范围：家具生产、销售。该公司经营地址为：徐州市贾汪区鹿庄村。鹿庄村为贾汪区松木家具生产集中地，该企业原材料为松木，主要来源于满洲里。目前因为国家二胎政策的放开，松木家具需求量有所增加，该公司急需流动资金购买原材料。

彭城农村商业银行针对全区155家小微企业进行走访，了解到该家具厂的土地厂房为租赁，机器设备的价值不大且没有发票，找不到有效担保。

面对这种无担保无抵押情况，客户经理积极收集材料，了解企业的生产经营情况，本着支持本地实体经济、支持小微企业发展的原则，彭城农村商业银行对该企业发放首笔采用信用方式的公司类贷款，金额100万元。在银行资金支持下，该企业抓住机遇，迅速发展，一年时间还清贷款。

### 产品联系电话

0516－87615809。

| 特色产品名称 | 兴旺宝 |
| --- | --- |
| 特色产品概述 | 面向贾汪区内以养殖家禽、牲畜、水产为主的大户发放的，用于养殖周转的贷款，是支持无抵押养殖大户的一款产品 |
| 适用对象(行业) | 从事相关养殖 2 年以上的贾汪区养殖大户 |
| 产品特点和优势 | · 自然人须有合法、有效的身份证明，且有稳定的经济收入，信用良好<br>· 手续简便，不需要到营业网点，手机放款，节约时间，降低成本<br>· 按月等额还款或到期一次性还本，逐季付息 |
| 期限 | 三年 |
| 额度 | 最高 30 万元 |

## 产品案例

姚某，徐州市贾汪区大吴镇湖里村人，是养猪大户，养殖 40 头母猪，育肥猪 400～500 头。目前，猪的品种主要分为：长白、大约客、杜洛克、皮特兰几种。现在市场上黑猪占比约为 40%，二元母猪约为 60%。猪的培育分为小猪保育、中猪育肥、大猪繁衍三个阶段。小猪保育存活率可以达到 90%～92%，姚某的小猪保育好的情况下存活率可以达到 97%，保育期间小猪使用育肥料，乳猪料的成本为 5000 元/吨。中猪育肥存活率大概为 95%左右，在 110 天后使用育肥料，育肥料的成本大概为 2200 元每吨，育肥 70 天后一头猪大概可以成长到 280 斤。姚某通过赊购饲料来维持饲养，卖了成猪后再还上次的饲料款，赊购和现款购买饲料价格相差很多，成本加大，利润较少，压力逐渐加大，所以向该行申请 30 万元的流动资金贷款。

但是该养殖户未建立财务会计核算制度，没有对应的银行流水，农村集体产权房目前不能抵押，也找不到公务人员担保。

对这种无公务人员担保、无抵押的情况，客户经理积极走访该客户上下游的饲料供应商、买成猪的客户，了解情况，收集材料，本着“服务三农，惠泽彭城”的理念，采取三位信用良好的亲戚朋友担保的方式，对该客户发放金额 30 万元贷款。

针对养殖户资金使用具有周期性特性，为该客户开通手机自助放贷业务。该客户在家可以申请放贷，资金自动到账；资金回笼时，点击回款，在家可以还款，方便快捷。一年来，由于银行的资金支持，姚某不用赊购饲料，且资金使用灵活，实际贷款利率低至百分之五左右，降低了成本，增加了收益。

产品联系电话

0516－87615809。

徐州铜山农商银行
XUZHOU TONGSHAN RURAL COMMERCIAL BANK

# 铜山农村商业银行 依托“e 行无忧”深化金融服务

徐州铜山农村商业银行股份有限公司，成立于 2016 年 5 月 12 日。是由原铜山信用联社改制成立的一家拥有深厚历史底蕴的金融机构。多年来，秉承“金裕三农，融汇城乡”的发展理念，支持农村建设，服务社区居民，综合实力不断提升。经营范围覆盖徐州市区，拥有 86 家营业网点、42 处自助银行、262 个金融便民服务点，员工近 900 人，高密度分布在徐州五个行政区。2017 年末，总资产规模 332.25 亿元，存款余额 284.69 亿元，贷款余额 188.95 亿元。

## 打造“e 行无忧”应用平台，深化普惠金融服务生态圈

为适应新经济形势、新发展阶段以及新竞争格局需要，加快转型升级，提升核心竞争力和可持续发展能力，努力发展成为专业化、特色化的现代农村金融机构，徐州铜山农村商业银行制订了“e 行无忧”普惠型金融服务生态圈平台项目战略发展规划。以自主开发的“e 行无忧”互联网项目（APP）为核心，创新服务模式，实现线上聚客、线下运营，建设以大数据应用为支撑，“产业、金融、市场、民生”四位一体良性互动的普惠型金融生态服务圈。

在“e 行无忧”平台支撑下，创新产品，全面提升零售业务份额，着力抓住公职人员、优质个私抵押贷款、房产按揭贷款等业务增长点，开展全员营销，提升信贷服务，扩张目标客户群，积极满足各类人群信贷需求。为满足农户种养殖、经营等信贷需求，推出“助农宝贷款”产品；为满足工薪阶层信贷需求，推出“薪易贷”产品；为满足公职人员等优质客户的信贷需求，大力推广“精英易贷通贷款”产品等，完善信贷产品供给链。其中，“助农宝”贷款主要

面向农村地区，用于满足农户一般性种植、养殖需求。贷款额度最高 20 万元，授信期限可达 5 年，同时可以根据农户实际需要在审批的贷款额度内一次授信循环使用，而且贷款和归还都可以通过手机银行自助操作，极大支持了农户开展种养殖活动。

### 优化信贷服务，满足小微企业需求

在传统贷款产品基础上，根据企业需求变化，推出了“供应商便捷贷”、“拨改投贷款”等多项信贷产品。根据企业生产经营特点、规模、周期和风险状况，为企业合理确定贷款期限和结息周期，最长可以为实体企业发放 3 年的中期流动资金贷款，同时丰富结息方式，根据客户资金回笼特点选择按月结息、按季结息等，避免客户每年为归还贷款拆借社会高息资金，降低实体企业融资成本。加强政企合作，参与应急周转资金使用，为贷款即将到期但足额还贷出现暂时困难的企业提供临时周转服务，有效缓解企业还款压力。2017 年，累计为 21 户企业发放应急周转资金 3.08 亿元，支持企业渡过暂时难关。

### ＊＊＊＊＊＊特色产品、实例及联系电话＊＊＊＊＊＊

| 特色产品名称 | 供应商便捷贷 |
|---|---|
| 特色产品概述 | 向具有合法承贷资格的优质供应商发放，主要补充短期流动资金的贷款。该信贷产品是一款无抵押无担保的纯信用贷款，改变了贷款必须全部提供抵押、担保的传统做法 |
| 适用对象 | 徐州重点优质企业的供应商，主要为小微企业供应商 |
| 产品特点和优势 | · 无抵押无担保的纯信用贷款<br>· 依托徐州重点优质企业，生产经营相对稳定<br>· 利率低，不收取任何担保费和融资手续费，减轻企业负担<br>· 办贷速度快<br>· 还款方式灵活，根据客户资金回笼特点选择按月结息、按季结息等，避免客户每年为归还贷款拆借社会高息资金，降低实体企业融资成本 |

续表

| | |
|---|---|
| 期限 | 最长 3 年 |
| 额度 | 最高 200 万元 |
| 利率 | 贷款利率按照本行公布的利率执行 |
| 适用企业发展阶段 | 贷款对象为大型企业优质供应商 |

### 产品实例

徐州某公司于 2009 年成立，注册资本 100 万元人民币。该公司一直从事建筑工程用机械及配件制造、销售，企业目前拥有工人 80 人左右，主要产品有压板、螺母、销轴、栏杆等多达几千种大小配件，主要模式为订单式，销售对象主要为江苏宗申车业有限公司、徐州建机工程机械有限公司、南汽集团等十几家企业。该客户与徐工集团合作有近 10 年，70％以上产品份额都销往徐工集团，目前已签订 2018 年全年采购合同，平均每年给徐工集团供货总金额在 2000 万元以上。

在具体经营过程中，由于新购入 3 台设备，生产流动资金不足，同时难以找到担保人或足额抵质押物。铜山农村商业银行经过调查，认为其生产经营稳定，资金流稳定，有持续发展能力，其主要客户徐工集团为优质核心企业，所以向其推荐办理供应商便捷贷贷款。经过审批，向其提供 50 万元的贷款资金，期限一年，满足了客户融资需求，解决了客户生产资金缺口，支持了企业发展。

### 产品联系电话

0516—83759092。

| | |
|---|---|
| 特色产品名称 | 徐州市财政“拨改投”企业贷款 |
| 特色产品概述 | 向具有合法承贷资格的拨改投企业发放，主要补充短期流动资金的贷款 |
| 适用对象 | 徐州市财政“拨改投”企业，指徐州国盛投资有限公司代表徐州市财政参股投资的企业 |
| 产品特点和优势 | · 无抵押无担保的纯信用贷款<br>· 依托徐州国盛投资有限公司，生产经营相对稳定<br>· 利率低，不再收取任何担保费和融资手续费，减轻企业负担<br>· 办贷速度快<br>· 还款方式灵活 |
| 期限 | 最长 3 年 |
| 额度 | 最高 500 万元 |
| 利率 | 贷款利率按照本行公布的利率执行 |
| 适用企业发展阶段 | 贷款对象为徐州国盛投资有限公司代表徐州市财政参股投资的企业，涵盖初创、成长或成熟阶段企业 |

### 产品实例

江苏某食品有限公司于 2009 年 09 月 25 日成立，主要经营项目为果蔬脆片的生产和销售。该企业经营地址位于徐州市铜山经济开发区第三工业园内，公司是一家集研发、生产、销售、贸易于一体的脱水果蔬产品及巧克力产品加工企业，该企业加工生产属于半自动化，从各地水果基地购进水果半成品，并进行成品加工，产品销售主要以自销为主，其中，出口占销售总量的 80%，主要出口销往美国、日本、加拿大、澳大利亚、俄罗斯、葡萄牙等 30 多个国家和地区；国内下游客户有良品铺子、好想你、来伊份等，内地销售量约占 20%。出口一般 2 个月结账，销售利润率在 40%左右，净利润在 10%左右。

该企业经营需要大量购置原材料水果，需要前期垫付资金，生产流动资金不足。同时企业难以找到担保人或足额抵押物。铜山农村商业银行经过调查，认为其生产经营稳定，资金流稳定，有持续发展能力，其主要客户业务都比较稳定，向其推荐办理徐州市财政"拨改投"企业贷款。经过审批，向其提供160万元贷款资金，期限2年，满足了客户融资需求，解决了客户生产资金缺口，支持了企业发展。

**产品联系电话**

0516－83759092。

丰县农村商业银行
FENGXIAN RURAL COMMERCIAL BANK

# 丰县农村商业银行
# 针对产业特色改善助农信贷服务

江苏丰县农村商业银行(以下简称丰县农村商业银行)成立于2013年2月19日,由丰县农村信用合作联社改制成立。至2017年末,共有员工554人,各项存款余额131.90亿元,各项贷款余额101.01亿元。总行内置13个管理部门,按区域设置6个事业部,下辖1个营业部和35家支行,根据客户对象设置中小企业事业部,专门负责企业贷款;设置微贷服务中心,引入微贷技术,专门负责小微企业、个体工商户、小微企业主贷款。长期以来,丰县农村商业银行针对当地产业特色改善助农信贷服务,有效助推"三农"经济发展。

## 坚定支农支小市场定位,优先满足涉农、小微信贷需求

紧跟全县产业结构调整,优先支持农业发展,大力支持现代农业、绿色农业和品牌农业,推动农业生产与农产品加工、流通、服务相结合,重点支持专业大户、家庭农场、农民专业合作社等新型农业经营主体发展,支持农业龙头企业走"公司+基地+农户"的经营模式,择优扶持符合国家产业政策、成长性好的创新型和创业型小微企业、个体工商户,努力做好实体经济金融服务,助推供给侧结构性改革。

## 设立企业、小微专营机构,做优实体经济金融服务

为提高企业贷款金融服务水平和效率,2014年初,丰县农村商业银行成立中小企业事业部,对企业贷款实行集中管理。为做好城乡小微客户金融服务,2015年11月成立微贷服务中心,组建专门营销团队,采取划片分区的模式,实行网格化管理,采取"扫

街”的方式进行上门营销，专门为小微企业、个体工商户、小微业主提供高质量的金融服务。

建立小微工作机制，完善小微服务保障

专门成立小微企业金融服务领导小组，并结合实际制订小微企业金融服务方案，明确工作目标、职责、措施，力求工作成效明显。实行阳光操作，对信贷业务的建档、营销、受理、调查、评级、授信、审批、放款等各个环节实行阳光化操作，保障信息的客观性和准确性；承诺办理时限，根据申请贷款类别，从受理申请、贷前调查到贷中审查、审批、发放的每个环节均合理确定办结时间，及时告知客户，提高办贷效率；根据公开透明、提高社会参与度的要求，公开贷款定价标准；强化社会监督，将客户经理的姓名、照片、联系方式、服务承诺及监督渠道等予以公布，建立“贷款找到人，监督有电话”的长效机制。

创新信贷产品和服务，助推小微企业发展

一是实行利率优惠。根据客户贡献度、还款还息及时性、业务规模、发展前景等综合考虑测算利率，适当减少客户融资成本。二是创新信贷产品。根据小微企业融资“小、频、急”的特点，开展“量体裁衣”式的产品创新，结合信贷计划及企业经营特点，有针对性地提供信贷金融产品。三是创新贷款方式。对经营状况好、暂时出现还款困难的小微企业通过转续贷、借新还旧等方式减少企业融资成本，有效缓解小微企业融资难、融资贵问题。四是创新服务方式。利用手机银行、微信平台贷款预约服务功能，打破时间、空间局限，实现全天候信贷服务。

## ※※※※※※特色产品、实例及联系电话※※※※※※

| 特色产品名称 | 商易贷 |
| --- | --- |
| 特色产品概述 | 向企事业法人或国家规定可以作为借款人的其他组织发放的、用于借款人生产经营的贷款，主要用于借款人正常生产经营周转资金需要。由客户根据资金需求向中小企业事业部提出贷款申请，客户经理实地调查后，根据借款人的现有经营规模及预计的销售增长幅度，合理测算资金缺口，确定预授信额度，并提交总行独立审批人审批。超独立审批人权限的，提交总行贷审会审批。对于用信超 200 万元的客户，提交总行信贷管理部进行用信审批后即可放款 |
| 适用对象(行业) | 国家规定可以作为借款人的、经工商行政管理机关核准登记、实行独立核算的企业法人、事业法人及其他组织 |
| 产品特点和优势 | · 期限灵活。借款人可根据资金需求情况，在核定的授信额度内随时申请用信，采取余额控制，随用随贷，周转使用的方式，以激发企业发展动力<br>· 还款方式灵活。客户根据资金周转情况，有富余资金随时可申请还款，减少资金占用时间，降低客户融资成本<br>· 审批效率高。实行限时办结制，对于提交授信审批的业务，在 3 个工作内审批完毕，提高审批效率，使客户尽早得到信贷资金支持 |
| 期限 | 1～12 个月 |
| 额度 | 100 万～500 万元 |
| 利率 | 6.525%～7.8% |
| 适用企业发展阶段 | 成长、成熟 |

### 产品实例

徐州某食品有限公司是丰县一家主营畜禽屠宰、分割、冷藏与销售的大型食品加工企业，公司占地面积 200 亩，建筑面积 70000 余平方米，拥有员工 1500 余人，可以说是在丰县农村商业银行信贷资金的支持下一步步发展壮大的农业龙头企业的典型代表。

公司创立初期，由于缺少启动资金，企业主犯了难。信贷员在进行客户调查时了解到资金需求情况，立即进行信贷调查，详细了解了他的资金需求情况后，积极申报给予50万元的贷款支持。在银行的资金支持下，成功创办了徐州某食品有限公司。

自公司成立以来，凭借良好的产品质量和信誉，该公司的企业规模和业务规模不断发展壮大。但在后续发展中也存在以下问题：一是受政策因素影响，企业生产经营规模及原材料成本上涨。2017年以来，政府部门环境整治力度空前，对产生污染源的行业进行大力整顿。该企业在本地的养鸭基地受到影响，不得不从外地采购，增加了成本，该企业的加工规模一定程度缩小。二是技术含量不高，属劳动密集型企业。该企业主要是对肉鸭、鸭翅等初加工，需劳动力较多，自动化程度不高。三是抵质押物不足，一定程度上影响了企业融资。

丰县农村商业银行根据企业生产经营情况，继续给予流动资金信贷支持，解决企业的资金需求难题，成为企业坚实的资金后盾，采取以下措施支持企业发展。一是深入企业实地调研，查看环境整治对该企业的影响程度，对企业用于环保设施投入、技术改造等合理资金需求及时满足。二是多样化企业担保方式。针对企业抵押物不足现状，在防范风险前提下，通过企业担保、追加股东担保等方式解决担保难问题。三是及时向该企业提供市场信息。通过贷后检查、回访等时机加大对该企业的指导，引导企业加强技术创新，提高企业自主创新能力。截至2017年末，丰县农村商业银行已累计向该企业发放信贷资金3亿多元。

在丰县农村商业银行信贷资金的支持下，该企业的经营规模不断扩大，在周边地区同行业处于前列。公司的产品质量得到了国家有关部门的认证，该公司已成为市、县政府重点保护企业，连续四年被徐州市工商局评为“重合同守信用”企业，2010年、2011

年、2012年度先后被评为市级、省级农业产业化龙头企业，徐州质量管理先进单位，江苏省“AAA”级品牌企业。

### 产品联系电话

0516－89259651。

| 特色产品名称 | 巾帼时贷 |
| --- | --- |
| 特色产品概述 | 丰县农村商业银行联合县妇联推出的一款专门满足有创业愿望妇女的信贷产品。借助镇妇联、县妇联对妇女创业者比较熟悉的优势，做好创业贷款准入初审的推荐工作。首先由镇妇联、县妇联逐级审核创业贷款申请人资格，并签署初审意见，推荐至丰县农村商业银行信贷管理部进行准入审批，最后由各支行受理、调查和发放 |
| 适用对象 | 18周岁以上60周岁以下有创业意愿的妇女 |
| 产品特点和优势 | · 适用范围广。凡在丰县辖区范围内18周岁以上60周岁以下、有劳动能力和创业愿望、遵纪守法、信誉好、有创业生产经营项目的妇女均可向妇联和丰县农村商业银行提出贷款申请，由县妇联初审、丰县农村商业银行信贷管理部审核后通过各支行发放<br>· 利率优惠。利率按人民银行公布的现行基准利率上浮3个百分点执行，贷款到期及时归还未发生逾期的，借款人可享受50%财政贴息，减少创业妇女融资成本<br>· 办理效率高。丰县农村商业银行对申请妇女创业贷款的客户开通绿色通道，优先受理。客户持经妇联和总行信贷管理部盖章后的贷款申请表到支行申请贷款，凡符合贷款条件的，在2个工作日内即可办理完毕，确保广大妇女创业者能够更快、更好地享受创业贷款政策 |
| 期限 | 1～12个月 |
| 额度 | 10万元(含)以内 |
| 利率 | 7.35% |
| 适用企业发展阶段 | 初创 |
| 备注 | 每年10月份由县妇联集中办理贴息手续 |

### 产品实例

丰县某苗木专业合作社是一家生产和销售绿化苗木的专业合作社，位于丰县凤城镇新庄南18号，占地面积30亩，年产优质绿化苗木20余万株，2016年由刘女士创立。作为农民的孩子，刘女士自小对土地有特别的亲切感，对苗木培植异常感兴趣，2010年年底开始在凤城镇新庄村承包土地繁育苗木。她扎实肯干，能吃苦，培育的苗木品质好，供不应求。随着培育规模越来越大，她决定创办属于自己的苗木培育公司。然而，在公司创立初期，她却犯了难：创立公司需要的一大笔资金怎么办？虽然自己承包土地培育苗木有了一定的积蓄，但是要把公司建成专业化的培育基地需要一大笔启动资金，现有的积蓄远远不够。况且由于处于创业初期，经营规模较小，市场尚未打开，发展壮大需要一个过程，还款能力不好保证。

微贷中心客户经理在进行客户调查时了解到这个情况后，立即进行了信贷调查，作为妇女创业小额担保贷款项目进行可行性分析。在详细了解她的资金需求情况后，丰县农村商业银行对于这一可行的经营项目应给予信贷资金支持，依据刘女士的需求申报发放10万元的贷款。在农村商业银行的资金支持下，2016年，刘女士的丰县某苗木发展专业合作社顺利成立。现在，该合作社的业务规模不断扩大，凭借一流的产品与服务质量、良好信誉与口碑，刘女士与10余家单位签订了定向供应苗木协议。不仅刘女士致富了，同时也带动了周围30余村民致富，解决了他们的务工问题，增加了家庭收入。

### 产品联系电话

0516—68890986。

江苏沛县农村商业银行
JIANGSU PEIXIAN RURAL COMMERCIAL BANK

## 沛县农村商业银行积极试点农村两权抵押贷款

江苏沛县农村商业银行成立于2013年5月18日，现有员工545人，其中领导班子6人（董事长1人、监事长1人、行长室4人）。下辖机构网点37个，分布在沛县城区及各镇、村。以支持县域经济发展为己任，坚持“支小、支农、支微”宗旨，大力推进体制、机制改革，全力服务实体经济。至2017年末，各项存款余额135.77亿元，贷款余额97.45亿元。

### 围绕县域，确立服务实体经济新区域、新产品

切实把握沛县地方经济发展规划，开发“城东重点抓住水产稻米及深加工、城南重点抓住绿色特色农业发展、城西重点抓住瓜果特色蔬菜及肉鸭生猪养殖、城北重点抓住小微企业集聚区、城区重点抓住个体工商户及特色商圈”五大片区模式，通过三年时间，逐步形成全县五大片区相配套的创新产品和服务。

抓住沛县城区及镇村建设规划要求，对城中村改造、城镇化建设、乡镇整体搬迁、农民变居民等发展机遇，设置一手房按揭、二手房按揭、汽车按揭贷款专业支行以及小微贷款专营中心，及时开展上述品种的按揭贷款及专营业务。

### 扎根三农，突出服务实体经济新亮点

利用在县域农村市场经营多年、网点众多、人熟地熟的特色资源优势，深挖当地市场潜力，不断巩固农村市场。扎实推进农户阳光信贷工程，大力推广农村绿能贷、电子商务贷等民生信贷产品，不断巩固农村市场。提升农村网点服务功能，进一步丰富普通支行、自助银行以及350家金融便民服务点的服务功能。推行“一行一品”，打造特色化经营。针对农村土地经营权抵押、农村土地承

包权抵押、农村住房抵押三权抵押贷，提出“一人、一证、一趟”的宣传语，一人持有一个土地证，只需到银行一次就可办理贷款，切实缓解广大农村客户贷款难问题。

### 培植小微，突出服务实体经济重点

积极转变发展方式，摒弃盲目追求规模、速度和排名的思维模式，借助“全民创业、万众创新”机遇，逐步形成具有自身特色的信贷工厂模式，在支农、支小、支微上苦下功夫。加大技术引领，小微贷专营中心引入德仕小微金融技术，并不断优化。探索形成具有特色的批量化开发、标准化作业的信贷工厂业务模式，提高小微客户服务能效。

### 拓展渠道，突出服务实体经济多面性

秉持普惠金融服务理念，坚持做小做散，积极拓展零售业务。大力推广阳光信贷，积极开展全民创业贷款、妇女创业贷款、农村消费类贷款、扶贫贷款等信贷产品营销。在村级设置驻村信贷服务点，把每个村变成信贷营销点，有效缓解农户贷款难问题，惠及更多农户，切实履行普惠金融理念。通过“四扫五进”(扫街、扫楼、扫商铺、扫企业，进村组、进社区、进门店、进园区、进机关)，推进小微贷专营中心、城区支行的信贷服务覆盖面达90%以上。

## 特色产品、实例及联系电话

| 特色产品名称 | 农村土地经营权贷款 |
| --- | --- |
| 特色产品概述 | 与沛县县委农村工作办公室、沛县农业委员会联合实施，满足新型农业经营主体从事种植业生产经营活动及扩大经营规模融资需求。新型农业经营主体依法取得农村土地承包经营权，且拥有合法、无可争议的权属证明后，经发包方、承包方(含共有人)同意，即可申请贷款，签订借款合同。办理抵押的，抵押人和抵押权人须持相关资料到登记机关办理抵押登记，抵押登记期限不超过农村土地承包经营权的承包(或流转)期限和贷款合同约定的贷款期限 |

续表

| | |
|---|---|
| 适用对象 | 依法取得农村土地承包经营权，且拥有合法、无可争议的权属证明的种养殖大户，主要用于新型农业经营主体从事种植业生产经营活动及扩大经营规模的融资需求；符合条件参加政策性农业保险的专业大户、农民专业合作社及其成员、家庭农场等新型农业经营主体；以户为单位，每户只能以一名家庭成员为借款人，年龄在18周岁至65周岁，具有完全民事行为能力以及劳动能力或经营能力 |
| 产品特点和优势 | · 客户受众广：参加政策性农业保险、直接从事种植生产经营的专业大户、农民专业合作社及其成员、家庭农场等新型农业经营主体<br>· 融资成本低：土地经营权融资综合成本控制在7.395%以内，不收取任何担保费和融资手续费，缓解客户“融资贵”难题<br>· 贷款整体规模大：以500万元财政补偿基金作为增信手段，按照总量20倍放大贷款投放规模<br>· 审批效率高：信贷管理部采取无纸化审批，节省客户等待时间，提高审批效率 |
| 期限 | 根据借款人生产经营周期、实际经营需求和综合还款能力，由借贷双方共同协商确定，期限与农业生产周期相适应，贷款期限一年，原则上不超过3年 |
| 额度 | 以个人名义申请的最高300万元 |
| 利率 | 贷款利率在7.395%以内（如遇国家利率调整，贷款利率相应同比例调整），不再收取任何担保费和融资手续费 |
| 适用企业发展阶段 | 成长、成熟 |

## 产品实例

客户吴某在鹿楼镇宋安村承包土地205亩，成立芦笋种植家庭农场，租金1000元/（年/亩）（每年付两次租金），主要种植芦笋。从种植伊始，即优选美国、西班牙等国际优良芦笋品种，采用国际

先进技术进行种植管理，所产芦笋品质优良，深受国内外顾客喜爱，产品目前远销美国及日韩等发达国家，价格年均在 7 元/斤以上，每亩毛收入过万元，发展势头较好。此外，吴某还在鹿楼镇从事家具销售，家庭年纯收入约为 40 万元。但是农场经营规模大，前期投资较多，资金占用大，流动性出现困难。

根据该户实际经营情况及存在的困难，客户经理深入到土地承包经营权农户家中深入了解，及时掌握农户经营现状。发现该家庭农场已经与村里签订土地承包经营权流转合同，并于 2014 年 4 月 9 日办理土地经营权证，流转期限为 2014 年 4 月 9 日至 2024 年 4 月 8 日。符合土地经营权贷款条件，成功为其发放土地经营权贷款。

### 产品联系电话

0516—89676958。

Sunnybank
江苏新沂农村商业银行

# 新沂农村商业银行重塑“阳光信贷”服务

新沂农村商业银行成立于2012年，现辖39家支行，1个营业部，共有员工592人。作为新沂市最大的农村金融服务机构，该行开拓创新，加大对农户及农村企业的金融支持力度。至2017年末，各项存款余额144.89亿元，贷款余额104.49亿元。

## 重塑“阳光信贷”品牌，坚持支农支小市场定位

新沂农村商业银行坚持“做小不做大、做实不做虚、做土不做洋”，专注于普惠金融、小微金融、扶贫金融、社区金融、消费金融、绿色金融，延伸服务触角，拓宽服务领域。

2017年，该行以推进“阳光信贷”工程建设为抓手，大力投放农户小额贷款、小微企业贷款，坚持服务农村市场不动摇，规范深化农村金融综合服务站建设，推进“村村通”特约商户现场注册，完善本行扫码支付、支付宝支付等功能，推动金融服务向乡村和社区延伸，不断提高农村金融服务覆盖率和便利度，为农民提供小额存取款、定活互转、转账、代理缴费等基础业务，让农民“足不出村，享受与城里人一样的现代金融服务”，提升农村金融服务效能。

## 金融服务新型经营主体，坚持区域化发展定位

以支持农业供给侧改革为主线，将信贷“支农”工作重点转移到支持农业结构调整、提升农业生产效率、提高农产品供给质量上，更好促进地方农业提质增效。一是大力支持现代农业，对规模化粮食生产与供给、现代化畜禽养殖场等加大贷款支持力度。二是大力支持农村新型经营主体，积极支持家庭农场，推广试点工作经验，加大对农民专业合作社扶持力度，积极支持种养大户、加工大户等农村经营大户。三是大力支持农业科技创新、农业流通和

生态农业的发展，主动顺应一、二、三产业融合发展趋势，重点支持农业产业化龙头企业、县域小微企业等市场主体。四是围绕新型城镇化建设需要，支持农村改善性消费信贷需求，加大对农村旅游、文化教育、健康养老等农村新型消费的金融支持力度。五是大力支持城镇、农村电商发展，聚焦“互联网＋”模式，重点支持通过实名认证、持续经营一年以上的电子商务业主，加大对具有行业特色的电商群体支持力度。

### 履行金融惠民职责，坚持普惠金融社会定位

加大康复扶贫、下岗再就业、妇女创业、大学生村干部及各类农村个体工商户等普惠型金融服务力度。严格落实扶贫小额信贷分片包干责任，扎实做好扶贫小额贷款发放，做到对新一轮建档立卡低收入农户扶贫需求全覆盖。2017 年，累计投放扶贫小额贷款 8900 万元，着力提升金融精准扶贫效率。同时充分利用人民银行支农再贷款、扶贫再贷款政策，为支农、扶贫提供资金保障。

### 推动产品研发，坚持以创新为驱动的发展定位

创新业务品种，多方位满足客户需求。根据农业供给侧改革特点，在传统信贷业务基础上，加快特色信贷产品创新，完善劳务经济、外出务工人员回乡创业、青年创业、妇女创业等小额贷款流程。通过细分农村客户市场，增强产品适配能力，设计符合涉农行业特性、企业特点、客户特质的金融产品，尝试开发更多健康养老、旅游、教育培训、购房等消费金融产品，将传统消费金融和新型分期消费金融有机融合。

创新运作模式，提升信贷效率。实施“阳光信贷”工程，实行“一站式”服务，对农户、农民专业合作社、家庭农场、农业企业开展评级授信，并享受相应的信贷优惠政策；建立信贷“绿色通道”，整合流程，提高工作效率。

创新服务手段，方便客户贷款。丰富融资担保方式，扩大抵质押物范围，完善金领贷等信用贷款，引入扶贫贷款政府担保基金、

风险补偿基金等第三方增信措施，解决客户融资难问题；着力创新营销模式，充分运用互联网技术，利用微信、互联网等手段拓宽客户申贷渠道，提高申贷获得率；完善客户关系CRM系统信息，实现客户信息整理、客户营销、调查派单、贷后管理、风险监测预警、行业分析等系统化管理，提升农业供给侧改革领域金融服务深度。

## ※※※※※※特色产品、实例及联系电话※※※※※※

| | |
|---|---|
| 特色产品名称 | 电商贷 |
| 特色产品概述 | 从担保方式、审批效率、利率优惠、准入门槛等方面给予农村电子商务企业和个人信贷支持 |
| 适用对象 | 农村电子商务企业和个人 |
| 产品特点和优势 | · 金额5万元以下的电商客户采取免担保、免抵押的信用方式进行发放<br>· 对电商贷款开辟绿色通道，对于“电商”客户的信贷申请，两个工作日内调查完毕，材料齐备后当日上报、当日审批<br>· 还过再贷且信用良好的电商客户，给予一定的利率优惠 |
| 期限 | 最长5年 |
| 额度 | 最高3000万 |
| 利率 | 6%～10%(年利率) |
| 适用企业发展阶段 | 初创、成长 |

### 产品实例

新沂市某洗涤剂厂，于2010年2月成立，位于经济开发区北京西路87号。该公司厂房面积约2000平方米，主要产品为自有品牌洗涤剂、洗衣粉、洗衣液、天然皂粉，以线上网络、线下批发零售模式进行销售。网络销售方面，有专职网络客服，在淘宝有双皇冠店铺，网络销售额每月约15余万元。月总销售额约30万元左右，年销售额350万元左右，产品净利润率25%左右，年净利润约

30 万元左右。

2011 年 12 月，该企业由于购买原材料，存在流动资金缺口。由于该企业财务不健全，属于个体经营模式，不能满足传统信贷业务条件，存在一定融资困难。新沂农村商业银行了解情况后，针对该企业特点，向其推荐“电商贷”产品，该企业立即申请 30 万元贷款，用于原材料采购。新沂农村商业银行对其开辟绿色通道，二日内完成调查，于材料齐备后当日上报、当日审批，快捷高效地为企业办理“电商贷”。2014 年，该企业进一步扩大规模、扩建厂房、升级产品，拟投入 50 万元左右，再次向新沂农村商业银行申请增贷至 80 万元。截至目前，该企业在新沂农村商业银行贷款余额为 80 万元。同时，新沂农村商业银行为进一步支持电商企业发展，对信用良好且再次续贷的电商客户，主动给予利率优惠，降低企业财务成本。对该企业利率从最初的 13.11%降至11.3%，降幅为 13.8%，受到企业的好评。

**产品联系电话**

0516－81627660。

邳州农商银行
PIZHOU RURAL COMMERCIAL BANK

# 邳州农村商业银行
# 应用微贷技术深化普惠金融服务

邳州农村商业银行成立于2010年3月，现有员工621人，领导班子7人，设董事长1人、行长1人、监事长1人、副行长4人，机构网点48家。邳州农村商业银行作为地方性金融机构，深入贯彻金融惠农支农政策，信贷投放始终围绕深化普惠金融转型，回归本源、专注主业、服务实体、深耕三农，持续调整优化信贷布局和结构投向，服务能力不断提升。截至2017年末，该行各项存款余额206.59亿元，较年初增加25.09亿元；各项贷款余额133.47亿元，较年初增加12.46亿元。

## 创新应用微贷技术，缓解小微企业融资难题

2014年6月，邳州农村商业银行与中小融辅软件科技（上海）有限公司（以下简称“中小融辅”）签署合作协议，引进该公司成熟微贷技术——“微贷系统”，并辅以驻点顾问提供现场顾问服务，正式筹建小微金融事业部，面向小微企业发放信用贷款。该部于2014年10月起正式对外营业，自成立以来累计发放贷款7592户、83721.62万元。至2017年末，小微金融事业部存量贷款4379户、44424.38万元，户均贷款10.14万元。其中，在镇区设立的两家微贷营销中心贷款251户，余额3120.23万元。

明确目标客户群体。微贷技术主要目标客户为小微企业、个体工商户和私营业主客户群，并按照经营状况和行业特点将贷款分为企业经营性贷款和个人经营性贷款，将信用贷款作为主打产品，切实解决当前绝大多数创业型、成长型小微企业无抵押、无保证的问题，同时也形成差异化竞争优势。

开发特色微贷产品。目前邳州农村商业银行在微贷技术基础上开发的主打贷款产品主要为“润商贷”、“润企贷”、“润农贷”、“润薪贷”、“薪易贷”等系列信用贷款产品。润商贷是面向个体工商户和小企业主等发放的经营性贷款，贷款最高 100 万元，其中信用贷款最高 50 万元。润企贷主要是面向小企业发放的经营性贷款，贷款最高 300 万元，其中信用贷款最高 100 万元。润农贷是面向农户发放的经营性及消费性贷款，最高 100 万元，其中信用贷款最高 20 万元。润薪贷是面向工薪阶层发放的消费性贷款，最高 100 万元，其中信用贷款最高 30 万元。薪易贷是面向公务人员及事业单位等收入较稳定人员的消费等需求发放贷款，最高 100 万元，其中信用贷款最高 50 万元。以上信贷产品基本覆盖广大小微企业及农户融资需求。

推动消费信贷发展。借助微贷技术，根据市场及客户需求，该行适时推出“小时贷”工薪族消费快捷贷款，得到客户的普遍认可，随着这一业务的全面展开，全行陆续围绕该产品延伸开发“金领易贷”、“蓝领易贷”并适度调整“内部员工贷款”等消费信贷产品。2017 年以来，该行小微金融部及前台业务部门通力合作，共同开发立足于贷记卡的分期贷款业务产品“农商快钱”、“汽车人”、“快乐分期”，以及场景应用产品“车位贷”等，大力推动消费信贷和卡业务的开展。至 2017 年末，“小时贷”消费贷款累计授信 812 户、7252.3 万元，累计发放 562 户、7076.2 万元。“农商快钱”等四款卡分期产品至 2017 年末累计发放 1915 户、18192.3 万元，卡分期贷款余额为 1581 户、11976.96 万元。

### 多措并举，深化普惠金融服务

优化信贷流程，简化审批环节。为提升信贷业务操作效率，增强基层支行营销功能，便利客户申贷，该行依据监管部门加大小微企业服务精神和省联社信贷管理要求，积极调整各支行信贷业务用信审批权限，简化信贷系统操作流程，提升贷款审批效率。

缓释还款压力，放宽还款周期。该行在原有支持小微转续贷的基础上，进一步优化完善续贷政策、条件、期限、定价水平等，持续推进小微企业转续贷工作，积极扩大小微企业转续贷范围。对单户3000万元以下(含)中小微企业及500万元以下的个人经营性客户在实施续贷政策时，转续贷周转贷款及借新还旧贷款最长期限可以适当放宽至2年，利率定价测算采集期限标准为1年。

践行社会责任，扎实推进精准扶贫。紧紧围绕精准扶贫、精准脱贫的基本方略，坚持“阳光惠民”，创新理念和模式，锁定目标群体，坚持利率优惠、产品配套，确保扶贫效果，实现开发式扶贫。

## 特色产品、实例及联系电话

| | |
|---|---|
| 特色产品名称 | “惠农裕商”系列小额扶贫贷款 |
| 特色产品概述 | 服务“精准扶贫”的信贷产品。该产品分三个层面，呈阶梯式、持续性、循环性助推贫困户从贫困到致富到富裕 |
| 适用对象 | 重点支持建档立卡低收入农户及带动低收入农户的经营大户、小微企业等 |
| 产品特点和优势 | · 润和惠农扶贫小额贷款。该款扶贫小额贷款是以财政贴息为基础，客户群体为建档立卡低收入农户，及对建档立卡户予以帮扶致富的城乡经营大户。通过扶贫小额贷款帮助他们从事种养生产项目，及其他商贸经营，只要农户有行为能力、有致富意愿并选择了适合的发展项目，无不良信用记录即可给予扶贫小额贴息贷款支持<br>· 润和裕农扶贫小额贷款。该款扶贫小额贷款是对扶贫小额贴息贷款的一种补充，目的是保障贫困户在生产经营过程中，贴息类小额扶贫贷款的信贷额度不能够有效满足贫困户的经营资金需求，而进一步给予低利率的资金扶持。同时对于原通过扶贫小额贷款支持，已经脱贫的客户，予以再送一程，持续提升脱贫户的经营能力，使他们能够向富裕层面迈进<br>· 润和富农扶贫小额贷款。该款扶贫小额贷款用于激发小微企业客户主动融入精准扶贫攻坚过程中来，促进小微企业客户主动帮扶贫困户，向贫困户传授创新经营能力，提升贫困户生产技能和生产知识，形成该行与客户并肩精准扶贫 |

续表

| | |
|---|---|
| 期限 | 贷款期限主要在1年以内,最长不超过2年 |
| 额度 | 低收入农户不超过2万,经营大户不超过30万元,小微企业不超过500万 |
| 利率 | 基准利率上浮30% |
| 适用企业发展阶段 | 个人、企业持续经营1年及以上的初创、成长、成熟阶段 |

### 产品实例

徐州市某畜禽有限公司位于经济开发区,系江苏某牧业股份有限公司全资子公司,经营范围为雪山鸡父母代孵化、雪山鸡父母代生产、销售,粮食收购,配合饲料加工等。其母公司江苏某牧业股份有限公司成立于1997年,是一家集科研、生产、贸易于一身,以优质草鸡养殖为主导产业的一体化农业企业,是江苏省农业产业化经营重点龙头企业。至2017年8月,该公司资产总额近3亿元,其中流动资产2.3亿元,公司资产负债率仅为33%,实现营业收入2.9亿元。

该公司在邳州农村商业银行开立基本账户,且结算回笼均在该行,在邳州农村商业银行融资从未出现逾期、不良等情况,信誉度较好。该公司为当地农户提供优质鸡苗、饲料、药品、技术服务,并定价从合作农户回收成品鸡,农户按照公司标准建造鸡舍并预付部分押金,按照公司的一套成型的饲养管理流程进行管理。公司自创建初期实行"公司+农户"的运行模式,于2002年组建合作社,开始大力推行"公司+合作社+农户"的发展模式。具体经营模式为:种鸡养殖—鸡苗孵化—农户养殖—成品鸡收购—产品抽检—对外销售,充分利用当地人力、物力资源,与农户实现双赢,带动广大农户致富。其种鸡养殖均为该公司自主培育的具有农业部认证的"无公害农产品"的"雪山鸡"品种,并在徐州设立分公司后投入700万元左右建立22套孵化器，建成孵化中心，并在总公司的技术指导下，进行种鸡的前阶段饲养孵化，同时配套生产相应的饲料，实现一体化经营。

为进一步扩大经营投入，该公司拟向邳州农村商业银行贷款。邳州农村商业银行客户经理及时了解该企业的经营模式，该行公司业务部对该公司进行综合评价，发现该公司完全符合该行“惠农裕商”扶贫贷款客户准入要求。该行客户经理主动与客户联系、对接，为企业提供扶贫名单，经与客户沟通，该企业与24位建档立卡低收入农户签订帮扶协议。2017年9月30日，邳州农村商业银行向该公司发放“润和富农”扶贫小额贷款480万元，利率执行4.35%，期限12月，一年为客户节省利息约20万元。同时，24名贫困农户自从与公司签署协议后着手准备鸡舍建造工作，在该公司的指导下学习相关饲养技术与用料、防疫等知识，逐步进行雪山鸡代饲养。成品鸡饲养周期约70天左右，该公司在成品鸡饲养完成后按照帮扶协议内容以高于非贫困户每只0.05元的价格进行回购，户均实现年收入4万元左右，对当地农业经济发展以及农民经营收入的保障起到有效推动作用。

该产品重点支持建档立卡低收入农户及个体工商户、小微企业。利率执行基准利率，一方面帮助低收入农户脱贫，从思想上、经营上帮助客户，不再局限于仅向客户输送资金，强调向客户输送经营理念，增强客户自身的“造血”功能；另一方面通过给予个体工商户和小微企业低利率优惠，助推其帮扶低收入农户，实现共赢。

**产品联系电话**

0516－86250100。

| 特色产品名称 | 小微企业还贷无忧贷款 |
| --- | --- |
| 特色产品概述 | 在邳州农村商业银行有存量贷款且生产经营正常的小微企业,因现金流不匹配无法及时偿还已有贷款时,向该行进行申请,经该行提前审批同意再贷后,向邳州市中小企业担保中心拆借资金归还旧贷,该行新发放贷款资金受托支付归还担保中心 |
| 适用对象 | 企业经营过程中贷款到期暂时无流动资金偿还的小微企业 |
| 产品特点和优势 | 该贷款品种用于解决企业因营运周转资金不足,无法及时偿还存量贷款问题,按照“支持实体经济、实质重于形式、严控风险管理”的原则,积极防范和化解小微企业经营风险和融资风险,减轻小微企业财务负担和筹资压力 |
| 期限 | 以银行审批期限为准 |
| 额度 | 贷款额度不得超过原贷款本金总额 |
| 利率 | 贷款利率按照该行贷款利率定价制度执行,除贷款利息外不收取其他任何费用。 |
| 适用企业发展阶段 | 适用于在该行已有存量贷款的成长期、成熟期企业 |

## 产品实例

徐州某人造板有限公司成立于 2010 年,属制造业,主要经营人造板、木制品、加工、销售。近几年规模不断扩大,订单量稳步增长。截至 2017 年,该公司资产总额近亿元,资产负债率低于 50%。2017 年实现主营业务收入超亿元,利润近千万元。该企业于 2017 年 1 月 1 日在邳州农商办理了企业流动资金贷款,贷款余额 1500 万元,2017 年 11 月 20 日贷款即将到期。

由于国家对林木砍伐实施制约和环保政策要求,该公司原材料价格不断上涨,企业经营流动资金周转出现暂时困难,在贷款到期时难以及时筹措资金偿还贷款。该公司及时将公司情况向邳州农村商业银行反映,并希望能够得到帮助。邳州农村商业银行本着对小微企业不抽贷、不压贷的原则，在贷款到期前及时了解企业资金流情况和融资需求，积极进行现场调查，充分获取、核实、分析借款人和担保人的基本情况、资信状况、经营状况、财务状况、还款意愿、还款能力、还款保障等方面内容，在进行详细调查后确定该客户符合“还贷无忧”贷款准入条件，及时为客户办理“还贷无忧”贷款手续，并于 3 个工作日内完成审批，金额 1500 万元，利率 5.655%，期限 12 月。协助客户向政府担保中心申请还贷资金，担保中心将 1500 万元还贷资金划入客户在邳州农村商业银行的账户，邳州农村商业银行将发放给企业的新的贷款资金支付给担保中心，成功解决客户经营过程中的还款压力。

**产品联系电话**

0516－86250100。

# 睢宁农村商业银行积极打造线上商城实现银行服务提档升级

江苏睢宁农村商业银行是2012年12月28日成立的股份制商业银行，是由辖内自然人、企业法人入股组成的集存款、贷款、结算等业务的全方位、多功能、现代化、综合竞争力雄厚的独立法人金融机构。至2017年末，共有在职员工583人；存款余额和贷款余额分别为163.38亿元和119.9亿元，分别占全县金融机构的33.75%和42.56%；贷款户数达5万余户，稳居全县金融机构之首。

## 开展“百村万户”工程，打造“阳光信贷”升级版

紧紧围绕“支农、支小、支散”的市场定位，深入扎实开展“百村万户”金融服务进村工程。在对客户家庭信息充分调查的基础上，以“批量调查、全面建档、民主评议、差别授信、重点营销、综合考核”为原则，开展对村、集中居住区、市场、社区、园区、小区等单位全面建档、授信和营销工作，同时以“三联三包三达标”工作内容为抓手，打造“阳光信贷”升级版，有效实现了“阳光信贷”从扩面向提质转变，打通偏远农村地区金融服务的最后“一公里”。

## 聚焦精准服务，打造客户信任的“普惠银行”

紧紧围绕农村妇女、农村青年、农村贫困户、残疾人、家庭农场、农民专业合作社、电子商务等新型主体，大力发展零售、消费信贷业务，制定出台了网商·助力贷、惠农·新居贷、农机·消费贷、青年创业贷、妇女创业贷、家庭农场贷、大学生村干部贷等贷款品种，并根据实际情况给予利率上的优惠，全方位满足客户金融服务需求，让广大农户得到实实在在的实惠。

### 推动电子银行业务发展，打造本土“美团平台”

积极打造线上商城，将积分获取与本行存款、贷款及各项电子银行业务相连接。线下打造以“银行＋商圈＋移动互联网”为核心的模式载体，构建211家商户参与的“惠宁商城”，形成集社区购物、银行服务、便民服务于一体的线上线下O2O体系，实现银行服务和日常生活的无缝对接，形成全景化的民生服务生态圈，提升客户体验，实现客户引流。

### 强化精神文明建设，积极承担企业社会义务

在实施科学、稳健、可持续发展战略，各项经营指标呈现良性发展的同时，不忘精神文化建设，扎实履行社会责任，树立“利他·利己·共赢”的社会价值理念，积极参与捐资助学、扶贫济困活动，主动践行惠农让利、减化手续等惠农实事，连续三年荣获中国金融机构“年度最佳‘三农’服务农村商业银行”奖，先后荣获2012～2015年度“徐州市扶贫开发工作先进集体”、“徐州市金融机构小微企业金融服务工作先进单位”、“睢宁县反腐倡廉先进集体”，多次荣获“金秋助学”先进单位等荣誉称号，塑造了一个有爱心、敢担当、善作为的优秀企业形象。

## ＊＊＊＊＊＊特色产品、实例及联系电话＊＊＊＊＊＊

| 特色产品名称 | 网商助力贷 |
| --- | --- |
| 特色产品概述 | 为响应绿色信贷要求，在全县大力推广网商创业模式，开发专门支持网商创业的贷款品种一网商助力贷。该产品以易贷通卡为介质，在授信期间内，通过手机银行随用随贷，方便快捷的同时降低了融资成本。贷款受理通道和流程采用互联网络和柜面双线并行，创业网商向户籍所在地镇(园区)团委申请，镇(园区)团委调查审核把关，同意后上报县团委，县团委审核后出具贷款推荐意见，推荐给睢宁农村商业银行发放贷款 |

续表

| | |
|---|---|
| 适用对象 | 从事电子商务的创业人员 |
| 产品特点和优势 | · 细化客户群体:针对不同信用记录给予不同利率优惠,培养客户良好信用意识<br>· 通过所在地的团委审核:解决了客户与银行之间信息不对称问题,优化把控信用风险<br>· 利率低于其他产品:真正让利于客户,扶持电子商务产业 |
| 期限 | 贷款期限最长 2 年 |
| 额度 | 额度不超过 100 万元 |
| 利率 | 创业期年利率 9%、成长期年利率 8.7%、成熟期年利率 8.22% |
| 适用企业发展阶段 | 初创阶段、成长阶段、成熟阶段 |

## 产品实例

客户陆老板为沙集镇魏集村居民,在睢宁县中央大街建立"天天欢乐购"农产品电商平台,实现互联网+农产品一体化生产销售的现代农业模式。农业生产者按照电商平台制定的农产品标准,严格控制产品质量,借助政府强大的"县、镇、村"三级平台进行收购分销,集合了千家万户农业生产者的共谋发展。产品由各村合作社统一收购,再由该平台统一仓储、统一配送、统一推广。目前,该农产品电商平台的生产供应合作方主要有徐州惠农鸭业、金孔雀面粉、王老五香肠、金峰花生等数十家当地的新型农业经营主体;销售合作平台主要有阿里巴巴、京东、一号店等数家大型电子商务平台,产品市场遍布全国。但是,电商平台资金需求具有周期性特点,收购农产品需要现金支付农户,尤其是遇到销售旺季,陆老板更是需要大量周转资金。

针对网商贷款资金使用短频小的特点,客户持易贷通卡在合同有效期和额度内可以随用随借,贷款按使用天数计息,实现柜面刷卡借贷，改变以往先申请、再调查、后授信，最终发放贷款的烦琐流程，实现“一卡在手、借贷无忧”的局面，同时，也解决了客户贷款期限固定的麻烦。陆老板凭借自己良好的信用记录成功办理了50万元贷款，这笔资金有效解决了其流动资金需求问题。

### 产品联系电话

0516－68331596。

| 特色产品名称 | 惠宁小贷 |
|---|---|
| 特色产品概述 | 一款纯线上申请的贷款品种，客户下载睢宁农村商业银行APP，通过实名验证后，只要无不良记录，无需担保，即可线上申请贷款。通过人脸识别、OCR识别技术，确保每次申请、用信必须是本人操作，实现完全防欺诈，降低客户操作复杂性 |
| 适用对象 | 公务人员、小微企业主、个体工商户、农村人口、种养殖大户、国企人员、私企人员、城镇居民等，申请人年龄22～57周岁（女性为22～55周岁），有稳定收入和按期偿还本息的能力、无违法犯罪记录、无恶意逃债等不良行为 |
| 产品特点和优势 | · 效率高：客户在平台上能够全流程快速办理信贷业务<br>· 以大数据技术为支撑 |
| 期限 | 贷款期限最长3年 |
| 额度 | 额度不超过50万元 |
| 利率 | 贷款利率不超过年利率9% |
| 适用企业发展阶段 | 初创阶段、成长阶段、成熟阶段 |

### 产品实例

沙集镇沙集村居民顾某，长期从事种植大棚西瓜。大棚西瓜种植行业对于资金需求具有季节性特点，大棚安装需要资金购置物资，且来年西瓜售出资金才能回笼。恰巧顾某申请贷款2万元时赶上惠宁小贷推出的第一天，工作人员向他介绍了这款产品，他表示愿意尝试,完成各项操作不超过 10 分钟,顾某就拿到了 2 万元。经过系统数据测算,该客户在该行授信为 4 万元,这就意味着,在接下来的经营期间内,顾某如果有需求,随时可以提出剩下的授信额度,享受 8.9%的年利率。

整个流程结束后,顾某表示不可思议。他说之前也办理过贷款产品,从申请到拿到钱最快也要 2 天,这次不到 10 分钟就把问题解决了。该行客户经理欣慰地告诉客户,不仅客户申请时间缩短了,银行工作人员工作量也大大减轻了。

吴江农村商业银行
WUJIANG RURAL COMMERCIAL BANK

# 吴江农村商业银行鼓楼、新沂、沛县支行扎根异地支持小微企业发展

江苏吴江农村商业银行股份有限公司，起源于20世纪50年代，总行设在吴江，2004年8月28日改制成立，是自银监会成立后全国第一家挂牌开业的农村商业银行。2016年11月29日，吴江农村商业银行在上海证券交易所挂牌上市，成为全国第四家A股上市的农村商业银行，股票代码:603323。共设有1个总行营业部，62家支行、分理处，13家异地支行和2家村镇银行。

吴江农村商业银行徐州鼓楼支行成立于2010年11月，现有员工16人，其中管理人员3人，运营条线人员3人，对公客户经理1人，零售条线团队1人，零售客户经理8人。2017年末，各项存款余额2亿元，各项贷款余额11亿元。吴江农村商业银行新沂支行成立于2010年10月29日，设有公司信贷部、零售银行部、营业部三个部门，现有员工19人。截至2017年末，各项贷款余额2.55亿元，各项存款余额3.35亿元。吴江农村商业银行沛县支行成立于2010年12月，地址沛县汤沐东路7号汉之源大厦一楼，现有员工17人。

## “七项举措”助力小微企业发展

七项小微企业减负举措为：一是大力支持中小企业设备更新和产品转型升级；二是房产土地的抵押折率一般执行70%，在特殊情况下最高可执行100%；三是对遇到暂时困难的企业，符合政策的，可以借新还旧周转使用贷款；四是只要企业正常经营、正常付息，不压贷、不抽贷；五是贷款企业或担保企业存在临时困难的，尽可能通过贷款重组、平移、让利等方式给企业减负，帮助企业渡

过难关；六是一律不收取贷款利息以外的额外费用，免除所有贷款企业房地产评估费、抵押登记费，多渠道为中小企业减负；七是申请开展资产证券化业务，所筹资金一律用于发放小微企业贷款，更好地缓解中小企业融资压力。

### “三项服务方案”提升综合金融服务水平

结合徐州经济实际，推出三项服务方案。一是授信与资产整合方案。针对在多家银行授信用信、资产也分散抵押在多家银行的客户，提供整体对接方案，帮助客户减少多头贷款情形。整合抵押资产，维护客户资产负债的完整性，让客户有更多的精力专注于生产经营。二是破圈解链与风险隔断方案。通过申请使用政府专项转贷资金、充分利用抵质押资产、库贷挂钩、借新还旧等多种手段，解决客户的贷款“担保难、周转难”问题，支持兼并重组，支持“瘦身健康”，切断担保圈（链）风险，维护地方经济稳定发展。三是转型升级信贷服务方案。针对主营业务优势突出、信用观念好、市场竞争力强的企业，在转型升级和扩大生产规模方面，提供贷款资金支持，帮助企业加快发展。

### 发展小微业务团队，突破发展瓶颈

在长期发展历程中，吴江农村商业银行在徐州的各异地支行零售业务较为薄弱，处于从属地位。从 2017 年下半年开始，找准微贷、房贷、三农金融这三个零售业务的“突破口”，在零售银行部成立了微贷业务部、房贷中心、三农金融部这三个二级部门，零售业务团队迅速发展壮大。零售客户经理在自身服务半径内，从分片包干、“扫街式”陌生拜访开始，展开持续开发，挖掘信息，了解客户金融需求，为客户推介金融产品和服务，走访营销客户，储备大量的客户资源。正是得益于充足的客户储备，在全行贷款客户中，零售客户的比重快速提升。

## ※※※※※※特色产品、实例及联系电话※※※※※※

| | |
|---|---|
| 特色产品名称 | “锦蜂”系列小微贷款(简称“锦蜂微贷”) |
| 特色产品概述 | 用于解决小微企业融资难问题,支持小微企业生产经营 |
| 适用对象 | 实际经营满3个月以上的小微企业或自然人,用于生产经营性用途 |
| 产品特点和优势 | · 贷款期限灵活。贷款期限3~24个月,贷款到期可续贷,贷款满6个月还可申请并行贷款<br>· 贷款手续简便。放款期限3~5个工作日<br>· 还款方式灵活。除等额本息还款方式外,针对不同行业回款周期的规律,推出更多人性化的还款方式<br>· 贷款利率优惠。如果能证明在本地有房产或与该行保持良好的合作关系,即可申请获得更优惠的利率 |
| 期限 | 贷款期限3~24个月,贷款到期可续贷,贷款满6个月还可申请并行贷款 |
| 额度 | 1万~50万元(含) |
| 利率 | 6%~9%,不再收取任何担保费和融资手续费 |
| 适用企业发展阶段 | 初创、成长、成熟 |

### 产品实例

刘某经营婚纱摄影,属于个体工商户。经营场地面积600平方米左右。生意投资人为刘某和付某。刘某主要管理店铺经营,合伙人付某只负责前期投资,基本不参与管理,有分红,自己还是企业一名会计,一年收入5万~6万。刘某老公为店里的一名摄影师,每月领工资。刘某主要经营婚纱摄影服务,同时兼营亲子摄影、儿童摄影及相片印刷裱框服务。刘某有300多名客户,生意情况稳定,开销主要为房租、摄影基地建设、相片冲印费用。由于生意规模不断扩大,在“创意68”商业街区建立儿童摄影基地,装修费用存在50万缺口。

刘某通过银行信贷周转资金存在三个困难：一是经营流水较分散，且多为几千元的零散流水，核实客户经营状况较为烦琐；二是目前银行贷款一般需要抵押物，其无法提供抵押房产，限制其在银行进行融资；三是近几年房租上涨，同业竞争加大，外来人口减少，婚纱摄影行业需要关注时尚、更新服装、更新设备和提升摄影师质量，店面的前期装修投资很大，可能产生不利还款因素。

得知该情况后，吴江农村商业银行鼓楼支行零售客户经理多次上门核实客户经营情况。对于客户的流水分散问题，客户经理不畏艰难，认真收集客户银行卡、支付宝、微信钱包等支付渠道的相关支付信息，形成一套完整可靠的现金流，为审批贷款提供了详实的参考数据。对于客户没有抵押物的情况，支行创新思维，由客户父亲提供名下一台汽车作为抵押，并且快速办理相关抵押手续。贷款审批人员进行快速审批、快速办理，为其提供 50 万元贷款。

### 产品联系电话

0516—87661900。

昆山农村商业银行
KUNSHAN RURAL COMMERCIAL BANK

# 昆山农村商业银行铜山支行积极支持农业企业和弱势群体

昆山农村商业银行成立于2005年1月8日，总部位于江苏省昆山市。自成立以来，昆山农村商业银行坚持“服务三农、服务小微、服务民生”的市场定位，秉承“同心共创、财富共享”的服务理念，积极支持小微企业和民生发展。为进一步提高服务覆盖面、支持苏北地区经济发展，2010年，昆山农村商业银行在徐州市铜山区设立昆山农村商业银行铜山支行。昆山农村商业银行铜山支行位于铜山区长江西路12号，截至2017年末，共有员工16人，正副行长各1人，存款规模1.99亿元，贷款规模5.07亿元。

## 创新产品和方式，支持涉农龙头企业发展

为解决农村企业一般无法提供有效抵押物而导致贷款难问题，昆山农村商业银行铜山支行创新信贷品种，推出农村企业股权质押贷款。目前已对有关农村企业发放股权质押贷款500万元，有效、便捷地满足农村地区小微企业的资金需求。此外，昆山农村商业银行铜山支行还为小微企业提供流动资金贷款等一般贷款品种。

## 坚持普惠原则，积极满足弱势群体金融需求

在存款来源不足、贷款资源有限的情况下，坚持优先支持城镇化和农村居民到城市安居乐业。积极发放进城务工人员按揭贷款，帮助弱势群体解决进城居住困难，在房价上涨、调控压力逐步加大的背景下，实行手续简化、利率优惠等便民、惠民措施。2017年以来，累计发放进城务工人员二手房按揭贷款257笔、金额1.2亿元，贷款余额达2.8亿元，进一步扩大普惠金融覆盖面。

## ＊＊＊＊＊＊特色产品、团队＊＊＊＊＊＊

| | |
|---|---|
| 特色产品名称 | 三板股权质押贷款 |
| 特色产品概述 | 在三板上市的小微企业，通过将股权质押给银行，获得银行贷款 |
| 适用对象 | 三板上市小微企业 |
| 产品特点和优势 | 解决了小微企业贷款抵押难问题 |
| 期限 | 1年 |
| 额度 | 500万元以内 |
| 利率 | 基准利率上浮30％ |
| 适用企业发展阶段 | 成长期 |

### 产品联系电话

0516－83306328。

无锡农村商业银行
WUXI RURAL COMMERCIAL BANK

# 无锡农村商业银行丰县支行借助互联网工具做小微企业的“及时雨”

无锡农村商业银行丰县支行成立于2010年，位于江苏省徐州市丰县工农路与中阳大道交叉口。该行的总行——无锡农村商业银行，成立于2005年6月14日，是一家区域性农村商业银行，总部设在无锡，营业网点遍及江苏。在2012年上海发布的“2011中国金融500强”排109位，在2016年《银行家》发布“2015全球银行1000强”排516位。2016年，无锡农村商业银行成为我国第一家上市的农村商业银行。

近年来，无锡农村商业银行全面推进并优化流程银行建设，独立开发计算机综合业务网络系统，并在国内金融界率先开通手机全功能支付业务。先后获得“全国金融机构服务‘三农’最佳诚信企业奖”、“中国最具成长性银行”等荣誉称号。

无锡农村商业银行丰县支行秉承总行“诚信、务实、稳健、高效”的核心价值观，以服务“三农”为宗旨、以改革为动力、以客户为中心，各项工作取得显著成效。截至2017年末，各项贷款余额5.46亿元，各项存款余额1.73亿元。开业至今累计支持中小企业48户，金额42亿元。

## ＊＊＊＊＊＊特色产品、实例及联系电话＊＊＊＊＊＊

| 特色产品名称 | 锡银在线 |
|---|---|
| 特色产品概述 | 无锡农村商业银行旗下的直销银行，打破传统实体网点经营模式，从线上渠道独立为客户提供优质金融产品服务。客户可以直接在线操作开户、购买金融产品、申请贷款、信用卡还款，足不出户即可轻松完成各项银行业务 |

续表

| | |
|---|---|
| 适用对象 | 精准定位“忙、潮、精”客群 |
| 产品特点和优势 | · 便利：作为直销银行，特性即是互联网化，办业务再也不用跑网点，线上即可完成开户、绑卡、转账等多个业务<br>· 贷款快：纯线上信用贷款，费率低，审批快<br>· 资金安全：银行出品，互联网大数据风控，绝对安全 |
| 期限 | 1～3 年 |
| 额度 | 法人申请贷款额度，最高 500 万元；个人申请贷款额度最高 200 万元 |
| 利率 | 6%以内（如遇国家利率调整，贷款利率相应同比例调整），不再收取任何担保费和融资手续费 |
| 适用企业发展阶段 | 持续经营 1 年及以上的初创、成长、成熟阶段企业 |

## 产品实例

“真没想到，不要抵押、不要担保，仅凭个人信誉就能直接为企业申请贷款，而且手续那么简单。”这是合作社陈老板发出的感叹。原来，陈老板的企业在去年接下了木耳种植的大笔订单，但他的企业属于小型企业，流动资金一直比较紧张，这次要实现大批量交货，仅原材料采购这一项就已经让企业自有资金捉襟见肘，加之近期人工成本和辅料价格都上涨不少，企业在完成部分订单任务后陷入了流动资金枯竭局面。按照合同约定，订单若不能全部完成，不仅收不到货款，还将被对方索赔，“大商机”将变成“大危机”。

为此，陈老板四处筹资，结果却处处碰壁，三个月跑下来，贷款问题没有丝毫进展。陈老板甚至打听过民间融资渠道，但高昂的借款成本让他望而却步。就在陈老板融资无门、一筹莫展的时候，偶然听说朋友在无锡农村商业银行丰县支行成功申请到贷款，于是便抱着试试看的心态到该行申请贷款。在了解陈老板及企业相关情况后，该行受理了贷款申请，并向他推荐一款名为小微企业

"锡银在线"的产品，不用任何抵押和担保，且在5个工作日内就可办完全部手续，顺利发放流动资金贷款40万元。陈老板说："'锡银在线'让我久旱得润、绝处逢生，渡过了危机，抓住了商机，'锡银在线'就是我们小微企业的'及时雨'。"

**产品联系电话**

0516—89551503。

张家港农村商业银行
ZRC BANK RURAL COMMERCIAL BANK OF ZHANGJIAGANG

# 张家港农村商业银行
# 徐州云龙支行定位小微积极深化金融服务

张家港农村商业银行徐州云龙支行成立于2010年，现有员工33人，领导班子成员6名，其中支行行长1名，行长助理2名，办公室主任1名，客户总经理1名，前台经理助理1名。截至2017年末，本外币存款余额19.57亿元，本外币贷款余额10.80亿元。

## 充分调动部门积极性，及时满足小微客户融资需求

提升内部审批流程及效率，简化500万元（含）及以下授信抵押业务操作手续，加快审批速度，及时满足客户融资需求。发挥绩效考核指挥棒作用，调动客户经理的积极性与主动性，确保小微业务量不断提升。

## 深耕产品创新，提高服务水平

结合实体经济多样化特征，积极推进产品创新和优化。推广“省心贷”产品，以提高小微客户服务水平。截至2017年末，小微客户299户，贷款余额3.94亿元。其中小微企业经营性贷款47户，贷款余额2.92亿元；个体工商户贷款135户，贷款余额0.3873亿元；小微企业主贷款117户，贷款余额0.6356亿元；制造业企业贷款余额1.78亿元。

## 特色产品、实例及联系电话

| | |
|---|---|
| 特色产品名称 | 省心贷 |
| 特色产品概述 | 指依托优质抵押物，突出核心风险评价，通过标准化“评分卡”的方式，判断企业风险实质，通过标准化、工厂化作业流程为中小企业客户提供便捷快速的融资业务 |

续表

| | |
|---|---|
| 适用对象 | 借款人(法人):为经工商行政管理机关(或主管机关)核准登记,实行独立核算的企业法人、事业法人或国家规定可以作为借款人的其他组织;能够提供认可的优质易变现足值资产(工业厂房、商业用房和个人住房);生产经营正常,财务状况良好,具有持续经营能力,有明确、合法、充足的还款来源和到期还款能力<br>借款人(自然人):为具备合法经营个人独资企业的业主、合伙企业的合伙人及有限责任公司法定代表人或主要个人股东(股份比例不低于20%的股东)、其他有经营活动的自然人 |
| 产品特点和优势 | · 授信额度高:公司类客户单户授信额度最高可达500万元,个人经营性贷款额度最高可达400万元<br>· 融资品种多:公司类客户融资品种包括但不限于短期流动资金贷款、贸易融资、承兑、保函等表内外融资业务。个人类客户融资品种为个人经营性贷款<br>· 抵押物范围广:抵押物范围为商品房、公寓、别墅、商铺、办公用房、工业厂房、办公楼及其对应土地等 |
| 期限 | 贷款期限在1年以内,最长3年 |
| 额度 | 以法人名义申请的最高500万元,以个人名义申请的最高400万元 |

## 产品联系电话

0516—85608179。

江阴农商银行
JIANGYIN RURAL COMMERCIAL BANK

# 江阴农村商业银行睢宁支行融通天下丰裕万家

江阴农村商业银行睢宁支行成立于 2011 年 1 月 15 日。目前，领导班子 3 人，员工 17 人，所辖网点 2 个，ATM 机 7 台。江阴农村商业银行睢宁支行秉承“融通天下，丰裕万家”发展理念，立足睢宁，坚持为睢宁城乡工商业繁荣做贡献。至 2017 年末，贷款余额 2.76 亿元，存款余额 3.4 亿元。

江阴农村商业银行睢宁支行自成立以来始终坚持“支农、支小、支实”定位，不忘本源，全力为当地实体经济“输血”。按照稳健经营和普惠金融策略，围绕“三农”和小微企业，施行公司业务上收、零售业务下沉新机制。江阴农村商业银行睢宁支行推出“阳光信贷”系列产品，为小微企业提供低利率、多种方式的信贷产品，并积极开展网点宣传，在各网点摆放小微企业金融服务宣传展板，扩展宣传效果，在电子屏上对小微企业贷款进行专项宣传，突出介绍产品特色和服务优势，更好地服务睢宁经济。同时，该行与招商部门建立定期走访、联系制度，关注招商引资动态及重大项目，第一时间为项目入驻落地提供周到服务，不断提高支持实体经济力度。

## ＊＊＊＊＊＊特色产品、实例及联系电话＊＊＊＊＊＊

| 特色产品名称 | 阳光易贷 |
| --- | --- |
| 特色产品概述 | 该产品为小微企业贷款。根据小微企业资信状况，核实确认贷款用途，对客户进行综合授信，实行名单制管理，在一定期限内核定最高授信额度供客户使用，客户可根据自有资金、经营效益、贷款用途等情况灵活选择各类产品及还贷方式 |
| 适用对象 | 小微企业 |

续表

| | |
|---|---|
| 产品特点和优势 | · 授信审批快捷化：授信审批实行名单制管理模式，1个工作日内完成授信审批工作，突出“阳光信贷”服务效能<br>· 担保条件多样化：客户可根据自身条件选择信用、保证、抵押、质押等多种担保方式申请借款<br>· 还款方式灵活化：客户可根据自身经营状况、生产周期及资金使用特点，灵活选择一次性到期还款或分期还款等多种还款方式<br>· 利率定价差异化：根据客户经营状况、担保条件及综合贡献度等，对不同客户实施差异化定价策略 |
| 期限 | 1～5年 |
| 额度 | 500万元以下 |
| 利率 | 6%～9.9% |
| 适用企业发展阶段 | 成长阶段 |

## 产品案例

江苏某有限公司成立于2010年3月23日，注册地址为睢宁县八里金属机电产业园八里村刘东组，注册资本1000万元，现有工作人员275人，经营范围涉及玻璃技术研发、生产、销售，家用电冰箱配件生产、销售，家用电器销售。该公司已通过CCC质量体系、ISO9001建材认证、CTI ROHS认证，日产玻璃隔板能力可达3万余片。目前，该公司主要客户有海信、星星、韩电、格凌尼、万事发、日樱、中日等家电企业，均已建立长期友好业务关系。

该公司在睢宁八里园区新建了厂房，由于涉及旧厂房拆迁及新增设备，投资近3000万元，因此占用了较多流动资金，而其有效资产已抵押给其他银行，暂时无法获得新增贷款。

江阴农村商业银行睢宁支行客户经理深入调查，挖掘企业真实流动资金需求，判定该公司符合阳光易贷准入条件，迅速为其制定新增担保贷款计划，额度250万元，贷款月利率5.8‰，还款方式为按月付息,到期一次性还本。江阴农村商业银行睢宁支行利用机构设置优势,贷款审批直接提交总行相关部门,500 万元以下不需会办,只需要风险部独立审批人审核,从支行报批到审批结束不足一周,高速度、高效率地解决了该企业融资难题。

产品联系电话

0516—88158866。

# 第七篇

# 村镇银行

# 铜山锡州村镇银行专注小而精业务

江苏铜山锡州村镇银行股份有限公司成立于 2009 年 8 月 10 日，位于徐州市铜山经济开发区上海路 28 号，注册资本 1 亿元人民币，由无锡农村商业银行作为主发起人和其他 9 家发起人共同出资筹建，是具有独立法人资格的股份制银行业金融机构。现有员工 19 人，设有营业部、风险管理部、综合管理部、信贷管理部 4 个部门。至 2017 年末，各项存款余额 2.66 亿元，贷款余额 7.44 亿元。

铜山锡州村镇银行为徐州市第一家挂牌营业的村镇银行，自成立以来，紧紧围绕“服务三农，立足城乡”的经营理念，始终将市场定位为“三农”、“小微”市场，走错位竞争、差异化服务的路子，力争打造效率高、服务优、特色强的小贷银行。

目前，该行的贷款主要为小微贷款，主要业务类型有小微企业流动资金贷款、小微企业主创业贷款、小微企业主经营贷款。强调银企合作共赢理念，主动走出去，通过政府相关主管部门及企业协会等部门介绍，通过进工业园、进乡镇、进街道、进社区等积极宣传信贷政策和各种业务套餐。注重“上门调查、看重事实、自编报表、交叉调查”，注重与客户当面接触。加强对企业存款、应收款、存货、税金、水电费、工资单、实际经营收入、借款担保、现金流等情况的分析。对单户生产经营正常、业务往来诚信、资金周转顺畅的小微企业，采取一次授信，多次使用。

铜山锡州村镇银行结合地方经济发展规划，以信贷支持为载体，不断改进金融服务，加强银企合作，优化信贷投向，推广小微企业金融产品，稳步增加对企业的信贷支持，充分发挥支持农村小微企业发展作用。

江苏丰县民丰村镇银行

# 丰县民丰村镇银行民熙物阜丰裕城乡

江苏丰县民丰村镇银行有限责任公司于2011年6月份设立，截至2017年末，拥有员工104人，内设5个部门，共有4个营业网点。可办理公司、个人等存贷款、银行卡、电子银行和中间代理等各类业务。截至2017年末，累计为超过8965位客户提供过贷款服务，各项存款余额为12.28亿元，各项贷款余额为9.10亿元，2017年实现各项收入8034.73万元，上缴各项税金821.86万元，实现净利润443.49万元。

丰县民丰村镇银行紧紧围绕县域经济社会发展，坚持“立足当地、服务三农、发展中小、支持个体”的市场定位，树立“以市场为导向，以客户为中心，以人才为根本，以效益为目标”的经营管理理念，为丰县农村、农业、农民、个体工商户和小企业等发展提供优质金融服务，更好推进县域经济发展。曾先后获得县委、县政府金融支持地方经济发展先进单位，徐州市银行业文明单位称号；2012～2014连续三年获“全国十佳具有潜力村镇银行”等荣誉称号；2016年被评为丰县消费者协会“2016年度诚信单位”；获得江苏省银行业协会颁发的“江苏省村镇银行优秀支农支小示范点”称号。

## 加强重点领域金融服务 开展服务方式与信贷产品创新

为进一步提高信贷业务服务效率，提升专业化管理水平和风险管控能力，促进全辖信贷业务健康快速发展，自2016年末实行了“授信、用信、管理”三台分设，授信环节按照营销岗、调查岗、审批岗三岗制衡，通过三台分设，三岗制衡，既有效控制风险，又有利于提高营销和服务的效率。

在支持小微企业方面，从企业需求出发，坚持主动走出去了解当地企业生产经营情况，深入企业内部了解生产经营运作情况，成为帮扶小微企业的“及时雨”。自2016年起加大集中信贷的推广，客户经理深入到村庄，通过主动上门走访，调查了解信贷需求，不断推出新的信贷产品，以满足农村市场的需求。近两年共推出15种创新个人类贷款产品，分别是“民丰惠农贷、婚嫁贷、建房安居贷、学E贷、金E贷、E购贷、幸福快车贷、房产按揭贷款、木材加工快易贷、商易贷、惠粮贷、光伏贷、业主信用贷、二手住（商用）房贷款、农机贷”，新产品的推出在更加紧扣村镇银行市场定位的同时，设定更加合理的授信准入门槛，最大程度地精简手续，优化流程，改善服务，降低金融交易成本，提高效率。

### 小微信贷增量扩面成效显著 金融服务水平不断提升

以服务“三农”为信贷投放落脚点，重点加大个人类贷款投放力度。2017年末，个人贷款余额66004.56万元，个贷3719户，占客户数97.92%，较年初增加1677户，全行户均贷款余额为23.97万元，完成新增投放2亿元计划。

为支持新型农业经营主体和服务主体推出的“惠粮贷”，总授信金额计划为3000万，现结合阳光授信开展宣传，已经授信约1000万，且该项贷款业务正在有序推进。为支持和推动农业供给侧改革，结合环保新政要求，在食用菌种植集中的乡镇，支持种植户改造燃煤锅炉，以阳光信贷的方式对所有种植户集中授信，授信总额约4000万元，其中用信金额3500万元左右。为推广新农村改造和中心镇小城市建设，与师寨镇政府合作，为农户推出“建房安居贷”，尽量简化办理流程，提高办贷速度，目前“建房贷”已发放近500万元，真正解决了农户的住房改造问题。为支持电子商务发展，通过与电商协会合作，逐步对全县经营稳健的电商经营户进行授信，目前已授信4家电商经营户，授信金额200万元，已用信180万元。为支持个体工商户、小微企业主发展，选择丰县商户和小微企业主较集中的几个区域提供金融支持，其中包括以小商品批发为主的招商场商圈、丰县白酒行业商圈、丰县洗化行业商圈；孙楼镇、宋楼镇木材加工集中区、大沙河镇果品加工集中区和师寨镇师小桥木耳种植集中区。

## 特色产品、实例及联系电话

| 特色产品名称 | 电商一商 E 贷款（简称“电商贷”） |
|---|---|
| 特色产品概述 | 电商贷业务是服务于江苏丰县持有有效营业执照正在从事生产经营、工商流通经营的电商客户企业创业、创新发展的一款融资产品。该产品以电商客户实体经营、仓库存货、网上销量、店铺诚信度作为授信依据，通过实地调查确定材料真实性和担保人的落实来发放贷款 |
| 适用对象 | 重点支持各类中小微电商行业，优先扶持具有实体仓库，店铺诚信度高的电商企业 |
| 产品特点和优势 | · 适用客户群体广。电商贷支持的对象包含各类从事电商的客户，持有有效营业执照正在从事正常生产经营、工商流通的电商客户企业<br>· 贷款材料方便。电商企业法人提供有效营业执照（满一年以上）、银行流水、网上商铺的基本材料并落实担保人即可<br>· 灵活方便。该产品手续简便、用款灵活、随用随贷。电商客户提供满三年有效营业执照，并且用信额度在规定额度以下，即可申请信用贷款<br>· 贷款利率较他行经营类贷款利率低。电商贷主要是针对电商客户开放，支持各类电商客户（包括刚起步正在创业阶段的电商企业）的发展，利率上给予优惠，对电商客户予以扶持 |
| 期限 | 授信期限 2 年，贷款期限在 1 年以内，最长不超过 2 年 |
| 额度 | 以法人名义申请的最高不超过 100 万元 |
| 利率 | 现执行月利率为 7.6‰，不再收取任何担保费和手续费 |
| 适用企业发展阶段 | 持续经营 1 年及以上的初创、成长、成熟阶段企业 |
| 备注 | 还款方式为 20 万以下按季付息，20 万以上按月付息，到期一次性还本 |

产品实例

徐州某电子商务有限公司成立于2013年，实际于2009年开始经营。主要在天猫经营家居用品店，网上销量稳步增长，经过几年的用心经营，该商户在电商家居日用品行业中的排名稳步上升，处于中流水平。

该企业经营发展中出现几十万元资金缺口，该客户曾接触多家银行，均未能获得资金支持。主要原因为：一是电商客户受到实际经营条件的限制，一般交易情况和店铺都是呈现在网络平台上，缺乏有效抵押物，多数商户不具备获取银行贷款的条件。二是各大银行针对电商客户开办的贷款业务品种偏少。电商客户因为在网络上经营，被认为是网络虚拟，不具有实际店铺的可信度，从而贷款资金来源较传统商户较难。

丰县民丰村镇银行主要采取以下措施支持企业发展。一是闪电决策，迅速办理。根据客户的发展机遇，缩短审批时效，现场调查经营的真实性，支行及时、准确地判定客户的真实经营情况，行领导迅速决策并为客户的发展提供资金支持。在客户提交资料3个工作日内，完成了对该客户有效授信80万元。二是根据客户实际情况，多途径收集真实有效贷款资料。客户因为是电商经营，很多流水和经营情况都在天猫平台反映，不能提供充足的银行流水佐证销售收入。招商场支行在了解这个情况后，在客户天猫店铺账户中调阅交易资料和成交数额。通过实地调查了解情况。该客户在开发区租赁厂房一处，仅有部分存货，但经营电商行业已有8年，有较为成熟的操作模式和团队，信誉良好，在客户抵押物不充足的情况下，告知客户可以自然人担保方式担保。三是加大业务宣传。招商场支行行长与政府部门沟通，6月份在青商会会议上宣传该行电商商E贷，并多次参与电商大会活动。经调研，招商场支行确定首个电商扶持对象为该电子商务有限公司法人。

在资金扶持和经营者正确经营理念下，现在该电子商务有限公司已经发展成月销量上百万、在家居日用品类中销量排在前列的天猫店铺。

### 产品联系电话

0516—68895127。

| 特色产品名称 | 商 e 贷 |
|---|---|
| 特色产品概述 | 服务于个体工商户、小微企业的一款新型融资产品 |
| 适用对象 | 辖区内持有效营业执照正在从事生产经营、工商流通经营等各类工商户、小微企业主 |
| 产品特点和优势 | · 客户受众广。商 e 贷支持的对象包括本行服务辖区内持有效营业执照正在从事生产经营、工商流通经营等各类工商户、小微企业主<br>· 贷款手续简单、便捷<br>· 审批效率高。在贷款手续完善的情况下，经过“三台分离”的贷款审批流程，三个工作日即可发放贷款<br>· 用信灵活，商 e 贷坚持“一次授信、余额控制、循环使用”的原则 |
| 期限 | 贷款期限在 1 年以内，最长不超过 2 年 |
| 额度 | 1 万～100 万元 |
| 利率 | 9.135% |
| 适用企业发展阶段 | 成长、成熟阶段 |

### 产品实例

商户张某自 1994 年开始至 2008 年在沛县经营李宁专卖店，为沛县地区李宁总代理。2008 年开始在丰县华地街经营阿迪达斯、耐克专卖店，为丰县地区阿迪达斯、耐克总代理。

该商户近几年规模不断扩大，订单量稳步增长，2017 年下半年，该商户位于华地第一街区的店面要扩大规模、装修门面，需要资金装修，但该商户已到多家银行咨询，均未获得授信。原因主要有:一是个体工商户受到自身条件的限制,生命周期短,一般不具备健全的财务会计核算制度。二是目前银行贷款一般需要抵押物,个体工商户提供的抵押物不一定能够达到贷款银行的要求,或者受到抵押率的影响,可以获取的贷款额度无法满足经营需要。三是各大银行对个体工商户、小微企业开办的贷款业务品种偏少,贷款方式不够灵活。

鉴于上述情况,招商场支行产品团队组长带领组员锁定目标客户,通过前期调研分析得知,该商户符合商 e 贷客户准入要求,通过与商户沟通,营销团队了解到该商户的贷款需求,向该商户介绍商 e 贷贷款的特点和优势,以优质的服务态度赢得了该商户的信赖。主要做法有:一是充分发挥主观能动性。及时、准确了解客户贷款需求,适时制订营销方案,不仅留住了客户,同时也提升了客户的满意度和忠诚度。二是想客户所想,切实为客户解决融资难、融资贵难题。面对宏观经济下行,小微企业、个体工商户生存、发展实属不易,该行抓住政策产品优势,切实有效解决小微企业、个体工商户融资难、融资贵问题。三是开拓思路,产品创新。开发新的贷款品种,为更多的优质商户融资创造机会。

截至 2017 年末,丰县民丰村镇银行商 e 贷余额 0.81 亿元,累计服务 8263 户小微企业客户。

江苏沛县汉源村镇银行
JIANGSU PEIXIAN HANYUAN COUNTY BANK

# 江苏沛县汉源村镇银行推进普惠金融工作

江苏沛县汉源村镇银行于2011年3月成立，现辖5家支行，1个营业部，90多名干部员工。江苏沛县汉源村镇银行以支持沛县经济发展和金融繁荣为己任，服务于当地民生和地方经济建设发展，牢固树立"立足县域、服务三农"宗旨，创建支农、兴农、惠农的企业文化，积极推进金融创新，大力发展农户小额贷款和农村小企业融资，逐步提高农户和农村小企业贷款覆盖面和满足度，强化对现代农业的信贷支持，不断提升农村金融服务水平。

截至2017年末，江苏沛县汉源村镇银行各项存款余额11.65亿元，贷款余额8.55亿元，比年初增加1.72亿元。

## 开展"金融服务下乡"活动，推进普惠金融工作

以驻村联络点、金融服务站为抓手，优化信贷流程，积极上门服务，阳光操作，高效办理各项业务。以"一对一"的宣传、沟通，建立客户信息表，深层次挖掘农户需求。根据需求创新服务形式，研发金融产品。推出手机自助贷款，向客户提供更加优质便捷的金融服务。客户只需登录手机银行自助贷款界面，操作简单几个步骤，即可以实现放款。

## 建立客户中心理念，降低企业融资成本

牢固树立以客户为中心理念，努力提升金融服务质量和层次。为帮助客户防范融资风险、降低资金成本，推出小微企业"转续贷"业务。对于生产经营正常，能够按时付息的小微企业客户，根据客户申请，在未还本金情况下，进行续贷，最大化方便客户，为客户排忧解难。

引进担保公司担保机制。为解决企业融资难、担保难问题，降

低企业融资成本，担保公司担保贷款利率仅为 6.96%，比正常企业贷款利率低 4 个百分点左右，让惠于企业。

**坚持“向农、向小、向实”的信贷投向政策**

一是围绕农业生产经营主体的转变，提升对农村新型经营主体的支持力度。依据本地粮食种植产业、蔬菜水果种植产业、稻米加工业等产业特征及产业链环节，以农户家庭经营为基础，主动开展对家庭农场、专业大户、农民合作社、农业产业化龙头企业等新型农业经营主体调查建档和授信营销工作。围绕农业种养殖、收购加工、仓储运输、末端销售等各个环节，充分了解其生产经营状况、信用状况、产业关联度及偿债能力，及时建立信息档案，通过“公司＋合作社＋农户”、“公司＋农户”、“合作社＋农户”等多种方式，加大对农业产业链的支持力度，实现“贷大支小”。二是创新融合度较强的信贷产品，增强支持新型农业经营主体能力。创新农机具等抵质押担保方式和产品，满足新型农业经营主体多元化融资需求。积极推进“两权”抵押贷款创新，有效解决农业贷款担保难问题。三是主动跟进农业节水工程、田间节水设施、高效节水灌溉工程建设，加大对绿色生产方式的信贷投放。增强循环农业、绿色无公害土特产品养殖、加工、销售、物流配送、休闲娱乐、观光旅游等绿色农业的信贷投放力度。

## ＊＊＊＊＊＊特色产品、实例及联系电话＊＊＊＊＊＊

| 特色产品名称 | 转续贷 |
| --- | --- |
| 特色产品概述 | 在小微企业贷款到期前无法完全还贷，为满足营运资金周转需要，在借款人旧贷未结清情况下，向借款人发放新贷款，用于归还到期贷款的一种业务模式 |
| 适用对象 | 经工商行政管理机关（或主管机关）核准登记的企（事）业法人、其他经济组织 |

续表

| | |
|---|---|
| 产品特点和优势 | · 减轻小微企业负担。小微企业不用偿还旧贷本金，即可再用一年信贷资金，进一步减轻小微企业财务负担和筹资压力，缓解小微企业融资难、融资贵问题<br>· 小微企业信用不受影响。小微企业不会因为办理转续贷而被下调信用等级，只要经营正常，还息及时，信用不会受到影响<br>· 门槛低、受众面大。只要满足4个条件，包括借款人生产经营活动正常，能按时支付利息；重新办理了贷款手续；贷款担保有效；属于周转性贷款即可申请转续贷 |
| 期限 | 贷款期限在1年以内 |
| 额度 | 不得高于旧贷款额度 |
| 利率 | 参照相应贷款利率执行，不收取手续费或其他附加费用 |
| 适用企业发展阶段 | 持续经营1年及以上的初创、成长、成熟阶段企业 |

### 产品实例

徐州某纺织有限公司成立于2011年，其注册资本2000万元，为自然人控股企业。该企业位于沛县杨屯工业集中区，占地约40亩，厂房2幢，建筑面积约12000平方米，结构为钢架结构，办公、宿舍、食堂、仓库合计约10000平方米，结构为砖混结构，土地性质为自有。现有职工150名，企业主要生产45支，47支棉纱，年生产环锭纺纺纱5.5万锭，现有机器设备比较先进。

该企业去年在沛县汉源村镇银行有一笔500万元的流动资金贷款，于2017年7月20日到期。企业因为现金流与生产经营不匹配，在贷款到期前无法完全归集还贷资金，负有较大的财务负担和筹资压力。支行客户经理通过日常贷后检查及调研，了解到该企业面临的困难。该企业与沛县汉源村镇银行合作已超5年，从未拖欠过本息，在沛县汉源村镇银行结算业务较多。通过进一步调查、走访，了解到该企业生产正常、管理有序，鉴于上述情况，支行将此笔业务上报至总行贷款审查委员会，在集体讨论、研究后，决定向该企业续贷1年。

### 产品联系电话

0516—89769777。

| 特色产品名称 | 失地农民创业贷款 |
|---|---|
| 特色产品概述 | 用于支持失地农民创业、就业的专项贷款品种 |
| 适用对象 | 借款人应具有完全民事行为能力，年龄在18周岁（含）以上55周岁（含）以下，身体健康，诚实信用，具有一定创业能力、创业愿望和经营项目的失地农民；企业申请贷款，借款人应当符合《沛县汉源村镇银行流动资金贷款管理实施细则》有关要求。同时须符合以下条件：<br>在沛县经济开发区项目开发建设过程中失去原有生产、生活用地的农民<br>借款人诚实守信，无不良生活嗜好，无重大不良信用记录<br>失地农民自主经营或与他人联营企业 |
| 产品特点和优势 | · 担保灵活。还款方式多样。根据借款人需求，可以是固定周期付息、到期还本，也可以是等额还款<br>· 贷款期限较长。最多可以贷2年，减轻了借款人的还款压力 |
| 期限 | 贷款期限最长不超过2年 |
| 额度 | 失地农民申请贷款，额度原则上不超过200万元，企业申请贷款，额度原则上不超过500万元。 |
| 利率 | 根据借款主体不同，最高不超过11.31% |
| 适用企业发展阶段 | 个人创业或初创、成长、成熟阶段企业 |

### 产品案例

借款人张某，男，47岁，现居住在沛县龙固镇三河尖村某号，因土地塌陷造成完全失地，失去收入来源。受到学历、技能的制约，缺少专业技能，加上年龄偏大，企业不愿意吸纳，仅靠塌陷地补偿费收益，维持日常生活比较困难。

张某计划经营光伏安装生意，经营一段时间后，资金缺乏。在调查之后，确认该客户符合办理失地农民创业贷款条件，于是根据其资金需求和还款能力发放了 5 万元贷款。客户解决融资难问题后，经营情况良好，自主创业成功。

### 产品联系电话

0516—89925199。

# 江苏新沂汉源村镇银行

## 新沂汉源村镇银行推进“金融小社区”服务

江苏新沂汉源村镇银行自成立以来，坚持“立足城镇，服务三农”的经营宗旨，不断推进金融创新，致力于服务当地民生，促进地方经济发展。在国务院《推进普惠金融发展规划（2016～2020年）》和《中国银监会办公厅关于2016年推进普惠金融发展工作的指导意见》两个重要文件指导下，创新提出“两个厅堂建设”发展理念，确立了建设“金融小社区”的市场定位，通过“支农支小”、“做散做优”，积极投放小额农户贷款，努力提高本地乡镇和行政村金融服务覆盖率，全面提升“三农”领域金融服务水平，助力农民实现脱贫致富，不仅取得了良好的社会效益，而且有力推动了业务的快速发展。截至2017年末，各项存款余额66185万元；各项贷款余额62492万元，其中农户贷款占比88%，共实现对新沂市13个镇、86个行政村、4939个农户精准服务，户均额度约11万元。

### 一、差异市场定位，深化普惠金融

为充分贯彻落实国家惠农惠民政策，切实发挥村镇银行繁荣三农经济作用，走出一条适合自己、贴近农户的惠农发展道路，2016年以来，行领导组织全行员工经过多次实地调研、充分论证，因地制宜提出“金融小社区”建设工程，将金融服务延伸到乡镇、村组、田间地头，并获得了全行员工的高度认可。全行上下思想统一、行动一致，“金融小社区”建设工作深入开展，并取得了前所未有的发展成绩。此举充分赢得了当地农民和政府的高度肯定，充分证实了搞“金融小社区”建设工程是符合业务实际、适合自身特点的正确发展道路。

## 二、坚持服务本源，做实支农支小

开展“金融小社区”建设是一项系统工程，从入村选点对接、上门宣传服务、采集农户信息，到提供信贷支持、建立金融服务站和活动室，工作的点滴都需要细致的对待。通过一线员工常态化驻村服务、宣传金融知识、集中受理与上门调查等特色服务，目前已形成了一套集“集中性、快捷性、效益性”于一体的特色农村金融“社区化”服务流程。

### （一）精准对接，做实采集

一是对接村部。根据本地农业发展、农民经营状况，有针对性地选择村组，进行“金融小社区”建设，是工作的开始，也是非常关键的一步。基层人员积极与当地乡镇联系沟通，取得乡镇政府的支持。通过介绍和实地调研，深入到村组，与村委会进行业务对接，首先让村干部了解“金融小社区”建设的内容和实际意义，并通过村组干部进行宣传和动员，提高效率和质量，为下一步工作开展打实基础。二是对接农户。员工沉下心、俯下身，发扬背包下乡精神，深入田间地头，上门逐户宣传。通过与农户深入交流，细致记录农户信息，了解农户需求，扎实做好宣传和信息采集汇总工作，加深员工对农村市场的理解，为“金融小社区”建设校准发展方向。

### （二）创新金融产品，满足农户需求

近年来，新沂市大力推进农业转型升级，推进高效设施农业发展。经过几年的发展，已经形成以鲜花、苗木为代表的“美丽产业”和以水蜜桃、西瓜、葡萄为代表的“甜蜜产业”等特色产业，同时现代渔业产业和骆马湖农产品加工业也成为全市特色农业的重要支撑。该行结合地方农产业特色，通过对“金融小社区”各类信息的采集分析，创新惠农信贷产品。针对“甜蜜产业”的融资需求，推出“惠民—蔬果贷”产品，针对“美丽产业”的融资需求，推出“惠民—农乐贷”产品，针对现代渔业、水产养殖业以及畜牧业的融资

需求，推出“惠民—养殖贷”产品，此外，还针对化肥、种子、农药等农资产品推出“惠民—农资贷”，以及针对农业机械等农业相关行业推出“惠民—农机贷”等特色产品。

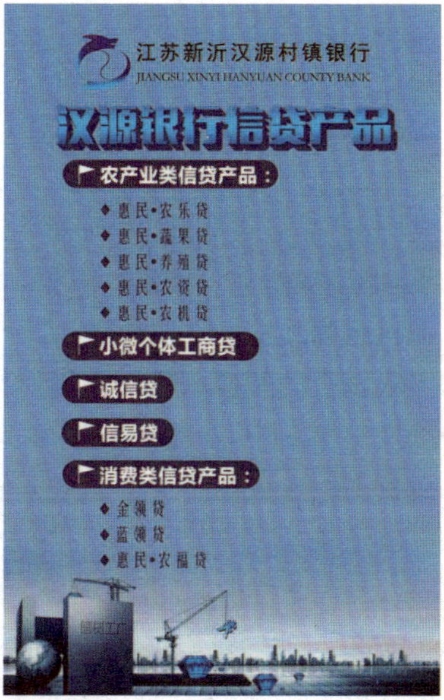


（三）建设服务阵地，延伸服务深度

通过建立金融小社区活动室和服务站，驻村驻点办公，方便农户办理业务，提供柜台服务，满足农户金融需求。截至2017年末，已在新沂市建立了75家“金融综合服务站”，累计开办手机银行8525户，安装助农机具40个。

一是科学选点。员工积极与村支部交流，主动对接，结合当地的产业、农业发展情况及人口分布情况，科学选择金融活动室、金融服务站位置，确保活动室、服务站位置优、辐射强、覆盖广，为农户提供灵活、便捷、安全的金融服务，切实将服务推进到农户家门口。2017年2月，营业部通过对当地产业分析、农业优势评估，精准的选择马陵山镇宋山村，作为第一批“金融下社区”建设基地，通过与村组两委积极沟通，赢得了村镇干部的大力支持，欣然组织全村农户集中宣传、集中动员，取得了良好的工作成效。共对该村发放农户小额贷款30余户，金额180余万元，为全行“金融小社区”建设发挥了榜样作用。

二是现场办公。定期在活动室组织开展集中宣传、集中咨询、集中受理等工作。活动室内统一配备办公桌椅、电子设备、宣传材料以及业务材料，安排专门客户经理每周至少三次专人定时定点进驻做好现场受理登记工作。以整洁的环境、热情的服务、饱满的精神为农户提供便捷的服务，拉近服务的地理距离，减少农户享受金融服务的成本。

三是效果引领。通过在各金融小社区活动室悬挂综合信息分类图、产品分类导图、市场分类导图，展示金融小社区坚持民生为重，助推攻坚扶贫的良好效果，提高政策知晓率、精准性和覆盖面，在村组内形成联动效应，扩大金融小社区的影响力，引导更多农户体验该行的便捷服务。小周村作为金融小社区的重点营销村组，已授信 120 户，金额 744 万元；用信 44 户，金额 218 万元。其中果蔬贷 17 户，养殖贷 30 户，农乐贷 3 户，农资贷 1 户，农福贷 1 户，有效带动了“金融小社区”服务的深入发展。

## 三、坚持协调发展，走好“社区化”之路

2017 年，该行深入发掘农村金融需求，进一步推进金融小社区建设工作，将金融服务推向农村最深处，为打通农村“最后一公里”、实现普惠金融“社区化”不断奋斗。

### （一）深入推进“金融综合服务站”建设

为满足农村金融多样化需求，方便偏远地区农户享受社区同等的金融服务，按照一个行政村设立 1 个综合服务站、服务农户数 500 户以上的原则，选取了一批在当地经营稳定、信誉良好，能热心为农户服务，能遵守银行结算相关规定，并具有一定经济实力的商户作为金融综合服务站。金融服务站主要具有以下功能：收集农户信用信息；收集农户农企的融资和理财需求信息；通过举办金融知识现场咨询服务活动，悬挂、张贴金融图片等形式，广泛宣传与农村生活息息相关的金融知识；推广各类银行卡、IC 卡的应用，协助金融机构在农家店、便民超市安装助农机具，提高农村金融服务的科技含量。截至 2017 年末，已建立 75 家“金融综合服务站”，累计开办手机银行 8525 户，安装助农机具 40 个，帮助农户享受高效的服务过程，体验灵活的服务渠道，推动农村金融向“社区化”进

一步发展。

（二）努力提高风险防控水平

一是完善制度。2017 年以来，持续完善助农服务站相关制度，先后下发了《金融综合服务站风险防范管理办法》、《金融综合服务站业务管理办法》、《金融综合活动室管理办法》。以制度为基础，全面细致管理金融综合服务站，引导金融服务站规范发展，为农户提供更合规的金融服务。

二是扎实排查。根据徐州银监分局的工作部署，先后完成了“违法、违规、违章”专项排查、“市场乱象治理”专项排查、“涉嫌非法集资”专项排查、信用风险专项排查等 7 项专项排查工作。通过排查工作的开展，层层传导合规管控压力，规范员工操作行为，消除风险管控盲区，有效引导业务合规发展，回归本源。

（三）持续强化服务力度

一是延伸“小小一杯水”服务理念。将金融小社区活动室建设提升到网点建设高度，不断美化营业环境，优化服务行为。员工在活动室提升自身服务水平，加强业务练习，完善专业态度，做到一声问候、一杯茶水、一声道别，规范服务用语和肢体语言，对来往的每一位客户送上亲情服务，使客户感受到家门口的优质服务。

二是加强职能部门履职。职能部门提升工作效率，牢固树立为基层服务的理念。机关员工转变工作观念，认识管理与服务的统一性，主动承担承上启下、综合协调、服务保障的重要职能，提升自身工作效率，与基层目标同向、行动同步，树立一盘棋思想，共同推动金融小社区建设高效开展。

（四）着力提高队伍综合素质

一是开展纪实征文。以农户需求为最终目标，结合支农助农工作中的实践经验、思路探索、心得体会等，形成具有引导、指导价值的文章。截至 2017 年末，56 篇文章在微信公众平台发布，对内丰富了员工文化生活，营造了积极热情的工作氛围，对外展示了支农助农的决心，塑造良好的团队面貌。

二是加强业务练兵。通过每周由各支行组织内部练、财务部组织集中练的形式，推动业务练兵日常化开展，不断提升员工的技能水平，在行内形成勤练习、齐进步的良好工作局面，以技能强化引领服务提升。

## 特色产品、实例及联系电话

| | |
|---|---|
| 特色产品名称 | 惠民—养殖贷 |
| 特色产品概述 | 以农户或承包经营业主为对象，帮助其利用当地农业资源养殖畜禽、牧、鱼类经济农产品创业致富的信贷产品 |
| 适用对象 | 新沂市区域范围内，利用当地农业资源养殖畜禽、牧、鱼类经济农产品创业致富的农户或承包经营业主 |
| 产品特点和优势 | · 准入门槛低，上门服务，放款速度快。<br>· 一次授信，循环使用，授信3年，单笔最长期限不超过1年，灵活使用，随用随贷<br>· 利率低于该行正常贷款利率水平，有效解决客户融资难、融资贵问题 |
| 期限 | 贷款授信期限在3年以内，用信最长1年 |
| 额度 | 以法人名义申请的最高300万元，以个人名义申请的最高50万元 |
| 利率 | 贷款利率8.82%，不再收取任何担保费和融资手续费等其他费用 |
| 适用企业发展阶段 | 持续经营1年及以上的初创、成长、成熟阶段 |

### 产品实例

蔡某，新沂市马陵山镇三合村村民，为江苏新沂汉源村镇银行小社区客户，原在家养猪30余头，规模较小。2016年该行“金融小社区”建设拓展到三合村，通过业务人员主动上门走访调查，为其办理贷款3万元，用于购买小猪及饲料，增加了养殖规模，当年获利15万元。目前，蔡某养殖生猪已增加到200余头，养殖厂房近300平方米。

### 产品联系电话

0516－67025568。

邳州陇海村镇银行

# 邳州陇海村镇银行以支农惠农为己任

邳州陇海村镇银行成立于2012年8月24日，始终秉持“以支持三农为宗旨，以支农惠农为己任”理念，团结奋斗，锐意进取，科学管理水平不断提升，积极助力邳州经济发展。截至2017年末，有七家营业网点，员工83人，是徐州网点最多、人员最多的村镇银行。贷款余额7.8亿元，较年初增加2.25亿元；贷款户数4429户，较年初增加1610户。其中小微企业（含个体工商户及小微企业主）贷款6.18亿元，较年初增加1.32亿元；小微企业贷款户数3611户，较年初增加1204户。

邳州陇海村镇银行以“提质增效”为抓手，针对邳州产业结构，量身定制差异化金融服务方案，积极支持地方经济建设，加大对重点特色产业转型升级、传统优势产业改造提升的信贷支持；深化小微企业贷款制度建设，优化小微企业服务，推动小微企业信贷业务创新。

## 优化审批流程，提升办贷质效

推进“阳光信贷”，提升服务质量与效率。一是下放支行贷款审批权限，鉴于广大农民客户资金需求急的特点，给予支行贷款自主审批权，最快一天就能完成从贷款调查到贷款发放的所有流程。二是推行限时办结制度，明确贷款调查、审查、审批等各个环节的办理时限，随到随办，当日事当日结，提高办贷效率，解决部分小微企业燃眉之急。

## 创新金融产品，降低融资成本

为解决“三农”及小微企业融资成本偏高问题，推出“公司流动资金循环贷款”“农户生产经营贷”“手机银行自助贷款”及“金领信用贷款”等特色信贷产品。客户借款后，在资金富余时可随时提前还款以减少利息支出，有效降低融资成本；如有所需，在授信额度内将不再进行审批，可以直接使用，有效提高融资效率。对于部分经营正常但资金临时周转出现问题的贷款企业，启动“暖企行动”，给予部分小微企业“免还本续贷”政策。

**紧扣关键农时，积极“送贷上门”**

推出“送贷下乡、服务到户”惠农活动，实现了由“客户上门”到“送贷下乡”的转变。根据农业产业结构及农产品生产周期，实行早部署、早调查、早动员，从年前开始进行一系列摸底调查。一方面积极筹措资金，备足资金头寸，确保农耕资金足额供应；另一方面，在“小额分散”的基础上，结合邳州市“万亩草莓”基地及“一村一品”建设工程，支持一批高效、优质种植大户，主动与其所在村委对接，搭建协同合作平台。

**开展多样活动，普及金融知识**

积极参与人民银行、银监局、银行业协会等组织的“消费者权益日”、“金融知识普及月”、“金融知识万里行宣传服务月”等活动，以营业大厅为“主阵地”，抽调业务骨干“走出去”，深入人流量较大的街道、社区开展主题宣传活动，丰富社会公众的金融知识。

## ＊＊＊＊＊＊特色产品、实例及联系电话＊＊＊＊＊＊

| 特色产品名称 | “情易贷” |
|---|---|
| 特色产品概述 | 为满足个体工商户、小微企业主以及农户需要，向借款人发放的用于生产经营、种植、养殖、家庭消费等日常周转需要的贷款 |
| 适用对象（行业） | 个体工商户、小微企业主以及从事种养殖的农户 |
| 产品特点和优势 | · 客户受众广。可以满足除抵押、质押外的大部分个人贷款<br>· 担保容易找。由借款人的父母、兄妹或子女提供担保，不需要房产抵押或找公职人员等其他担保，担保容易实现<br>· 融资成本低。“情易贷”综合成本控制在月息7‰以内，不收取任何担保费和融资手续费，大大减轻了小微客户“融资贵”难题 |

续表

| | |
|---|---|
| 期限 | 用信期限原则上在1年以内，最长2年。随用随贷，循环使用 |
| 额度 | 原则上不超过10万元 |
| 利率 | 年利率8.4%以内，不再收取任何担保费和融资手续费 |
| 适用发展阶段 | 适用小微企业主、个体工商户和农户发展的各个阶段 |

### 产品案例

借款人张某，自2010年开始从事木门销售工作，2015年开始从事木门加工销售生意，经营地点位于邳州市东湖街道，主要加工制作高、中、低档家用实木复合门，销往周边乡镇家具商场以及安徽、浙江等地。目前厂房占地约1500平方米，约10个操作工人。借款人经营木门销售，年销售额300万元左右，去除一年5万元房租及40万元左右工人工资，净利润达到25万元左右。其妻子在企业做会计，年工资收入约5万元。

随着经营规模扩大，张某对板材的使用量也逐渐增加。由于前期部分资金用于购买一些新设备，加上销往浙江安徽等地的固定采购商都是按月结款，导致资金积压在货物上，手中流动资金不足。面对日渐增加的销售量，采购板材迫在眉睫，苦于资金短缺，借款人去了几家银行，但由于对担保人条件要求较为严苛，借款需求难以满足。

了解到借款人的基本需求之后，经办人员发现其哥哥在邳州市某工程建设监理有限公司上班，妹妹在某市物价局工作，结合借款人的基本需求，该行向其推荐了“情易贷”，并向其介绍此款贷款的基本情况，只需要借款人的直系亲属（兄弟姐妹）作担保，就可享受月息7‰的优惠利率。借款人了解之后感觉这种贷款比较灵活，且担保人可以是自己兄弟姐妹，利率也较为优惠，当即表示要申请“情易贷”。随后该行客户经理跟随借款人去其厂房采集资料，做手续，向其发放了8万元的“情易贷”，解决了客户的燃眉之急。

### 产品联系电话

0516—86281118。

| | |
|---|---|
| 特色产品名称 | “果然好贷” |
| 特色产品概述 | 主要针对当地种植草莓、甜瓜等蔬菜水果的农户需求，提供贷款资金支持 |
| 适用对象 | 从事瓜果、蔬菜种植的农户 |
| 产品特点和优势 | · 上门服务。开展农户集中授信，组织客户经理带上打印机、复印机、笔记本等办公设备直接进村上户办理贷款手续<br>· 便捷高效。简化贷款手续，缩短贷款审批流程，现场受理、现场审批，大幅提高办贷效率。最快一天内可完成全部流程<br>· 担保方便。充分考虑农户担保难问题，由授信农户自行组成 3 人贷款小组，彼此间互相担保 |
| 期限 | 授信期限 3 年，每次用信期限原则上为 1 年，随用随贷，循环使用 |
| 额度 | 5 万元以内 |
| 利率 | 月息 8.3‰以内 |
| 适用发展阶段 | 适用于农户种植各个阶段 |

### 产品案例

邳州市港上镇前湖村是国家级“一村一品”示范村，也是邳州市最大的草莓种植区，全村草莓种植面积近 90％，共有种植户 300 余户。该村对贷款资金需求较多，但该村距离镇区较远，来往不便。其他商业银行发放贷款一般需要抵押物或者公职人员担保，担保条件较高，且手续烦琐，时间较长，而瓜果蔬菜种植属于季节性生产，急、短、快的资金需求无法满足。

了解到这一情况后，邳州陇海村镇银行主动与该村村委对接，首先在当地统计草莓、甜瓜等蔬菜水果种植农户基本情况，进行建档立卡，再由当地村委会逐户筛选，将其中信誉不好、经营不佳的客户予以剔除，该行再对剔除后的农户开展集中授信。

针对种植户缺少抵押物及资金需求急、短、快的特点，在风险可控的前提下，邳州陇海村镇银行开辟信贷“绿色通道”，实行“一站式”服务，组织客户经理带上打印机、复印机、笔记本等办公设备直接进村上户办理贷款手续。尽可能简化贷款手续，缩短贷款审批流程，现场受理、现场审批，最快一天即可办结，大幅提高办贷效率。

该行同时推出小额信用贷款，让诚信的农民得到实惠，满足不同生产规模农民的个性化经营需求。2017 年，邳州陇海村镇银行在港上镇前湖村共投放贷款 1000 余万元，帮助 260 余户草莓种植户解决了资金问题。

### 产品联系电话

0516－86336118。

中银富登村镇银行
BOC Fullerton Community Bank

# 睢宁中银富登村镇银行<br>借助总部优势扎根县域支农支小

2011年起，中国银行与新加坡淡马锡旗下的富登金控合作，借助富登金融的微型金融经验，按照批量化、规模化、集约化方式发起设立中银富登村镇银行。睢宁中银富登村镇银行成立于2013年6月，现有3家网点（含沙集支行、李集支行两家支行），内设行长室（董事长室）、风险管理部、公司金融部、三农金融部、零售金融部、运营部、财务部、人力资源部、合规审计部等九个部门。员工总数73人，其中领导班子成员三人，董事长一名、行长一名、副行长一名。2017年末，该行资产总额7.70亿元，本外币存款余额6.39亿元，较年初增加0.15亿元；本外币贷款余额6.21亿元，较年初增加1.26亿元。

自成立以来，睢宁中银富登村镇银行立足总部优势，扎根县域支农支小，切实践行普惠金融。陆续被睢宁县委县政府评为"支持地方发展先进单位"，被徐州银监分局评为"徐州市银行业支持小微企业先进单位"。

## 加强产品创新，完善农村金融服务体系

契合农村市场，积极推广特色信贷产品。一是针对小微企业及三农客户资金需求周期短、时间要求快、市场变化大等特点，陆续推出"续贷宝""农机贷""重卡按揭""光伏贷"等贷款产品。二是创新信贷模式，扩大可抵押物范围。不将有无可以登记抵押房产、有无过硬担保人作为贷款唯一标准，而是综合考察客户的经营业绩、发展规划、盈利模式等情况，允许借款人以不能进行正式抵押登记或较难变现的资产作增信手段。三是根据不同客户需求设计

还款方式及期限，有效减轻企业压力，较大程度缓解了三农客户以及小微企业的融资难题。

**提升服务效能，高效满足客户贷款需求**

积极提供快捷、高效的信贷服务，主动上门开卡、上门收集资料。一笔贷款从收集资料到放款，五天可以完成，最快可达两天，充分体现了小微贷款方便、快捷的特点及属性。至2017年末，小微企业贷款户数868户，贷款余额4.01亿元。当年累计发放贷款4.15亿元，其中支持制造业、商贸流通、农林水产、交通运输业等贷款占比为65%，支持农民、农户、农民互助合作社等贷款占比为18%，支持个人经营类贷款占比为17%，有力推动了新型农业经营主体的转型及发展。

**＊＊＊＊＊＊特色产品、实例及联系电话＊＊＊＊＊＊**

| 特色产品名称 | 成长贷 |
| --- | --- |
| 特色产品概述 | 为满足小微企业流动资金和固定资产需求而推出的贷款产品 |
| 适用对象 | 重点支持各类传统产业和新兴产业中的小微企业，包括生产、加工、服务、贸易企业 |
| 产品特点和优势 | · 抵押物灵活多样，有效解决中小微企业抵押物匮乏问题。不仅可接受双证房产，对于无证房屋、土地、集体土地房屋均可进行抵押，且可以对抵押物进行放大授信，最高可对抵押物价值放大2.2倍<br>· 融资成本低。不收取任何评估费、抵押登记费和融资手续费<br>· 审批效率高。在收集材料之后，5个工作日可完成审批放款 |
| 期限 | 3年以内，最长5年 |
| 额度 | 最高500万元 |
| 利率 | 根据担保方式确定 |
| 适用企业发展阶段 | 初创、成长、成熟 |

### 产品实例

江苏某食用菌有限公司成立于2012年，在睢宁姚集投资一期厂房。由于前期投入资金较多，导致企业流动资金短缺，急需贷款进行弥补。但该公司土地为租赁，厂房是自建，无房产证、土地证，缺乏银行贷款所需抵押物。且作为外地企业，缺乏企业为其担保，导致银行融资存在困难。

了解到企业的实际情况后，该行认真分析企业需求，对企业进行了深入调查和分析，在考察企业产品、生产技术、结算周期及经营者人品后，向北京总部积极争取，用企业无证厂房进行抵押，及时满足了客户融资需求。在该行融资扶持下，企业年销售额从不到2000万增加至4000万。

### 产品联系电话

0516—88337518-631。

| 特色产品名称 | 光伏贷 |
| --- | --- |
| 特色产品概述 | 根据光伏行业发展趋势，结合县域农户情况，为解决农户在购买光伏设备时资金不足问题而开发的一款贷款产品 |
| 适用对象 | 睢宁县域安装光伏设备的个人或微型企业 |
| 产品特点和优势 | · 产品额度高、期限长，还款方式贴合客户实际情况，客户还款无压力。农户首付仅30%就可在自家楼顶安装光伏设备，其余尾款通过该行的光伏贷来解决，每月的光伏发电收入可以用于偿还银行贷款<br>· 除帮助购买光伏设备的客户融资外，还可解决光伏经销商融资难题 |
| 期限 | 1～8年 |
| 额度 | 1万～20万 |
| 利率 | 9% |

### 产品实例

2016年下半年，光伏行业在睢宁县域兴起。由于市场上光伏设备品牌较多，质量参差不齐，普通居民缺乏对经销商是否能提供优质售后的分辨能力，导致品牌选择困难。加之缺乏银行贷款支持，居民购买光伏设备面临资金不足难题。

在此背景下，睢宁中银富登村镇银行推出农户光伏贷业务。经过前期市场调研、考察及论证，在考虑光伏设备（包括光伏板、逆变器、组件）质量、售后服务及保障措施基础上，选择“天合”、“协鑫”、“皇明”、“晶科”等全国知名品牌经销商进行合作。农户仅凭首付30%就可在自家楼顶安装光伏设备，其余尾款通过该行的光伏贷来解决，光伏贷款期限最长可达8年，农户每月的光伏发电收入与政府发电补贴收入基本可以覆盖银行的贷款还款额。光伏设备发电时限为25年，剩余17年中每月的光伏发电收入就是居民的额外收益，该收益成为农民养老的好帮手。

### 产品联系电话

0516—88337518-641。

# 第八篇

# 财务公司和金融租赁公司

徐工集团财务有限公司
XCMG FINANCE CO., LTD

# 徐工集团财务公司 “依托集团、服务集团”助力高端制造业发展

徐工集团财务公司(以下简称“徐工财务”)成立于2013年，截至2017年末，公司员工总数32人，存款规模59.27亿元，贷款规模51.38亿元，总资产94.9亿元。

2017年，徐工财务进一步深入贯彻“依托集团、服务集团”的经营理念，充分研判财政政策及货币政策，积极顺应供给侧结构性改革大趋势，主动对接行业的结构调整，以“专业领先、敢担当”的责任感，把“四个坚持”作为工作主基调，即“坚持服务主业不动摇，坚持创新转型不动摇，坚持结构调整不动摇，坚持风险底线不动摇”，在发力主业转型升级和新板块、新业态发展壮大的同时，不断提升徐工财务对主业的金融贡献度，全力支持实体经济发展。

## 增强对成员单位的信贷支撑，优化信贷结构，推动集团整体去杠杆，降低财务费用，壮大高端制造业和新兴板块

一是做精集团全口径融资管控，助力集团去杠杆、降成本。2017年，在工程机械行业反弹的大背景下，徐工财务积极利用专业平台优势协助各成员单位降低财务杠杆，各成员单位合并口径融资总额与去年同期基本持平，财务杠杆水平普遍下降。同时徐工财务还结合各公司的授信额度、市场走势、现金流状况等因素制定了各公司的年度融资预案，做到了融资筹划及风险防控前置，提高了集团融资管理的精细化水平，助力集团在严控杠杆水平的基础上实现“有质量”的增长。

二是优化信贷结构，加大对集团新兴产业支持力度。为助力集团提高全线产品的综合市场竞争力，进一步提升传统拳头产品

市场优势。不断促进新兴产品和企业的高质高效发展，徐工财务进一步加大了对集团新兴企业及进出口平台的信贷支持力度。2017 年对环境板块累计信贷投放 69375.2 万元，同比增加 51987.04 万元，为其环卫运营服务项目产品的生产提供了关键资金支持；对消防板块累计信贷投放 20518.17 万元，同比增加 13320.79 万元，目前其消防车产品国内市场占有率已达 51%，位居行业首位；对进出口平台公司累计信贷投放 74937.25 万元，同比增加 25936.25 万元。2017 年，徐工集团出口增幅超 80%，领跑工程机械行业。

**加强全面风险管理体系建设，强化全面风险管理运行机制，培育良好风险管理文化，确保公司依法合规稳健经营**

面对新形势下的风险防控压力，徐工财务高度重视风险管理，将风险管控作为公司核心竞争力来抓，积极推进全面风险管理体系建设，将风险控制的意识和理念贯穿于公司经营管理的各个流程，不断推进制度创新、组织创新、理念创新、方法创新和管理创新，为公司的可持续发展提供坚实保障。

2017 年初，徐工财务成立全面风险管理建设领导小组，提出"健全体系、稳发展"经营管理方针，将 2017 年定为"风险管理年"。以风险管控为主线，以风险管理促发展为落脚点，以组织流程再造与技术手段创新并举为依托，按照分类规划、有序推进、梯次建设的方式，研究制订了徐工财务全面风险管理建设工作方案，并纳入绩效考核之中，全面推动风险管理建设。

**打通全产业链融资服务渠道，深入推进全产业链金融创新，促进成员单位产品销售和资金回笼，助力集团产业强势复苏**

坚持以集团成员单位及上下游企业真实需求为导向，不断加强服务渗透，切实将产业链金融作为发展之翼给予重点关注与打造。徐工财务已获批开展消费信贷、买方信贷、融资租赁及"一头在外"应收账款保理和票据贴现业务等产业链金融业务，全面打通了全产业链金融服务渠道。为完善契合链上企业需求，徐工财务不断推出产业链金融服务方案：① 以“商付通”打通全链条融资；② 推行“集束式”金融服务模式，促进 PPP 项目发展；③ 开创“金航道”业务，实现利益共享；④ 创新推出“金桥融”业务，实现资金有效衔接；⑤ 对供应商开展“融易贴”、“保速贷”，维护良好采供关系。截至 2017 年末，徐工财务产业链金融业务累计投放资金 72.29 亿元，其中下游业务累计投放 42.36 亿元，直接支持主机销售近 56 亿元；上游业务累计投放 29.93 亿元，上下游累计获得直接收益 1.4 亿元。

**发力国际金融，综合运用多种国际金融工具和专业服务，助力集团管控汇率风险，降低外币融资成本**

一是稳步拓展国际金融业务，补齐汇率风险管理短板。紧跟集团“国际化”步伐，响应集团“一带一路”战略部署，积极应对外汇政策变化，发挥规模及专业优势，提升自身金融服务能力。通过开拓海外直贷渠道、利用集团增信提高海外公司授信级别、开展多元化担保创新、内保外贷续接模式创新等举措，有效化解外债危机，降低集团融资成本，优化外币融资结构，维护集团国际形象，增强集团参与国际竞争的能力，助力集团全球化经营。2017 年，徐工财务累计为海外公司新增各类外汇业务授信额度 48150 万美元，累计办理内保外贷、海外直贷、关税保函、海关增信担保、即期结售汇等外汇业务 49880 万美元，既丰富集团海外公司融资渠道，助力其扩大海外生产销售，规避汇率风险，又完成到期资金的有序衔接，维护海外资金链的安全和有效运营，有力支持了海外公司的业务拓展。

二是充分发挥财务顾问功能，助力集团融资体系结构的优化。徐工财务不断开拓融资新渠道，通过集团增信提高海外公司授信评级，并与银行评审部门现场沟通，协助巴西制造公司办理三年期海外直贷 4400 万美元，协助巴西投资公司办理三年期内保外贷

1500万美元，完成到期资金的有序衔接，维护海外资金链的安全和有效运营。同时支持其优化负债结构，节省财务费用2368.5万元，助力海外生产销售。创新外币融资到期续接模式，优化资金衔接方案，把控时间节点，推进合作银行完成三年期1030万美元保函转开的审批，确保巴西制造到期贷款安全续接，支持海外公司优化负债结构。

三是创新国际金融服务，助力集团降成本。徐工财务开展了多元化担保创新，开立海关高级认证保函1105万元，为进出口平台公司通过国际高级认证评审提供海关增信。11月14日两家公司已顺利通过复审，成功获得海关AEO高级认证资质。徐工财务为成员单位累计开立各类海关保函1.9亿元，压降财务费用56万余元，补充成员单位外部银行授信，办理效率高，获得成员单位高度认可。获得全国首批企业集团财务公司海关税收担保试点资格，晋身全国十家试点财务公司之列。海关总署还批复了徐工财务公司拓宽担保范围至集团内上下游单位的申请。

### 聚焦集团重大战略布局，以金融服务助力集团全面实施智能制造

作为集团内部金融平台，徐工财务紧盯集团发展战略方向，重点关注“主机＋核心零部件”徐工数字化工厂及智能化制造基地建设，主动深入企业，全面了解各成员单位智能制造水平及信贷需求。由于智能制造重点推进企业多为产品市场需求量较大的优势企业，对徐工科技分公司、徐工消防公司等智能制造标杆企业及徐工重型公司、徐工基础公司两家工信部评选的制造业“单项冠军”制造企业提供高效全产业链低成本信贷支持，助力其智能制造的全面实施。

## 特色产品、实例及联系电话

| | |
|---|---|
| 特色产品名称 | “集束式”金融服务产品（简称“集束式”金融） |
| 特色产品概述 | 专门为环境产业创新推出的金融产品。目前由政府主导的各类环保类 PPP 项目正在大力开展，徐工通过开展“集束式”金融服务，积极参与分(子)公司的 PPP 项目，采用“集束式”金融服务模式，为其提供全方位、多层次的融资服务，既促进成员单位产品的销售，又缓解政府负债压力较大的局面 |
| 适用对象(行业) | 重点支持购买徐工成套环卫设备的产业链下游公司，扶持环卫产业的良性发展 |
| 产品特点和优势 | · 满足个性化需求。满足下游环境类企业的个性化融资需求，针对性强<br>· 融资成本低。环境类企业在徐工财务的融资成本在 6.5%以内，不收取任何担保费和融资手续费，大大减轻了新设环境类企业融资难和融资贵的难题<br>· 贷款整体规模大、期限长。该产品主要是支持环卫成套设备的销售和购买，单笔融资基本在 5000 万元以上，而且期限一般在 3～5 年，是一个 10 亿元规模以上的产品投放项目 |
| 期限 | 贷款期限在 3～5 年 |
| 额度 | 占用对应核心企业的信用，实际以购买的成套设备价值的 80%为限，并结合借款人自身资质而定 |
| 利率 | 贷款利率在 6.5%以内（如遇国家利率调整，贷款利率相应同比例调整），不再收取任何担保费和融资手续费 |
| 适用企业发展阶段 | 项目公司或运营公司初立、成长、成熟阶段 |

### 产品实例

某环保工程有限公司成立于 2015 年，属环卫产业中垃圾后处理企业，主要从事城市生活垃圾经营性清扫、收集、运输、处理服务，化工产品及原料、机械设备、建筑材料、化肥、环保设备的销售，从事建筑科技领域内的技术开发、技术咨询、技术服务、技术转让、项目投资等。该公司与政府签署服务协议，一般服务年限在 15 年，属于政府购买服务的 PPP 模式，当地财政良好，可支撑后续服务费的支出，但该公司前期需要投入基建及设备的金额较大，投资方自有资金无法满足全部需求，拟通过“自有资金＋设备融资”的形式完成项目投入。该公司系新设立公司，注册资金未全部到位，经营未满一个会计周期；项目属于政府承诺类项目，前期资金需求金额较大，银行现行政策已不能满足该公司的经营需求，该类企业发展存在较大阻力，直接影响到主机厂的产品销售。

鉴于上述情况，徐工财务与出售环卫设备的主机厂进行深入沟通。通过向主机厂了解商户情况，得知该商户属于集团的战略合作客户，在市场上具有较好的口碑及项目营销能力，该公司控股股东从未出现逾期、不良等情况；且当地政府的财政收入亦可以满足该 PPP 项目后续还款需求，在还款来源上可以保障。徐工集团财务公司充分发挥上下联动优势，信贷专管员及时、准确地将客户需求信息进行了报告。专门组织贷审会进行讨论商定方案，通过召开多次贷审会进行分析，综合均衡风险和收益，在合规的前提下支持实体经济发展，创新推出“集束式”金融服务，一揽子解决该公司的大额资金需求问题。同时由该公司实际控制人提供相应的担保和不动产抵押，并占用主机厂授信，主机厂协助该笔信贷投放的风险控制，进而扶持该类环卫类公司的发展，增加对主机厂等实体经济的金融支撑作用。

**产品联系电话**

0516－87565079。

恒鑫金融租赁 HENGXIN FINANCIAL LEASING

# 徐州恒鑫金融租赁有限责任公司
# 依托股东背景助力绿色能源产业发展

徐州恒鑫金融租赁有限责任公司（以下简称“恒鑫金租”）成立于2016年，现有员工59人，设立六大业务部门，分别为：汽车金融业务部、航空租赁业务部、新能源业务部、公共事业业务部、淮海业务中心和西北业务中心。在亚太融资租赁创新与合作峰会上，荣获“最具潜力融资租赁企业奖”，在十四届中国国际金融论坛上，荣获“2017年度最佳绿色租赁奖”，在中国财经峰会冬季论坛中，荣膺“2017年金融科技年度品牌引领奖”。至2017年末，租赁资产规模达53.71亿。

## 依托产业系股东背景优势，坚持服务实体经的战略规划

恒鑫金租遵循“产租结合，以租促产，产租联动，跨越发展”经营理念，积极践行产融结合发展路径，深耕具有领先优势行业领域。以“助推绿色能源产业发展、促进传统产业转型升级”为使命，依托股东优势，聚焦“3＋X”（“3”指绿色能源、交通运输和装备制造；“X”指环保电力、旅游、节能再利用等领域）业务发展战略，聚焦新能源和清洁能源、装备制造、基础设施三大核心领域，积极探索和布局仓储物流、学校教育、医疗健康、节能环保、信息技术等领域。

恒鑫金租在对实体企业了解和对产业格局判断基础上，贯彻国家脱虚向实的金融政策，加强支持实体企业尤其是绿色产业、新能源产业和制造业企业。截至2017年末，恒鑫金租累计投放租赁业务68.04亿元，集中在民生工程、绿色能源、基础设施、交通运输、装备制造等行业，租赁业务全部投向实业领域。业务结构见下图：

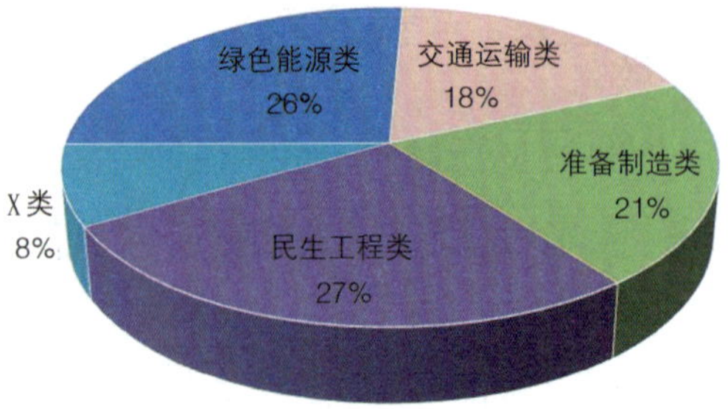


### 坚持提供长期资金，助力长周期企业发展

新能源、交通运输和机械制造等运营周期较长的实体产业，融资期限需求均在5～10年之间。虽然较长的融资期限提升该行业资金利用效率，但商业银行很难满足如此长期限贷款需求。针对该类行业企业融资需求，为提升企业资金利用效率，恒鑫金租发放资产端期限普遍较长。截至2017年末，恒鑫金租投放项目加权平均期限62个月，超过五年。

### 盘活存量，用好增量，提高企业资金利用效率

在过去较长一段时间里，相当一部分信贷资金转化为企业的固定资产、在建工程和运营资金，成为企业资金链中不可或缺的组成部分。大量信贷资金形成事实上的"沉淀"，面对这一难题，恒鑫金租发挥金租公司"融物"特性，拓展处于成熟发展阶段的重资产企业客户。企业通过售后回租业务不仅可以盘活存量固定资产、优化资产结构，而且可以改善企业流动性，使企业现金流入和现金支出相互匹配，提高风险抵御能力。截至2017年末，恒鑫金租共投放售后回租项目53笔，金额合计64.27亿元。

随着技术进步和设备更新加快，企业通过融资租赁，不仅可以提高资产更新的速度，促进技术的进步和升级，而且由于不必直接购买设备，企业可以直接降低资产负债率，将宝贵的资金用于更好或更为急需的用途，从而提高资金运用效率和效益。截至2017年

末，恒鑫金租共投放直租项目 7 笔，金额合计 3.77 亿元。

## ※※※※※※特色产品、实例及联系电话※※※※※※

| 特色产品名称 | 绿色金融融资租赁业务 |
|---|---|
| 特色产品概述 | 主要支持环保类、新能源类、旅游类企业。选择此类企业权属清晰的设备作为租赁物，通过直接租赁或者售后回租两种形式开展 |
| 适用对象 | 重点支持环保、新能源、旅游等行业 |
| 产品特点和优势 | · 融资租赁形式灵活，能够缓解企业的现金流压力。融资租赁模式更关注未来项目的现金流，形式灵活，因而更易在建设初期通过融资租赁获得融资，加快项目进度<br>· 可以实现更高比例的融资额。售后回租模式可以最大限度按照设备净值给予企业融资<br>· 融资租赁融资期限更长。银行流动资金的周期一般较短，而融资租赁的融资周期较灵活，租期与租金可根据承租人的财务状况灵活安排，期限多为 3～5 年，甚至可达 8 年 |
| 期限 | 3～5 年 |
| 额度 | 根据承租人的规模、经营情况、租赁物等情况确定，一般不超过 1 亿元 |
| 利率 | 6%～8% |

### 产品实例

徐州某环境科技有限公司为徐州市餐厨废弃物资源化利用和无害化处理 PPP 项目而专门设立的项目公司，徐州市政府授权徐州市城管局于 2016 年 9 月与该公司签订了 PPP 投资合作协议、特许经营协议和收运处一体化服务协议，项目入选首批省级 PPP 项目库，成为江苏 15 个首批 PPP 试点项目之一。主要负责徐州地区餐厨废弃物的收集、运输和处理服务，水污染治理服务，餐厨废物污染治理服务，为徐州地区环保民生工程。项目总投资估算

1.7亿元，项目已投入资本金5000万元，银行及政府借款1400万元，距总投资差距较大，项目难以正常运营。

由于银行对于特许经营权作为质押品认可度不高，该项目公司较难获得后续贷款。另外，其主要产品生物柴油、沼气的市场价格波动较大，对其经营造成不确定性影响。恒鑫金租综合日餐厨废弃物处理量、生物柴油和沼气的市场价格分析、国家政策变化等各类因素开展可行性研究，及时跟进关注各类因素变化，为其提供价值6500万元餐厨处理设备直租服务，期限8年，推进该项目顺利投入运行；后通过售后回租的方式为该项目提供650万元资金支持，期限5年，扩大该项目的服务范围，较好推进该民生工程项目的发展。目前，该项目餐厨废弃物处理规模200吨/日，废弃油脂处理规模30吨/日，达产后年销售收入4800万元，基本实现餐厨垃圾100％资源利用，无二次污染，从根源上解决徐州地区餐厨垃圾对环境的危害。

**产品联系电话**

0516－87879152。

# 第九篇

# 徐州市金融服务
# 实体经济主要政策

# 徐州市中小微企业信保基金管理办法(试行)

2018 年 2 月 26 日

**第一条**　为促进金融机构加大对中小微企业的信贷支持力度,提升金融服务实体经济效能,根据《市政府关于金融支持实体经济发展的实施意见》(徐政发〔2017〕38 号),市政府设立“徐州市中小微企业信用保证基金”(以下简称“信保基金”)。为规范信保基金运作管理,充分发挥资金使用效益,特制定本办法。

**第二条**　本办法所指信保基金,是指为符合国家产业政策、生产经营正常但因担保不足无法获得银行贷款的中小微企业提供信用增信服务的政策性基金。信保基金仅用于支持中小微企业获得流动资金贷款。

**第三条**　本办法所指中小微企业,是指在徐州市区(不含铜山区、贾汪区)注册登记,符合工信部等四部委印发的《中小企业划型标准规定》(工信部联企业〔2011〕300 号)的中小微企业,以及银监会小微企业贷款口径下的个体工商户和小微企业主。申报信保基金支持的企业原则上自申报之日起前两年内,无恶意逾期、欠息(逾期、欠息一年内超过两次,每次超过 3 天)等不良信用记录。

**第四条**　基金规模

信保基金初期规模 2 亿元,不以营利为目的,与金融机构合作贷款总规模不超过 20 亿元。根据基金运行、地方可用财力和企业融资需求等情况,市信保基金领导小组可适时调整基金规模和与金融机构合作的贷款总规模。

**第五条**　基金管理

(一) 管理机构

成立市信保基金领导小组,市政府分管副市长任组长,市金融办、财政局、人民银行、发改委、工信委、徐州银监分局等部门分管负责人为成员;领导小组下设办公室,办公室设在市金融办,负责基金运作监管,及时协调解决基金运行中的重大问题,并定期向市信保基金领导小组报告基金运行情况。

市政府委托国有担保公司担任信保基金管理人,行使基金管理人职能。

（二）职责分工

市金融办:承担市信保基金领导小组办公室日常工作,会同市财政局监管基金运行情况,并指导基金管理人、合作金融机构做好基金使用、业务管理等工作。

市人行:负责建立健全中小微企业信贷评估机制,利用“徐州市中小微企业信用信息综合分析系统”对贷款企业进行分析、监测,并向合作金融机构提供信息支持;配合市信保基金领导小组办公室做好信保基金相关政策宣传、实施等工作。

徐州银监分局:对全市不良贷款进行风险监控;负责协助基金管理人及时核查与信保基金合作出现风险的企业贷款情况,以及协助核查合作银行是否存在将原有中小微企业不良贷款转入信保基金风险共担范围等变相置换行为。

市财政局:根据基金运行情况和风险承担比例,负责风险垫付和代偿资金划拨;将代偿资金纳入年度预算。

市发改委:发挥熟悉产业发展政策等方面的优势,积极向合作银行推荐符合条件的中小微企业。

市工信委:积极向合作银行推荐符合条件的中小微企业,并负责建立信保基金申报企业运行监测平台,会同基金管理人、合作银行指导督促企业按期填报企业运行有关数据,运行监测信息向市信保基金领导小组成员以及基金管理人、合作银行公开。

国有担保公司:承担合作担保机构和基金管理人职能。作为合作担保机构,履行担保管理等职责,承担约定比例的担保损失;作为基金管理人,负责基金日常运行管理工作,建立健全内部控制和风险约束机制，及时审查贷款客户的基本情况及银行审批意见，审查合作银行是否存在将原有中小微企业不良贷款转入信保基金风险共担范围等变相置换行为，定期向市信保基金领导小组办公室报告基金运行情况和运行成效等。

合作银行：根据申请贷款的企业和相关职能部门推荐的企业信息，开发符合信保基金合作条件的客户；负责优化业务流程，制定内部审批和考核办法；负责做好审贷、贷后跟踪管理、损失认定及债务诉讼、追讨等工作；建立风险预警机制，防范信贷风险，提供高效便捷服务。

**第六条**　基金合作对象

（一）合作银行应为在徐州市内设点经营，认可并接受本办法，经市信保基金领导小组办公室审核同意后与合作担保机构（基金管理人）签订合作协议的银行业金融机构。

（二）合作担保机构应为符合《融资性担保公司管理暂行办法》规定，已取得融资性担保机构经营许可证的国有担保公司，并配备与业务发展相匹配的专业管理团队。

合作担保机构（基金管理人）与合作银行签订的合作协议应报市信保基金领导小组办公室备案。

**第七条**　基金使用程序

信保基金使用遵循“政府引导、市场运作、风险共担”的原则，确保资金使用规范、安全和高效。

（一）申请。有贷款需求的中小微企业向合作银行提出申请。

（二）受理。合作银行对企业的经营、资信情况和偿还能力等进行初步审查，决定是否受理。

（三）评审。对于受理的企业，合作银行及时审核、提出办理意见，并将符合条件的企业提交合作担保机构（基金管理人）进行审查。合作担保机构应及时审查，对符合信保基金使用条件的贷款企业，与合作银行共同确定信保基金使用规模、贷款额度等。

（四）审批放款。合作银行、合作担保机构（基金管理人）与符合条件的贷款企业签订信保基金担保贷款协议后，合作银行向贷款企业放款。

（五）贷后管理。合作银行按照监管部门及内控要求进行贷后跟踪管理。

**第八条** 额度与费率

信保基金担保的企业单户贷款额度原则上不超过500万元（含500万元），以个人名义申请的个体工商户和小微企业主单户贷款额度原则上不超过300万元（含300万元）。合作担保机构担保费率控制在年1%以内（含1%），不另外收取保证金、中间业务费等其他费用。担保费率按年调整，由市信保基金领导小组办公室根据基金运行情况确定。

**第九条** 风险承担

（一）信保基金代偿上限为单家银行与信保基金合作发放贷款额的10%。信保基金只对单家合作银行发放贷款10%以内（含10%）的不良贷款进行风险补偿，贷款不良率超过10%的部分，由合作银行自行承担（贷款不良率是指单家银行与信保基金合作发放贷款产生的不良贷款与合作发放贷款总额的比率）。

（二）“阶梯形”损失分担。信保基金合作贷款发生的损失风险由信保基金、合作银行、合作担保机构共同承担。5%以内（含5%）的不良贷款，信保基金、合作银行、合作担保机构分担比例为80%、10%、10%；超过5%、低于10%（含10%）部分的不良贷款，信保基金、合作银行、合作担保机构分别按30%、60%、10%的比例共同承担。

（三）建立风险预警机制。信保基金合作贷款逾期占比达4%的（逾期超过30天），由信保基金管理人对合作银行进行风险警示，合作银行要加强跟踪监测，严格落实逾期贷款催收措施。逾期贷款占比达8%的（逾期超过30天），信保基金管理人暂停为相关合作银行办理新的合作业务。

**第十条**　代偿与追偿

（一）信保基金合作贷款出现逾期，或发生借款合同约定的其他违约事项后，合作银行及时向合作担保机构（基金管理人）书面报告；逾期 90 天仍无法收回的，由合作银行向合作担保机构（基金管理人）提出书面代偿申请。合作银行、信保基金、合作担保机构根据协议约定比例对贷款本息损失进行分担，信保基金、合作担保机构于 20 个工作日内将代偿资金支付给合作银行。

（二）代偿后，合作银行继续负责追偿，未经市信保基金领导小组批准，不得放弃追偿权益。合作担保机构（基金管理人）应监督追偿。合作银行追偿所得，于 10 个工作日内一次性按约定风险分担比例分配到账。

（三）信保基金实际代偿金额对应的贷款计入合作银行不良贷款基数。

**第十一条**　违约处理

（一）发生代偿的贷款企业两年内不得申报各级奖补资金；到期恶意不还款的企业，取消其申报各级奖补资金资格。合作银行根据有关规定记录企业和企业法定代表人、主要管理人的不良信用，并继续追偿欠款。

（二）合作银行不得将已有的中小微企业不良贷款转入信保基金风险共担范围，不得采取变相置换办法增加信保基金代偿金额。合作银行存在弄虚作假等行为的，立即退回代偿资金，取消合作资格，并依法依规追究单位和相关负责人责任。

**第十二条**　预算管理

市信保基金领导小组办公室（市金融办）根据担保贷款投放规模、放大倍数、逾期贷款量、基金代偿额等情况，每年 10 月底前向市信保基金领导小组报告次年度信保基金使用计划，并向市财政提出代偿准备金预算申请；市财政根据基金运行整体情况和风险承担比例，安排代偿准备金并纳入预算。

**第十三条** 报告制度

（一）合作银行应建立健全担保贷款业务风险控制制度，加强对贷款企业监管，密切跟踪其经营和财务状况，对可能发生的贷款损失和运作异常情况及时向基金管理人报告。

（二）合作银行每月上旬向基金管理人提交上月信保基金担保贷款情况，包括支持中小微企业情况、贷款金额、利率水平、基金代偿、代偿项目追偿等情况。

（三）基金管理人每季度后15日内向市信保基金领导小组办公室报告基金运行情况。

**第十四条** 绩效评价

建立信保基金年度绩效评价制度。基金管理人每年11月底前对基金政策目标、银行贷款、基金代偿等情况进行综合评价，并根据评价结果向市信保基金领导小组办公室提出增加合作银行，以及与原合作银行继续合作或终止合作的建议，原则上对年内未发生信保基金担保融资业务的合作银行应终止合作。获得信保基金支持的企业，应当配合有关单位做好绩效评价和政策宣传工作。

**第十五条** 审计监督

信保基金接受市审计、财政等部门审计检查，对骗取财政资金、截留转移等行为的，按《财政违法行为处罚处分条例》等规定处理，情节严重的追究相关单位和责任人的法律责任。

**第十六条** 信保基金运行期限暂定5年，市信保基金领导小组可根据基金运行情况进行调整。

**第十七条** 本办法由市信保基金领导小组办公室会同信保基金管理人负责解释及修订。

# 徐州市推动绿色金融发展促进经济转型升级的指导意见

2017 年 6 月 19 日

为落实绿色发展理念，突破经济新常态下资源环境约束，发挥金融助推经济增长、增强经济动力的重要作用，结合我市实际，提出以下指导意见：

一、指导思想及总体目标

（一）指导思想

坚持创新、协调、绿色、开放、共享发展理念，全面贯彻《中共中央国务院关于加快推进生态文明建设的意见》和《生态文明体制改革总体方案》精神，落实中国人民银行、财政部等七部委联合印发的《关于构建绿色金融体系的指导意见》，结合省市两级“两减三治六提升”专项行动方案，充分发挥金融服务实体经济功能，支持和促进徐州创建“强、富、美、高”生态城市。

（二）总体目标

1. 形成具有地方特色的绿色金融产品和模式。促进金融机构转变发展模式，创新绿色金融产品，引导资金要素向节能、减排、降耗、高新技术等领域聚集。

2. 量化目标：力争到“十三五”末全市绿色信贷占比提高 8 个百分点，绿色金融发展水平进入全省先进行列。

二、重点任务

（一）充分认识发展绿色金融的重要意义

绿色金融是指为支持环境改善、应对气候变化和资源节约高效利用的经济活动，即对环保、节能、清洁能源、绿色交通、绿色建筑等领域的项目投融资、项目运营、风险管理等所提供的金融服务。

发展绿色金融有助于金融机构发掘市场机遇，形成差异化竞争优势。节能环保被列为国家七大战略性新兴产业之首，绿色经济迎来巨大的市场空间和业务机遇。金融机构以服务绿色经济为切入点，加快形成与之相匹配的业务模式、组织模式、营销模式，有助于形成经营特色和品牌、实现自身可持续发展，为迎接新一轮高质量发展积蓄力量。

发展绿色金融是缓解我市资源硬约束、推进供给侧改革的有力突破口。徐州市作为曾经的煤炭资源城市和苏北老工业基地，产业结构偏重、绿色金融发展总体水平偏低，与城市生态宜居环境水平、转型升级要求及绿色发展总体目标不相适应。发展绿色金融是引导要素资源向节能、环保、高新技术等领域合理配置和集约使用的重要手段，是全面深化改革促进转型升级的迫切要求。绿色金融是新形势下金融机构以市场化形式履行社会责任的最佳体现，是打造生态名城，实现绿色增长、低碳发展的现实选择。

（二）不断完善金融功能，建立绿色金融发展机制

金融机构要根据自身经营情况建立绿色信贷专营组织体系，建立并不断完善绿色信贷管理制度和流程。根据环保法律法规、产业政策、行业准入政策等规定，在客户准入、贷前调查、授信审批、合同签订、贷款支付及贷后管理等方面细化落实绿色信贷相关要求，将节能、环保、安全与社会风险纳入客户及项目风险的重要评价内容。

有条件的金融机构可以将绿色金融业务指标纳入业务经营与发展综合考评等相关考核体系，形成支持绿色信贷等绿色业务的激励机制和抑制高污染、高能耗和产能过剩行业贷款的约束机制。

（三）突出绿色金融支持重点，推动经济结构转型升级

加大对徐州市传统产业升级改造的信贷支持，推动传统产业向先进制造业迈进，促进落后产能向高端产能蜕变。重点支持符合节能减排要求的技改项目，优先满足以新技术、新工艺、新装备、

新材料为主要内容的技术改造资金需求。降低传统产业对煤炭等资源的依赖和消耗，引领金融资源向集约型和环境友好型领域聚集。

加大对新兴产业的信贷支持力度，培育绿色经济增长点。围绕战略性新兴产业发展规划，研发适销对路的绿色金融产品，加大对新能源、电子信息等产业集群的信贷投入。紧抓科技与金融结合试点契机，建设和完善适合科技金融特点的科技企业信用信息平台，推动高新技术产业融资培育。突出抓好知识产权质押融资工作，支持科技企业通过各类知识产权，包括专利、商标、版权以及特定领域知识产权进行质押融资。

支持重点园区实现绿色发展。通过信贷资金引导园区内企业采用先进节能环保技术，推动重点耗能企业加快淘汰在役落后用能设备。加大对园区集中供气供热基础设施项目、清洁能源使用、治污处理的信贷投入。

支持工业“毒地”自然生态修复。发挥政策金融社会效能，运用重点建设基金、“投贷结合”等多种方式，为废弃矿井塌陷地、钢铁“废地”生态修复提供资金支持。

（四）实施差别化绿色信贷政策

金融机构应对企业实行有差别、动态的授信政策。积极发挥金融机构在环境保护中的积极作用，支持企业加强污染治理和符合国家产业政策的技术改造。对环保荣誉企业、环境行为信用等级评价结果良好等企业要提高授信额度并给予利率优惠。加大对区域水环境治理、生活垃圾治理、黑臭水体治理、畜禽养殖污染治理、挥发性有机物治理、环境隐患治理等项目的授信支持。逐步压缩和退出国家、省、市产业政策明令限制、淘汰的落后产能项目。严格限制“两高一剩”企业的贷款，支持银行信贷压缩和资产保全工作。针对在环保方面有严重失信记录的企业，严控向其发放贷款，并严控失信企业的担保、融资等其他金融交易行为。

（五）创新绿色金融产品和服务方式，满足多样化融资需求

各金融机构要根据客户需求和行业特征，加强专业信贷产品创新开发和运用。对零售客户，可推出绿色按揭贷款、绿色消费贷、低碳信用卡等零售绿色信贷产品。对法人客户，重点开展能效融资、合同能源管理融资、合同环境服务融资等绿色金融专属产品，积极推进节能环保企业应收账款保理融资，探索推进碳排放权、排污权、节能减排收益权等环境权益抵押融资业务。

鼓励为企业提供全面的绿色金融综合服务。将绿色信贷业务扩展到融资租赁等传统信贷融资以外的非信贷融资产品，增强节能环保项目融资能力。支持符合条件的绿色环保企业通过保理、保函、资产证券化等方式拓宽融资渠道。

加大与社会各方的合作力度。鼓励金融机构与地方政府、社会资本合作设立同股同权的绿色产业基金，支持绿色产业发展。通过公私合营 PPP 模式撬动更多社会资本进入绿色产业，鼓励将节能减排降碳、环保和其他绿色项目与各种相关高收益项目打包，建立公共物品性质的绿色服务收费机制。

（六）扩大直接融资在绿色金融中的比重

具有主承销商资格的金融机构要积极推动符合节能环保要求的企业到全国银行间市场发行债务融资工具，扩大企业融资渠道，降低财务成本。

三、保障措施

（一）强化组织领导

建立绿色金融协调机制。定期召开相关主管部门以及金融机构参加的联席会议，统筹推进绿色金融创新发展，研究支持政策，落实各项工作任务。

（二）建立信息共享机制

建立徐州市绿色金融信息共享服务平台。将相关职能部门提供的信息通过平台向金融机构发布。金融机构要合理使用平台提

供的信息，按照绿色金融报告要求，加强绿色信贷业务分析与成效宣传。

（三）加大政策扶持

定期对金融机构支持绿色发展情况进行监测。每年组织开展绿色金融政策实施效果评估。对评估结果较好的金融机构在再贷款、再贴现等方面给予倾斜。

# 徐州市创业担保贷款实施办法(试行)

2017 年 10 月 17 日

## 第一章 总 则

**第一条** 为进一步规范和促进我市创业担保贷款工作,根据《中国人民银行、财政部、人力资源和社会保障部关于实施创业担保贷款支持创业就业工作的通知》(银发〔2016〕202 号)、《财政部关于印发普惠金融发展专项资金管理办法的通知》(财金〔2016〕85 号)、《徐州市人民政府关于进一步做好新形势下就业创业工作的实施意见》(徐政发〔2015〕72 号)等文件精神,结合徐州实际,制定本办法。

**第二条** 本办法所称创业担保贷款,是指以具备规定条件的创业者个人或小微企业为借款人,由创业担保贷款担保基金(以下简称"担保基金")提供担保(小微企业只贴息不担保),由经办此项贷款的银行业金融机构(以下简称"经办银行")发放,由财政部门适当给予贴息,用于支持个人创业或小微企业扩大就业的贷款业务。

**第三条** 本办法所称担保基金,是指由地方政府出资设立,为创业担保贷款提供担保的专项基金。

担保基金由政府指定的公共服务机构或其委托的融资性担保机构负责运营管理。

**第四条** 本办法所称经办银行,是指由人民银行分支机构会同财政、人力资源和社会保障部门通过公开招标等方式,确定的为符合条件的个人和小微企业提供创业担保贷款的银行业金融机构。

经办银行确定后,应与当地人民银行分支机构、财政、人力资源和社会保障部门、担保基金运营管理机构等签订合作协议,明确各方权责。

## 第二章　贷款对象、条件和用途

**第五条**　个人创业者。是指法定劳动年龄内，经工商注册创办个体工商户、企业、农民专业合作社，或依法登记设立民办非企业单位，或经认定开展网络创业的在校大学生、城乡劳动者。其中，城镇登记失业人员、就业困难人员（含残疾人）、复员转业退役军人、刑满释放人员、高校毕业生（含大学生村干部和留学归国学生）、化解过剩产能企业职工和失业人员、返乡创业农民工、网络商户、建档立卡贫困人口为重点群体。对个人创业者中的妇女，应给予重点支持。

**第六条**　小微企业。是指登记注册，当年（申请之日前12个月内）新招用符合创业担保贷款申请条件的重点群体（不包括大学生村干部、留学回国学生、返乡创业农民工、网络商户）人数达到企业现有在职职工人数30%（超过100人的企业达到15%），并与其签订1年以上劳动合同的小微企业。小微企业认定标准按照《中小企业划型标准规定》（工信部联企业〔2011〕300号）执行。

**第七条**　借款人应符合以下条件：

（一）有具体经营项目；

（二）信用记录良好，无拖欠职工工资、欠缴社会保险费等违法违规行为；

（三）除助学贷款、扶贫贷款、首套住房贷款、购车贷款以及1万元以内（含1万元）的消费贷款以外，个人创业担保贷款申请人及其家庭成员（以户为单位）自提交创业担保贷款申请之日起向前追溯5年内，应没有商业银行其他贷款记录。

**第八条**　创业担保贷款只能用于借款人企业或创业项目开办经费、流动资金周转、技术改造等生产经营活动，不得用于购买股票、期货等有价证券和从事股本权益性投资，不得用于违反国家有关法律、法规和政策规定的用途。

## 第三章　贷款额度、期限和利率

**第九条**　个人创业担保贷款额度为 10 万，最高不超过 30 万元；合伙经营或创办企业的，每人不超过 10 万元，贷款总额最高不超过 200 万元；小微企业创业担保贷款额度由经办银行根据企业实际招用符合条件的人数合理确定，最高不超过 200 万元。

**第十条**　借款人、经办银行应当根据借款人经营活动和资金周转情况，约定创业担保贷款还款方式和计结息方式，合理确定贷款期限。个人创业担保贷款期限最长不超过 3 年，小微企业创业担保贷款期限最长不超过 2 年，经担保基金运营管理机构和经办银行同意，可以展期 1 次，展期期限不超过 1 年。

**第十一条**　个人创业担保贷款利率由经办银行参照贷款并结合借款人信用情况、风险分担方式合理确定，在同期限贷款利率（合同签订之日，下同）上浮不超过 3 个百分点。小微企业创业担保贷款利率，由经办银行根据借款人的经营状况、信用情况与借款人协商确定。贷款利率应在贷款合同中载明，各经办银行不得以任何形式变相提高创业担保贷款实际利率或额外增加贷款收费。

## 第四章　贷 款 担 保

**第十二条**　徐州市在原下岗失业人员小额担保贷款担保基金的基础上，设立徐州市创业担保贷款担保基金。各县（市）在原下岗失业人员小额担保贷款担保基金的基础上，分别设立创业担保贷款担保基金。担保基金所需资金从一般预算中安排，其他专项资金或者财政专户资金不得作为担保基金的资金来源。各县（市）担保基金规模达到 1000 万，撬动创业担保贷款规模基本达到担保基金余额的 5 倍。鼓励各县（市）建立担保基金持续补充机制，提高担保基金的代偿能力。

**第十三条**　担保基金运营管理机构应加强对担保基金的规范

管理，担保基金应在经办银行开设专户，实行专户管理、封闭运行，专门用于创业担保贷款业务。担保基金运营应与担保基金运营管理机构的其他业务分离管理，单独核算。

**第十四条**　担保基金担保贷款责任余额原则上不得超过担保基金余额的5倍。达到5倍时，相关地区应暂停受理新的创业担保贷款申请，并按照有关程序及时补充担保基金。单个担保基金运营管理机构的担保基金放大倍数达到5倍时，该担保基金运营管理机构应立即停止创业担保贷款担保业务。

**第十五条**　对担保基金提供担保、逾期3个月以上、贷款额度10万元以下（含10万元）的，经催收后仍未归还的，在1个月内由担保基金与经办银行按协议约定比例分担，最高全额代偿；贷款额度超过10万元的，由担保基金代偿80%。

## 第五章　贷款管理

**第十六条**　创业担保贷款原则上按照“借款人依规定申请、人力资源和社会保障部门按规定审核借款人资格、担保基金运营管理机构按职责尽职调查、经办银行审核放贷、财政部门按规定贴息”的流程办理。

在有效控制风险、确保资金安全的前提下，可以简化贷款办理流程、提供“一站式”服务、搭建网络审批平台、实施“首问负责制”等方式，提高办理效率，为创业者申请贷款提供便利。

经办银行直接托管担保基金，与担保基金约定风险分担比例，在经当地人力资源和社会保障部门进行借款人资格审核、经办银行进行贷款审核的基础上，发放创业担保贷款。

**第十七条**　经办银行要制订创业担保贷款管理办法，规范贷前调查、贷中审批和贷后管理等各个环节，加强对贷款资金投向的监督管理。担保基金运营管理机构、经办银行应建立高效的审批机制，缩短审批时间，简化贷款申请和审批手续，优化服务流程。

**第十八条** 可视情况要求由担保基金提供担保的借款人提供一定形式、一定比例的反担保，具体形式和比例由各地自定。鼓励借款人灵活采取以下一种方式：

（一）自然人反担保。党政机关、事业单位、国有企业及担保基金运管机构认可的其他具备担保能力的人员提供连带责任保证担保。个人创业担保贷款原则上提供一名反担保人即可；

（二）抵押反担保。按有关规定可办理抵押登记手续的不动产、动产、林权、农村承包土地经营权、农民住房财产权等；

（三）质押反担保。自然人或企业拥有的银行定期存单、有价证券、股权、债权、应收账款、无形资产等；

（四）第三方机构反担保。担保公司、保险公司、典当行、创业孵化基地或创业园等提供反担保；

（五）各地自定的其他反担保方式。

**第十九条** 鼓励对资信情况良好的借款人降低反担保要求。对于贷款 10 万元以下，以及被评为市级以上创业典型、获得省级以上创业示范基地推荐等信用良好的个人创业者，可取消反担保。鼓励充分利用各类社会信用信息、人民银行征信信息探索取消借款人反担保要求。

## 第六章 贷后管理

**第二十条** 切实加强贷后跟踪管理，探索建立贷款风险防控长效机制。贷款期限内，担保基金运营管理机构和经办银行根据实际情况对借款人进行电话或实地跟踪回访。如发现借款人本身或项目经营出现异常情况的，应给予重点关注，督促其按期偿还贷款本息。

**第二十一条** 创业担保贷款到期，借款人不能按期足额偿还贷款的，经办银行应当积极催收。逾期的创业担保贷款经担保基金代偿后，担保基金运营管理机构和经办银行仍应积极追偿。经追偿后回收的贷款，由担保基金和经办银行按代偿比例分别受偿。在规定期限内确实无法追偿的，可按规定程序从担保基金中核销。

**第二十二条**　经办银行创业担保贷款逾期率（逾期贷款余额/全部贷款余额）达到 10%时，应暂停发放新的创业担保贷款，经采取整改措施并报当地人民银行分支机构、财政部门、人力资源和社会保障部门同意后，方可恢复开展创业担保贷款业务。经办银行创业担保贷款逾期率达到 20%时，当地相关部门应终止与该银行的创业担保贷款业务合作。

**第二十三条**　对出现逾期的贷款，人力资源和社会保障等部门要积极配合经办银行、担保基金运营管理机构督促借款人及时归还，并及时将借款人的不良信用提供至相关信用信息数据库。经办银行要及时将借款人的信贷业务信息报送至金融信用信息基础数据库。

**第二十四条**　在操作规范、勤勉尽责的前提下，经办银行的创业担保贷款质量考评情况可不纳入商业银行内部不良贷款考核体系，不影响经办银行和信贷人员的年终评比、奖励和晋级。

## 第七章　贷款贴息和奖补

**第二十五条**　对本办法第五条九类重点群体发放的符合规定的个人创业担保贷款，省以上财政对金额 10 万元以内（含 10 万元）的贷款给予 100%贴息支持，市财政对金额 10 万元（不含 10 万元）至 30 万元的贷款按照合同签订日同期贷款利率给予贴息支持；对符合条件的小微企业按规定发放的创业担保贷款，省以上财政按照合同签订日同期限贷款的 50%给予贴息支持。对展期、逾期的创业担保贷款，财政部门不予贴息。

**第二十六条**　经办银行按照国家财务会计制度和创业担保贷款政策有关规定，计算创业担保贷款应贴息金额，按季度向财政申请贴息资金。贴息资金申请应包括贷款发生额、季初余额、季末余额、贷款发生笔数、申请贴息资金额(其中注明分别符合中央、省和地市贴息标准的资金额)等内容。明细表中包括每笔贷款的项目名称、贷款金额、发放时间、期限、利率、借款人名称、本期申请贴息资金额(其中注明分别符合中央、省和地市贴息标准的资金额)等内容。财政会同有关部门进行审核,并在1个月内按规定拨付贴息资金。

## 第八章　部门职责

**第二十七条**　人民银行分支机构负责会同财政、人力资源和社会保障部门建立跨部门协调机制,定期召开联席会议,共同做好创业担保贷款政策的组织和实施工作;建立健全创业担保贷款数据统计和监测制度,加强各部门信息沟通和共享;指导经办银行落实创业担保贷款政策要求。

**第二十八条**　人力资源和社会保障部门负责做好借款人资格等情况的核实审查;配合经办银行、担保基金运营管理机构对创业担保贷款申请人情况进行调查及催收逾期贷款等工作;积极向创业担保贷款申请者提供创业指导、创业培训等服务;加强创业担保贷款的宣传,扩大创业担保贷款受益面。

**第二十九条**　财政部门负责做好担保基金、贴息资金和奖补资金的管理工作,制订相关管理细则,明确相关资金使用规定及程序,加强对创业担保基金运行和财政贴息执行情况的监督检查,确保资金依法合规使用。

**第三十条**　经办银行做好创业担保贷款的贷前调查、贷后跟踪、贷款催收、追偿等工作;建立创业担保贷款发放台账;及时申请财政贴息和代偿资金。担保基金运营管理机构负责创业担保贷款受理、审核、提供贷款担保等工作;与经办银行共同做好贷后检查、逾期贷款催收等工作;协助经办银行向财政部门申请贴息资金。

经办银行、担保基金运营管理机构要做好创业担保贷款的相关统计工作，确保统计数据的真实准确，并于每月后5个工作日内向所属地人民银行分支机构、财政、人力资源社会保障部门报告担保基金运管、创业担保贷款发放回收情况。

**第三十一条**　人民银行分支机构会同人力资源和社会保障部门、财政部门加强对经办银行、担保基金运营管理机构创业担保贷款相关业务的监督，并实施相应的激励和约束措施。鼓励有条件的地区聘请第三方审计机构，对经办银行创业担保贷款业务进行外部审计。

## 第九章　附　　则

**第三十二条**　各县（市）可参照本办法制定符合当地情况的创业担保贷款实施办法。有条件的可适当放宽创业担保贷款准入条件，提高贷款额度，延长贷款期限，合理安排代偿比例及奖补方式。具体办法和担保、贴息政策由各地自行研究确定。对地方财政部门自行安排贴息的创业担保贷款，要与中央及省财政贴息支持的创业担保贷款分离管理，分账核算。

**第三十三条**　本办法由中国人民银行徐州市中心支行、徐州市财政局、徐州市人力资源和社会保障局负责解释。

**第三十四条**　本办法自发布之日起实施。本办法印发前发布的有关创业担保贷款的相关规定与本办法不一致的，以本办法为准。实施之日前已生效的创业担保贷款（原小额担保贷款）合同，仍按原合同约定执行。

# 徐州市企业应急周转资金管理办法(试行)

2016 年 8 月 1 日

**第一条** 为强化政府服务,帮助企业及时获得转(续)贷支持,有效防范企业融资风险,市政府设立"徐州市企业应急周转资金"(以下简称"应急周转资金")。为规范应急周转资金使用和管理,充分发挥资金使用效益,特制定本办法。

**第二条** 本办法所指应急周转资金,是指为符合国家和产业政策、银行信贷条件,生产经营正常,贷款即将到期但足额还贷出现暂时困难的企业,提供临时周转服务的短期资金。应急周转资金用于支持企业流动资金贷款的还款。债务资产并购及处置、银行表外业务融资等不适用本办法。

**第三条** 资金来源

市级应急周转资金由市财政、鼓楼区、云龙区、泉山区、徐州经济技术开发区财政安排,规模不少于 9000 万元;其中,市财政出资 5000 万元,鼓楼区、云龙区、泉山区、徐州经济技术开发区各出资 1000 万元。其他各县(市)、区各自设立应急周转资金,规模不少于 2000 万元。

徐州市范围内企业可出资参与应急周转资金,按其所属年度单笔贷款最高金额的 10%出资;出资金额根据单笔贷款金额变化逐年调整,并按同档企业存款利率的 60%计息,鼓励多出资、长存续。

**第四条** 资金管理

应急周转资金单独建账,资金使用遵循"应急周转、封闭运行、滚动使用、确保安全"的原则。市政府委托徐州国盛控股有限公司(以下简称"国盛公司")作为应急周转资金管理人,负责应急周转资金具体运营和管理。应急周转资金优先用于化解需市政府协调处置的资金链、担保圈风险。

**第五条**　适用范围

应急周转资金支持的企业须具备以下条件，方可申请使用应急周转资金：

（一）属于我市重点发展的战略性新兴产业，或可能引发的损失巨大，造成连带风险隐患严重，对社会产生重大影响的；

（二）须在徐州市市区内依法登记设立；

（三）已出资参与应急周转资金；

（四）具备贷款条件和后续还贷能力，且经贷款银行同意办理转（续）贷；

（五）徐州市企业应急周转资金管理领导小组规定的其他条件。

单笔应急周转资金使用额度控制在银行承诺续贷额度的 80% 以内（即企业自筹不低于 20%）。同等条件下，自筹比例大的企业优先使用周转资金。

**第六条**　资金费用

应急周转资金的使用采取差别化收费方式，资金使用 7 日内（含 7 日）的日综合费率按同期贷款基本利率的 60%计算；资金使用超过 7 日的，超过部分按同期贷款利率的 80%计算。如因银行原因导致贷款资金不能及时到账的，利息由贷款银行承担。

对贷款前临时出资加入应急周转资金的企业，费率执行按同期贷款基准利率上浮 10%；存续满 1 年的，7 日内费率按同期贷款基本利率的 50%；存续满 2 年的，7 日内费率按同期贷款基本利率的 40%；存续满 3 年的，7 日内费率按同期贷款基本利率的 30%。

企业使用应急周转资金原则上不超过 10 天；确因客观原因逾期使用的，须提前两个工作日提出申请，书面申请、偿还方案等报送国盛公司审查批准。

**第七条** 使用程序

（一）企业申请。企业原计划归还银行贷款的资金，因特殊情况出现调度困难而暂时不能全额偿还的，在贷款银行同意续贷的基础上，企业提前 20 天向国盛公司提出借用应急周转资金书面申请。

贷款存在第三方担保的，担保人须同意使用应急周转资金，并出具继续为原债务提供担保的书面意见。

（二）贷款银行审核。贷款银行根据企业经营的实际情况，经审核后向国盛公司提出是否同意继续贷款的书面意见。

（三）国盛公司审批。根据贷款银行、原贷款担保人的意见，国盛公司对企业的经营情况、资信情况和偿还能力进行审核决定是否提供应急周转资金。国盛公司有权要求企业就使用的应急周转资金提供担保。

（四）签署协议。国盛公司、企业、原担保人、贷款银行签订应急周转资金履约合同，明确各方权利和义务；国盛公司与企业、原担保人签订借款协议、担保协议等，企业向国盛公司、贷款银行分别出具付款委托书作为上述履约合同的附件。

（五）资金使用。国盛公司根据履约合同及付款委托书等，从应急周转资金专用账户向贷款银行提供的指定账户汇入相应资金，并书面通知贷款银行扣款还贷。

（六）资金收回。贷款银行原则上应在 2 个工作日内办理完成转（续）贷手续，并根据履约合同、付款委托书等及时将应急周转资金以及所产生的利息或费用划转至国盛公司应急周转资金专用账户。

（七）收入和分配。应急周转资金的利息等收益专款专用于支付资金管理产生的日常费用、相关税费等，剩余部分用于补充应急周转资金。应急周转资金的收益、使用情况应定期审计，并在一定范围内公示。

（八）损失处置。应急周转资金发生不能按期回收风险时，国盛公司应及时清收债权，必要时提起诉讼。生效法律文书经执行不能全部获得补偿的，确定资金损失后由国盛公司书面上报徐州市企业应急周转资金管理领导小组，经批准后以借款损失准备金进行核销；不足部分，由专业管理机构依其过错承担部分赔偿责任；仍有不足的，按出资比例进行赔付核销。

资金损失超过应急周转资金总额的20%时，应立即中止在办业务、停办新业务，待清收整顿、资金到位后再恢复运作。

**第八条　保障措施**

（一）成立徐州市企业应急周转资金管理领导小组，定期听取应急周转资金运行情况报告，协调解决资金运行中遇到的重大问题；市政府分管副市长任组长，市经信委、财政局、人行、银监分局、金融办、相关区政府负责人为成员；领导小组办公室设在市金融办，负责日常工作的运行和管理。

（二）国盛公司应建立内部管理制度，加强资金管理，规范操作程序，切实防范风险。严格按照有关程序办理借款审批手续，有权要求借款企业落实必要的担保措施；实行应急周转资金全程跟踪管理，及时掌握企业风险变化、及时催收还款；督促相关合作银行尽快办理转(续)贷手续，及时划转应急周转资金，提高资金使用效率。

（三）借款企业要按合同约定按时还款，逾期借款按日利率0.8%计收罚息。对采取虚报、瞒报骗取或逾期不归还资金的企业依法追收，必要时采取相应法律措施。企业相关不良记录纳入市征信管理系统，2年内不得再申请使用本资金。

（四）贷款银行对同意续贷且借款人落实续贷条件的企业，承担足额按期续贷责任；贷款银行如违约不续贷或仅部分续贷，则由贷款银行依照履约合同代为偿还应急周转资金的本息；贷款银行有义务对新贷款进行专户监管、封闭运作。因贷款银行过失或违约造成应急周转资金损失的，取消该行当年评比徐州市各项先进荣誉以及申请各级财政资金奖励和补助的资格。

**第九条** 国盛公司每月向徐州市企业应急周转资金管理领导小组办公室、市财政局报送应急周转资金工作开展情况和资金运行情况；市财政局定期对资金运行进行检查，适时组织审计。

**第十条** 应急周转资金可根据政策及市场需求变化情况，经领导小组讨论并报市政府批准后决定停业或解散，解散时剩余资产按出资比例返还原出资方。应急周转资金存续期间，出资企业可取回全部或部分资金，但须提前1个月向国盛公司提出书面申请。

**第十一条** 本办法由徐州市企业应急周转资金管理领导小组办公室会同国盛公司负责解释及修订。

# 徐州市企业失信惩戒和守信激励实施办法(试行)

2015 年 11 月 24 日

## 第一章　总　　则

**第一条**　为加快推进全市社会信用体系建设,营造守信光荣、失信可耻的社会信用环境,根据《省政府办公厅关于印发江苏省社会法人失信惩戒办法(试行)的通知》(苏政办发〔2013〕99 号)、《徐州市社会信用体系建设 2014—2016 年行动计划》(徐政发〔2014〕50 号)等有关文件规定,特制定本办法。

**第二条**　本办法适用于在本市注册或在本市行政区域内从事经济活动的企业失信行为的认定、惩戒、管理,以及企业守信的激励。

法律、法规、规章另有规定的,从其规定。

**第三条**　市社会信用体系建设领导小组办公室(以下简称"市信用办")负责本办法的组织实施,市级行政管理部门、司法机关为执行本办法的主体。

各县(市)、区政府和徐州经济技术开发区、新城区管委会信用管理部门负责推进辖区内企业失信惩戒和守信激励的实施及管理。

市政府设立的徐州市公共信用信息中心(以下简称"市信用中心")负责徐州市企业信用基础数据库的日常管理。

## 第二章　企业失信行为认定

**第四条**　市级行政管理部门、司法机关根据本办法规定的失信行为标准,对企业失信行为予以认定,并按照相关规定向市信用中心报送失信企业名单及失信内容。

**第五条**　市信用中心负责汇总确认市级行政管理部门和司法

机关认定的具有失信行为的企业名单及失信内容。

**第六条** 企业失信行为按照严重程度从低到高划分为3个等级，分别是一般失信行为、较重失信行为和严重失信行为。

**第七条** 企业失信行为与参考标准，各单位根据职责和分工参照该标准制定实施细则。

失信行为分类参考标准

| 一级因素 | 二级因素 | 事项编号 | 三级因素(失信行为事项) |
| --- | --- | --- | --- |
| 司法及严重行政失信记录 | 严重的司法及行政负面启示 | 1 | 被列入失信被执行人名单 |
| | | 2 | 单位构成犯罪、其法定代表人处以有期徒刑或拘留 |
| | | 3 | 吊销许可证或执照 |
| | | 4 | 企业禁入限制 |
| | | 5 | 被执行管理部门列入黑名单 |
| | 较重司法负面记录 | 6 | 拒不履行生效裁判 |
| | | 7 | 单位构成犯罪、处以罚金或其法定代表人限制出境 |
| | 一般司法负面记录 | 8 | 未履行生效裁判 |
| 行为罚失信记录 | 严重负面记录 | 9 | 暂扣许可证或执照 |
| | | 10 | 责令停产停业或停业整顿 |
| | | 11 | 重大责任事故 |
| | | 12 | 弄虚作假情节严重 |
| | 较重负面记录 | 13 | 一般责任事故 |
| | | 14 | 弄虚作假 |
| | | 15 | 逾期不改正 |
| | 一般负面记录 | 16 | 违法告知承诺 |
| | | 17 | 限期治理或整改 |
| | | 18 | 责令退还或改正 |
| | | 19 | 一般处罚 |

续表

| 失信行为分类参考标准 | | | |
|---|---|---|---|
| 一级因素 | 二级因素 | 事项编号 | 三级因素（失信行为事项） |
| 财产罚及声誉罚失信记录 | 严重负面记录 | 20 | 原则上处以10万元以上罚款 |
| | | 21 | 没收违法所得或没收非法财产 |
| | | 22 | 被行政管理部门列入黑名单或列入最低等级 |
| | 较重负面记录 | 23 | 原则上处以5万～10万元罚款 |
| | | 24 | 被行政部门列入较低等级 |
| | | 25 | 通报批评 |
| | | 26 | 公共事业单位的违法记录 |
| | 一般负面记录 | 27 | 原则上处以5万元以下罚款 |
| | | 28 | 警告 |
| | | 29 | 其他组织的负面记录 |

## 第三章　失信惩戒

**第八条**　市级行政管理部门、司法机关及公用事业单位等在日常监督管理、行政许可、工程招投标、政府采购、评先评优、信贷支持、资质管理、环境管理、财政资金补贴等工作中，应当查询徐州市企业信用基础数据管理系统，并根据各自管理职能，按本办法规定对企业失信行为实施联动惩戒。

**第九条**　对企业一般失信行为的联动惩戒措施：

（一）提高日常监督检查频次；

（二）在行政审批、年检验证等工作中，列为重点核查对象；

（三）减少或降低政策支持、资金扶持力度；

（四）进行信用提醒和诚信约谈；

（五）其他联动惩戒措施。

**第十条** 对企业较重失信行为的联动惩戒措施：

（一）第九条规定的对企业一般失信行为的惩戒措施；

（二）列为日常重点监控和监管对象，加强现场核查力度；

（三）限制参加政府组织的各类表彰评比活动，不授予或取消企业法定代表人、主要负责人荣誉称号；

（四）在参与工程招投标、政府采购活动中，扣除一定的信用分值，限制参与财政资金补贴、政策扶持等政府公共服务项目活动；

（五）暂停下两个年度申报各类专项资金资格；

（六）在行政处罚自由裁量范围内，依法从严处罚；

（七）取消各类评优评奖资格；

（八）提高信贷、担保、融资等金融有关费率，提高环境污染责任保险费率，按年进行企业纳税风险评估或实地核查；

（九）在办理资质评定、申报、升级、验证、年检等事项中予以限制；

（十）在办理新增项目审批许可、资质申报等事项中予以限制；

（十一）列入市公共信用信息平台中的较重失信企业“黄名单”予以标识和监管；

（十二）不得参与土地竞买；

（十三）其他联动惩戒措施。

**第十一条** 对企业严重失信行为的联动惩戒措施：

（一）第十条规定的对较重失信行为的惩戒措施；

（二）禁止参加政府组织的各类表彰评比活动，取消企业法定代表人、主要负责人荣誉称号；

（三）禁止参与招标投标、政府采购、财政资金补贴、政策扶持等政府公共服务项目活动；

（四）从严信贷、担保、融资等金融活动，按年进行企业纳税风险评估、税务稽查和公开曝光；

（五）按行政处罚自由裁量同档次从重处罚；

（六）暂缓或限制企业法定代表人或主要负责人办理出国（境）手续；

（七）严格控制发票供应量，或依法收缴发票或停止向其发售发票；

（八）暂停受理审批其污染治理设施以外建设项目环境影响评价；

（九）暂缓办理上市、融资等审核事项，直至整改到位；

（十）建设市场各方主体不良行为记录期内不得办理准入、备案手续，不得承接新的业务，不得办理企业资质延期、资质年检或资质升级、增项、扩项，有关人员不得办理资格证书变更、转注、延期复核手续；暂不给予优惠政策或财政资金补贴；

（十一）限制办理工商变更、注销、迁移登记手续；3 年内不得参加"守合同、重信用"和"三名"商标认定，不得参加"消费者信得过单位"评选等评先评优活动；按照国家工商行政管理总局下发的《异常名录管理办法》实施相应的惩戒措施；企业被吊销营业执照的，其法定代表人或者负责人负有个人责任的，自该企业被吊销营业执照之日起 3 年内不得担任企业的法定代表人或者负责人；

（十二）对有严重失信行为的企业，参照《徐州市失信企业"黑名单"曝光实施细则（试行）》有关规定予以曝光；

（十三）法律、法规、规章和有关规定可以采取的其他惩戒措施。

**第十二条**　市级行政管理部门、司法机关在实施失信惩戒联动时，可采取主体责任关联机制，将企业失信行为与企业法定代表人、主要负责人、失信行为直接责任人相关联，并制定相关惩戒措施。

## 第四章　信用修复

**第十三条**　企业失信行为记录的有效期限最长不超过7年。其中,"黄名单"企业为3年,"黑名单"企业为7年,其他失信行为的有效期限由市级行政管理部门确定并注明。有效期满后,企业失信行为在市企业信用基础数据管理系统中"黄名单"和"黑名单"记录中转为存档记录。

**第十四条**　企业失信行为实行告知制度,由作出失信行为认定的行政管理部门、司法机关或市信用中心实施告知。

**第十五条**　企业在一定期限内能主动纠正失信行为的,可以按照一定条件和程序实施信用修复。企业修复失信行为的基本条件、执行标准由市级行政管理部门、司法机关制定。

**第十六条**　符合失信行为修复条件的企业,应当向最初作出企业失信行为认定的行政管理部门、司法机关提出信用修复申请。对已经完成失信行为修复的企业,市级行政管理部门、司法机关应当在企业完成失信行为修复之日起5个工作日内,向市信用中心报送修复结果,市信用中心将信用修复记录纳入市企业信用基础数据管理系统。

## 第五章　异议处理

**第十七条**　企业认为失信信息有错误的,可以向作出认定该企业失信行为的行政管理部门、司法机关或归集信息的市信用中心提出异议申请,要求予以更正,并就异议内容提供相关证据。

**第十八条**　市信用中心应当自收到异议申请之日起20个工作日内,书面通知市级行政管理部门、司法机关进行核实,提出答复意见,并根据答复意见答复异议申请人,更正异议信息。

**第十九条**　市级行政管理部门、司法机关应当自收到异议申请之日起10个工作日内作出书面答复,经核实确有必要更正的失信信息，应及时更正，并告知市信用中心及时更正。

**第二十条**　经更正后的企业失信信息，经市级行政管理部门、司法机关确认后，市信用中心应在市企业信用基础数据管理系统中予以修正。

**第二十一条**　异议信息无法核实的不得使用、共享和披露。

## 第六章　守 信 激 励

**第二十二条**　企业在生产、经营、服务等活动中没有违法、违规和失信记录，以及受到各种奖励、表彰和扶持的行为，经有关行政管理部门、司法机关认定后，可以实施以下联合激励措施：

（一）各级行政管理部门、司法机关在日常监督管理、行政许可审批、采购招标、评先评优、金融支持、安排和拨付有关财政专项资金时，在同等条件下给予重点支持和优先办理；

（二）在海关监管方面，在同等条件下，优先进行受理和审批，并适当在海关申报、查验、加工贸易监管等工作中提供优先便利措施；

（三）在参与工程招投标、政府采购活动时，在评标办法中给予适当加分激励措施；

（四）在“三名”商标等认定中优先推荐；可直接申报市级以上“守合同重信用”企业；在工商行政日常监管中，在无专项检查和举报投诉的情况下，可以1年内免予年报抽查；

（五）在申报名牌产品及省工业企业质量信用等级评价时，优先推荐申报；优先提供产品标准备案服务，指导和帮扶企业参与国内外标准化活动；优先推荐申报各级政府质量奖；

（六）可以放宽发票领购限量，对纳税信用等级评定为A级的纳税人，除上级税务机关安排的税收专项、专案检查以外，一 般不进行税务检查；

（七）除劳动保障行政部门接受举报投诉需依法进行查处外，

2年内免除主动上门进行日常巡视检查、专项执法检查;可以直接申报“徐州市劳动保障诚信企业”;

（八）优先办理上市、融资等环保审核事项;优先办理环保行政许可;优先推荐参加“清洁生产企业”、“环境友好企业”等评选;

（九）在权限范围内采取灵活的授信管理方式,逐年增加企业授信额度,并允许在授信有效期内循环使用;支持适当扩大直接融资规模,优先纳入创新金融产品试点,改进资信评估制度，运用再贷款、再贴现工具,加大对企业的贷款投入力度。

## 第七章　保障措施

**第二十三条**　市级行政管理部门、司法机关应当建立健全失信和守信信息记录、归集、共享和使用的规范制度,按有关规定和标准及时、准确、有效地向市信用中心推送企业失信信息,并标识认定后的失信行为分类企业。

**第二十四条**　市信用中心应当建立严格的管理制度,采取必要的技术措施和规范标准,保证市企业信用基础数据管理系统中的信息更新及时、准确、有效和安全,为市级行政管理部门、司法机关提供查询、共享和应用服务。

**第二十五条**　市级行政管理部门、司法机关应根据本办法有关规定,结合本部门工作职责和权限制定具体的实施细则。

**第二十六条**　市级行政管理部门、司法机关对企业失信惩戒和守信激励的联动实施工作情况纳入市级部门社会信用体系建设考核体系,市信用办进行定期督查和考核通报,市监察局对工作中失职、渎职等行为依法依纪予以问责。

**第二十七条**　市级行政管理部门、司法机关应当建立健全责任追究制度,对违反本办法规定的行为,按法律、法规、规章等规定处理。

## 第八章　附　　则

**第二十八条**　本办法所称“以内、以下”均包含本数，“以上”不包含本数。

**第二十九条**　本办法自公布之日起施行，本办法施行前，社会法人的失信行为不予惩戒。

**第三十条**　民办非企业单位及社会法人以外的其他经济组织的失信行为惩戒，参照本办法执行。

# 后　记

为更好地服务地方经济从高速增长转向高质量发展，徐州市金融系统积极调整自身经营战略，主动呼应新发展理念，在服务实体经济供给侧结构性改革的过程中，探索差异化经营，积累了有益经验。我们编写此书，既是为广大实体部门提供融资指南，也是为各金融机构提供交流、学习、借鉴的平台，更是对金融从业人员兢兢业业工作的宣传与肯定。人民银行丰县支行王桂英、沛县支行郭良芳、新沂支行胡恒森、邳州支行陈洪辉、睢宁支行吕传颂，农业发展银行姬磊、农业银行李明、工商银行周宝艳、中国银行王淞镭、建设银行郑慧、交通银行赵冰雪、邮储银行王华琴、浦发银行张先伟、兴业银行左真真、华夏银行李磊、招商银行蔡耀、民生银行冯玉莲、渤海银行赵勋锋、光大银行乔立健、广发银行陈靓、中信银行李翔、平安银行程小会、恒丰银行程旭、江苏银行陆玄、莱商银行徐伟康、南京银行刘雨笛、淮海农村商业银行王文欣、彭城农村商业银行王华瑛、铜山农村商业银行孙维、铜山锡州村镇银行姚祥均、吴江农村商业银行徐州鼓楼支行朱峰、昆山农村商业银行铜山支行王正龙、张家港农村商业银行徐州云龙支行张伟、徐工财务有限公司刘丽军、徐州恒鑫金融租赁股份有限公司周键等同志为本书的出版付出了辛勤的劳动，在此一并表示感谢。

因编者水平有限，本书纰漏和不足在所难免，敬请广大读者批评指正。

2018 年 5 月